파괴된
청춘

# 파괴된 청춘

민병래 지음

'강녹진' 공동 기획

강제징집과 프락치 강요 공작이 남긴 상처

원더박스

## 추천사

    학생운동이나 민주화운동을 했던 50~60대에게는 마음의 빚이 있다. 특히 강제징집으로 군대에 끌려간 경험이 있는 사람들은 쉽게 지워지지 않는, 살아남은 자의 슬픔에서 벗어나지 못하고 있다. 함께 군대에 끌려갔다가 살아 돌아오지 못한 학우들… 강제징집은 박정희 시절부터 자주 써먹던 탄압 방식이지만, 광주학살을 자행하며 등장한 전두환정권은 민주화운동에 가담한 학생들을 군대에 끌고 가는 데 그치지 않고, 이들을 전향시켜 프락치로 활용하려는 중대한 국가범죄를 저질렀다.
    『파괴된 청춘』은 민병래 작가가 살아 돌아오지 못한 옛 벗들과 그 유가족들에 바치는 헌사이자, 3000명에 가까운 강제징집 녹화공작 피해자에게 보내는 위로의 말이다. 분단과 전쟁과 계엄령과 학살로 점철된 한국의 현대사에는 영문도 모르는 죽음이 너무도 많았다. 죽었다는 사실을 말할 수도 없는 죽음, 말해서도 안 되는 죽음, 어떻게 죽었는지 경위조차 알 수 없는 의문의 죽음, 자식을 가슴에 묻은 부모님마저 돌아가시고 나면 기억조차 되지 못하는 잊힌 죽음투성이었다. 어떻게 죽었는지 영문도 알 수 없으니 위령이나 추모, 천도도 먼 일이었다.

민병래 작가의 『파괴된 청춘』 1부는 강제징집 녹화공작 과정에서 희생된 정성희, 이윤성, 김두황, 한영현, 한희철, 김용권, 최우혁 등 7명의 짧은 생과 잊을 수 없는 죽음을 다룬 글로 구성되어 있다. 작가가 발로 뛰며 기록을 모으고 유가족과 고인의 친구를 만나 그들의 삶을 재구성했다. 동지를 배신하고 프락치 짓을 하라는 강요를 받다 주검으로 발견된 스무 살을 갓 넘은 카키색 청춘의 가슴 아픈 약전들이다. 이 책의 2부는 도대체 이 청년들이 왜 죽었는지, 죽어야 했는지, 누가 죽였는지, 어떻게 죽였는지에 대한 의문을 4장으로 나눠서 정리하고 있다.

강제징집 녹화공작은 학살자이자 내란 수괴였던 전두환을 정점으로 정부의 여러 부처가 적극적으로 가담한 총체적인 국가범죄였다. 한국전쟁 전후의 민간인 학살은 CIC와 헌병 등 군과 사찰경찰, 그리고 교정시설을 관장하는 법무부와 검찰 등이 동원된 국가범죄였다. 강제징집 녹화공작에 동원된 국가기구는 민간인 학살의 경우보다 광범위했다. 대통령을 정점으로 청와대, 보안사, 국방부, 병무청, 내무부, 치안본부, 중앙정보부, 문교부 그리고 대학당국 등 다양한 국가기구가 민주주의를 외치던 젊은 청년들을 겨냥한 잔혹한 국가범죄의 하수인으로 등장했다.

대한민국은 윤석열의 내란을 진압하고, 세계 민주주의의 역사를 새로 쓰고 있지만 사실 과거에 엄청난 국가폭력이 횡행한 나라였다. 분단 정권 수립 과정과 한국전쟁을 전후한 시기의 민간인 학살, 전두환정권 초기의 삼청교육대, 유신정권 중반부터 전두환정권까지 존속한 형제복지원 등 '부랑인' 수용시설에서 대규모 국가폭력이 자행됐다. 한국의 민주화운동이란 바로 국가폭력을 통해 집권했고 집권 후에도 폭력을 이용한 세력에 대한 저항이었다. 강제징집 녹화공작은 그런 국가폭력 중에서 가장 많은 피해자를 낳은 대형 사건이다.

다른 국가폭력 사건의 피해자들에 비해 강제징집 녹화공작 피해자들은 학생운동 출신에 대학 교육을 받은 사람들이었다. 민주화가 진행되면서 학생운동 출신들이 사회 각 분야에서 활동하게 되었기 때문에 강제징집 녹화공작 피해자들은 다른 국가폭력 사건 피해자들과는 비교하기 힘든 단단한 사회적 네트워크를 갖고 있다고 할 수 있다. 그럼에도 불구하고 반인간적인 프락치 공작을 강요당했던 이들의 아픔은 제대로 조명받지 못했다. 이들에게 남아 있는 영혼의 상처는 40년이 지난 지금도 결코 아물지 않았다.

민병래 작가는 오랫동안 "사수만보"(사설과 수필로 쓰는 만인보)를 쓰며 다져진 뛰어난 필력과 한 번 마음 먹은 것은 쉽게 포기하지 않는 꾸준함, 그리고 피해자들의 아픔에 대한 공감과 연대의 마음으로 『파괴된 청춘』을 출간하게 되었다. 국가폭력 사건의 해결을 위해서는 피해 당사자만이 할 수 있는 일이 분명 있지만, 당사자 개인이 지금도 자신을 괴롭히는 과거의 고통스러운 사건과 대면한다는 것은 결코 쉬운 일이 아니다. 피해자 3000여 명을 대신하여 이 어려운 작업을 시작하여, 돌아오지 못한 벗들과 유가족들에게 절절한 조사를 올린 민병래 작가에게 깊은 감사를 드린다.

한홍구(역사학자, 성공회대 석좌교수)

## 머리글

　박석중은 2004년 마흔두 살에 죽었다. 권순형은 2018년 쉰일곱 살에 숨을 거뒀다. 중년 남자의 흔하디흔한 죽음일 수도 있다. 중요한 건 두 사람이 고통스레 삶을 마쳤다는 사실이다.

　1981년, 서울대학교 사회계열에 입학한 박석중은 3학년이 되어 학도호국단에서 부학생장을 맡는다. 박석중은 그해 11월 학원 민주화를 내걸고 시위를 주도했다. 그는 관악경찰서로 끌려갔고 11월 29일 강제징집되었다. 박석중은 군에서도 저항을 멈추지 않았다. 28사단 80연대 2대대에서 군대를 민주화하겠다고 병사들을 조직했다. 박석중은 헌병대에게 발각돼 큰 고초를 겪는다. 그는 제대 후에 고문으로 발병한 디스크 때문에 고생한다. 1987년에는 악성임파종까지 생겼다. 박석중은 오랫동안 투병했고 사망 직전 "면역체계도 파괴되어 오른손이 퉁퉁 붓고 발가락에 진물이 흐르기도 하였다"라고 일기에 적었다.

권순형은 1980년 경북대 사범대학에 입학했다. 이념동아리 '여명회'에 들어간 그는, 광주민주화운동을 알리는 투쟁에 나선다. 권순형은 그해 11월 경북도경 대공분실로 잡혀갔다. 활동 사항을 추궁받으며 보름 동안 고문을 겪고 풀려난 그는, 정신병 초기 증세를 보였다. 그럼에도 권순형은 1981년 4월 강제징집된다. 군 동료는 "한눈에 보아도 군대 생활하기가 어려운 모습이었다"라고 기억한다. 보안부대는 권순형을 수시로 불러 고통을 주었다. 급기야 의병 제대를 할 정도로 상태가 나빠졌다. 집으로 돌아온 권순형은, 동네 사람에게 행패를 부리고 집안 살림을 부쉈다. 홀어머니가 감당 안 될 정도였다. 1984년 3월, 복학하면서 상태가 진정되었으나 잠깐이었다. 정보요원이 자신을 지켜본다며 시험 보다가 갑자기 복도로 뛰쳐나갔다. 밤에는 감시받는다며 창문을 가리고 촛불을 켰다. 제대로 공부할 수 없으니 10년이나 휴학과 복학을 거듭했다. 결혼도, 직장생활도 못 했다. 중풍으로 고생하는 어머니는 권순형을 낫게 하려고 무당을 데려와 굿도 하고, 숱한 기도를 올렸다. 결국, 당신은 2014년 7월 세상을 떠났다. 홀로 남은 권순형을 경북대 선후배와 5·18광주항쟁 대구·경북 동지회가 나름대로 챙겼다. 하지만 하루 내내 어두컴컴한 방에서 생활하던 그는 2018년 3월 어머니 한순봉의 뒤를 따랐다. 월세 10만 원짜리 자취방에서 숨진 지 1~2주 뒤에 발견되었다고 한다. 권순형의 빈소엔 2002년에 받은 5·18유공자 증서만 쓸쓸히 놓였다.

두 사람의 삶은 순결했다. 광주의 아픔을 끌어안고 전두환과 맞선 게 죄라면 죄일 것이다. 전두환정권은 두 사람에게 잔인하게 보복했다. 신체검사도 없이, 현역 입영에 적합한지 살피지도 않고 군대로 끌고 갔다. 군대에서는 보안대와 헌병대를 동원, 활동 사항을 추궁하고 고문을 가했다. 그 후 20년에서 30여 년 가까이 두 사람은 신음하다 숨졌다.

박석중과 권순형 외에도 정성희, 이윤성, 김두황 등 아홉 청년이 복무 중에 의문사를 당했다. 이들은 모두 민주주의를 외치다 군대에 끌려갔다. 역시 신체검사도 입영명령서도 없었다. 징집 연령에 못 미치거나 보충병으로 가야 하는 경우임에도 전두환정권은 아랑곳하지 않았다. 이들은 병영 안에서 보안대에게 고문당했다. 학생운동 정보를 토해내라고, 프락치 노릇을 하라고 강요받다 병영 안에서 주검이 되었다. 국가기관 의문사위원회나 진실·화해를 위한 과거사정리위원회가 조사했으나 왜 죽었는지 누가 가해자인지를 밝히지 못했다. 죽음에 높낮이가 있지 않으나 아홉 청년은 스무 살 남짓 나이에 숨졌고 모두 병영 안에서 변을 당했기에 박성중과 권순형의 사연보다 더 안타깝다. 나는 이들의 사연을 접하면서, 짧은 생을 산 청춘들의 약전을 쓰고 싶었다. 억울한 죽임을 당한 청년들에게 조사를 올리고 싶었다. 유족과 연이 닿는 대로 일곱 명을 선정해 지난 1년 동안 썼고 이를 《오마이뉴스》에 게재했다. 아홉 명 중 이진래와 최온순의 사연을 기록하지 못한 게 못내 아쉽다. 이 책 1부는 이렇게 해서 모인 글을 엮은 것이다. 이들이 숨진 날짜를 기준으로 1부의 목차를 잡았다.

2부는 의문을 추적한 글이다. 도대체 왜 청년이 죽어야 했는지 알고 싶었다. 진실화해위가 조사한 바에 따르면 2921명이 강제징집되고 2388명이 프락치 강요를 당했다. 이런 범죄가 어떻게 수십 년에 걸쳐 자행되고 아무도 처벌받지 않았는지 원인을 알고 싶었다. 진실화해위는 2022년 이 공작을 "총체적으로 인권을 유린한 사건"으로 규정했다. 틀리지는 않으나 부족하다. 인권 감수성을 키우고, 재발 방지를 위해 정보·수사 기관 공무원에게 인권 교육을 하는 것으로 해결될 문제가 아니기 때문이다.

나는 박정희, 전두환, 노태우를 거치며 계속된 이 사건을 '제노사이드에 버금가는 국가폭력이며 반인도범죄'라고 바라본다. 제노사이드협약과 국제형사재판소는 생명을 앗아가는 것만이 아니라 "집단구성원에게 중대한 신체적 정신적 위해를 가하는 것, 의도된 생활조건을 집단에게 고의로 부과하는 것"도 집단살해죄에 포함하고 있다. 숨진 청춘들을 포함 강제징집된 모든 이들이 위해를 당했다. 군대로 끌려가는 과정은 납치와 다를 바 없었다. 군대 안에서는 전향을 강요당하고 프락치 노릇을 하라고 고문받았다. 존재 자체와 삶 자체가 파괴되는 과정이었다. 나는 2부에서 많은 사례를 통해 이를 선명히 드러내고자 했다. 강제징집, 전향·프락치 강요 공작이라는 국가폭력에 올바로 이름을 붙이고 사건의 성격을 제대로 규정해야 문제해결의 큰 길이 열린다는 생각에서였다. 1부와 2부에는 그리고 1부 내에는 다소 중복되는 부분이 있다. 일부분을 떼어 읽는 독자에게도 사건의 얼개를 전달하기 위해서다. 양해를 부탁드린다.

 과거사 문제를 해결하는 원칙은 분명하다. 피해자를 구제하고 정의를 세우며 기억하고 되풀이하지 말아야 한다는 것이다. 권순형을 고문한 경북도경 대공분실의 경찰은, 공로를 인정받아 남영동 대공분실로 영전했다고 한다. 박석중을 고문한 헌병대의 수사관도 승진했는지는 확인되지 않는다. 반민족행위청산특별위원회가 1949년 6월 6일, 김태선·윤기병과 같은 친일 경찰에 습격당하고 와해된 날부터 '청산하지 못한 역사'는 우리를 옥죄고 있다. 광장의 힘으로 '빛의 혁명'을 이룬 지금, '청산하지 못한 과거사'와 '국가폭력'에 대해 새 역사를 써야 한다. 내란·외환죄만이 아니라 고문과 같은 반인도범죄, 강제징집이나 프락치 강요 같은 국가폭력에 대해 언제라도 죄를 물을 수 있어야 한다. 아무리 시간이 흘렀어도 현실의 법정과 역사의 법정에 피고인을 세워야 한다. 그것이 병영 안에서 숨진 청년에게 올리는 진혼곡이다. 삶의 토대가 철저히 파괴되었던 2921명에 대한 위로이며 12·3 같은 쿠데타가 다시는 일어나지 못하게 성벽을 쌓는 일이다.

 고마운 분이 많다. '강제징집, 녹화·선도공작 진실규명추진위원회'의 김형보 위원장과 조종주 사무처장, 기록단의 이문범·홍기원·노항래 님, 군의문사특별위원회의 김문수·신의주·이용성·조성무 님, 세세한 조언을 해준 오세제 님, 꼼꼼히 사실 점검을 해준 박제호 님, 나보다 앞서서 강제징집 녹화공작의 실상을 파헤쳐온 성공회대 한홍구 교수님과 연구팀에 감사를 전한다. 또 국가폭력 피해범국민연대 이형숙 위원장에게도 고마움을 전한다. 어려운 가운데 이 사건의 진실규명을 맡았던 진실화해위의 조사5과 조사2팀에게도 응원의 박수를 보낸다. 김동춘 교수의 『권력과 사상통제』, 최호근 교수의 『제노사이드』, 김유진의 논문 「민주주의 이행기 과거청산 운동의 동학」은 내 글의 내용이 깊어지는 디딤돌이 되었으며, 이 책 곳곳에 많이 인용했다. 감사드린다. 마지막으로 교정 교열을 하느라 몇 달 동안 삼식이 생활을 한 나를 거둬준 아내에게 사랑을 전한다.

## 차례

4 — 추천사
8 — 머리글

## 1부 먼저 간 그대들

21 — **1장** 강제로 군대에 끌려간 열아홉 살의 죽음 | 정성희
41 — **2장** 제대 8일 전 목을 맸다고? | 이윤성
63 — **3장** 의문사한 친구를 위한 40여 년 | 김두황
89 — **4장** 22살 나이에 한 선택, 누구의 책임인가 | 한영현
111 — **5장** 군대에서 의문사한 참전용사의 아들 | 한희철
135 — **6장** 아들 잃은 엄마의 한 맺힌 싸움 | 김용권
163 — **7장** 부당한 죽음의 속박은 사라지지 않는다 | 최우혁

# 2부 제노사이드에 버금가는 국가폭력

*193* — **1장** 군대라는 이름의 수용소

*219* — **2장** 고문과 전향 및 프락치 강요, 그리고 의문사

*245* — **3장** 가해자는 누구인가

*258* — **4장** 제노사이드에 버금가는 국가폭력

*270* — 글을 마치며

*274* — 부록

*284* — 주석

## 일러두기

1. 이 글에는 많은 기구와 단체 이름, 특별한 용어가 나온다. 아래처럼 약어로 표현한다.

- 강제징집, 전향·프락치 강요 공작 → 강전치 공작
- 의문사진상규명위원회 → 의문사위(2000.1.15.제정된 '의문사진상규명특별법'에 근거, 대통령 직속으로 발족)
- 국정원 과거사진실규명을 통한 발전위원회 → 국정원과거사위(2004.11.2. 국정원 관련 묻혀 있던 진실을 밝힌다는 취지에서 출범)
- 진실·화해를 위한 과거사정리위원회 → 진실화해위(2005.12.1. 진실화해를 위한 과거사정리기본법에 근거해 출범. 항일독립운동과 인권유린, 의문사 사건을 다룸. 2005.12.1.~2010.6.30.까지가 1기. 2020.12.10.~2025.11.까지 2기 활동)
- 국방부과거사진상규명위원회 → 국방부과거사위(2005.5.27. 출범, 인권침해와 불법행위 규명 목적)
- 민주화운동 관련자 명예회복 및 보상심의위원회 → 민보상위
- 강제징집, 녹화·선도공작 진실규명추진위원회 → 강녹진
- 특수학적변동자 → 특변자(특수지원자라는 용어도 있으나 여기선 특변자로 썼다)
- 군사망사고진상규명조사위원회 → 군사망조사위
- 전국민족민주유가족협의회 → 유가협

2. 오래된 사진의 해상도 보정을 위해 원본을 훼손하지 않는 범위에서 AI를 활용했다.

# 1부

군사정권은 국방의 의무를 빙자해 많은 청년을 군대로 끌고 갔다. 국가와 국민을 지키는 군대는 반대 세력을 가두고 고문하는 기구로 이용되었으며, 그 안에서 많은 청년이 희생되었다. 오랫동안 그늘에 가려져 있던 그들의 마지막을 되짚는다.

먼저 간 그대들

1장

# 강제로 군대에 끌려간 열아홉 살의 죽음

— 정성희 —

1962년 인천 출생
1981년 연세대 영·독불 계열 입학
1981년 11월 25일 연세대 시위에서 연행
1981년 11월 28일 강제징집
1982년 1월 14일 5사단 36연대 2대대 6중대 3소대로 배치
1982년 7월 22일 5사단 담당 전방철책선 5통문 근처 26초소에서 의문사

어두운 밤을 가르는 여러 발의 총소리가 울렸다.

1987년 7월 22일 자정이 조금 안 되었을 무렵, 전방 철책선의 5통문 근처에서였다.[1] 순간 5사단 36연대 3소대가 담당하는 열 군데의 초소에 일제히 보안등이 켜졌다. 단 한 곳, 내무반에서 30여 미터 떨어진 26초소만 빼고. 무슨 일이 벌어진 걸까? 27초소에서 근무 중이던 3분대장 박경묵은 M-16을 움켜쥐고 26초소로 달렸다. 그는 초소 앞에 다다라 숨을 고르면서 '정성희'를 불렀다. 아무 기척이 없다. 그는 다시 전방 실습차 입소해 정성희와 함께 경계근무조가 된 조선대 학생을 불렀다. 역시 대답이 없다. 민통선 근처 어디선가 개 짖는 소리가 거칠다. 박경묵은 손전등을 켜고 조심스레 초소 안으로 발을 디뎠다. 밤공기를 가르며 다가오는 피비린내, 박경묵은 한 걸음 더 들어가다 멈췄다. 정성희가 무릎을 꿇고 M-16(총기번호: 878476)을 자기 목에 겨눈 모습으로 숨져 있었다. 목과 입, 귀에까지 피가 흥건했다. 그는 황급히 뒤돌아서서 뛰었다.[2]

같은 시각 영외에서 거주하던 헌병대 본부의 송범식 하사는 군용전화를 받고 잠자리에서 일어났다. 연천군 대광리에 있는 (5사단) 헌병 파견부대의 신동만 상사도 서둘러 차에 올랐다. 26초소로 앞서거니 뒤서거니 5사단을 담당하는 205 보안부대장 성하룡 중령, 36연대 보안반장 강수철 대위, 김철호 중대장 등이 나타났다.[3] 현장에 도착한 의무대는 정성희를 초소에서 끌어내 총알이 뚫고 나간 자리를 솜으로 메꾸고 붕대로 감았다. 그들은 현장보존은 아예 생각이 없는 듯 피 묻은 옷을 새 옷으로 갈아입히고 정성희를 의무대 차에 싣고 어디론가 떠났다. 한편, 경계근무를 서지 않던 같은 소대의 병사들은 모두 잠에서 깨어 일어났다. 총소리와 바쁘게 내 닫는 군화 소리에 불안감이 몰려왔으나 누구 하나 입을 열지 않았다. 잠시 후 들이닥친 헌병대원은 소대원들을 밖으로 내몰고 정성희의 관물대를 뒤져 모든 물품을 가져갔다. 새벽까지 이어진 조사에서 헌병대는 "다른 의심스러운 정황이 없다"라며 일단 자살이라고 결론을 내렸다.

## 백양로에서 붙잡혀 군대로

26초소에서 총격이 발생한 날로부터 약 8개월 전인 1981년 11월 25일 밤, 서대문서 경찰서는 북새통이었다. 낮에 벌어진 연세대의 시위는 격렬했다. 시위 중에 주동자인 양경희(교육학과 79)가 학생회관 3층 외벽에 매달려 경찰과 대치하다 떨어지고 말았다. 학생들은 양경희를 병원에 옮기려고 몰려들었으나 경찰은 이를 막고 심지어 연행까지 했다. 학생들은 몹시 흥분했고 캠퍼스는 삽시간에 거대한 싸움터가 되었다. 전투경찰을 앞세운 서대문서의 사복조에 맞서 백양로에서 밀고 밀리는 싸움이 거듭되었다. 특히 학생회관 앞에서 격렬한 공방이 벌어져 돌과 사과탄이 오

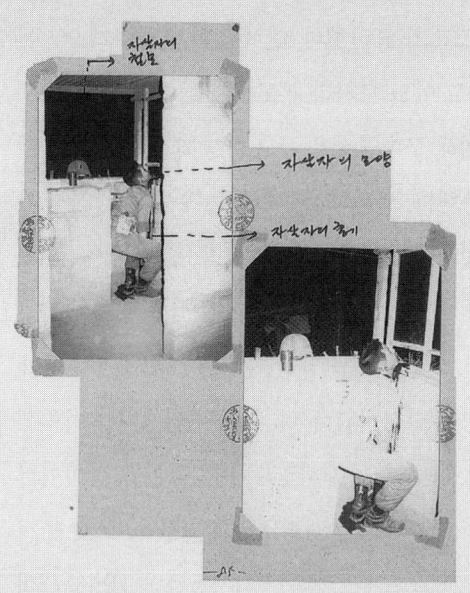

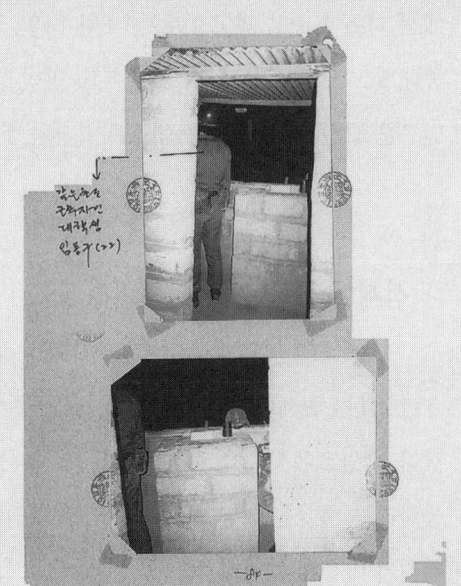

26초소에서 숨진
정성희의 모습.
(정성희추모사업회 제공)

가고 비명과 군홧발 소리가 요란했다. 연행된 학생이 무려 200여 명, 유치장이 가득 차고 이도 모자라 복도까지 들어찼다.[4] 서대문 경찰서는 주동자에 대해 구속영장을 치고 학생 개개인의 참여 정도를 파악하느라 분주했다. 서울지검 공안부는 주동 외에 적극 가담자로 분류된 열다섯 명은 군대에 집어넣으라고 지시를 내렸다. 신체검사도 입영명령서도 없이 모든 절차를 무시한 결정이었다. 1, 2학년이 열세 명, 3, 4학년이 두 명인 이들은 28일에 입소하게끔 되었고 이 중 한 명이 정성희였다.[5] 눈앞에서 연행되는 여학생을 구하려다 붙잡힌 그는 영·독불계열 1학년, 열아홉 살이어서 징집 나이에 못 미쳤다. 담당 검사 정형조와 경찰은 이 또한 무시했다. 정성희는 11월 28일 101보충대를 거쳐 5사단 신병교육대에서 기초 훈련을 받고 1982년 1월 14일, 5사단 36연대 2대대 6중대 3소대로 배치되었다. 그로부터 반년 남짓 시간이 흐른 1982년 7월 22일, 정성희는 주검으로 발견된 것이다.

## 섬세한 소년이 눈 뜬 사회의식

1981년 연세대에 입학한 정성희는 '흥사단 아카데미'에 들어갔다. 백양로에서 신입생을 모집하는 선배를 만나 가입했으나 활동하려는 서클을 찾던 터였고 무엇보다 안창호의 뜻을 잇는다는 취지가 마음에 들었다.

정성희는 은행 간부인 아버지와 교사인 어머니, 두 여동생과 함께 행복한 가정에서 컸다. 할머니의 사랑도 각별했다. 어머니 손에 이끌려 다닌 교회 생활은 그의 내면을 더욱 충만하게 했다. 그가 중학교 3학년 때 쓴 「주의 세계」라는 글이다.

"주여 당신의 봄은 아름다웠습니다 / 꽃과 새들의 즐거운 환성과 / 따뜻한 봄볕은 / 저희들을 행복하게 했습니다."

익숙한 수사에 낯익은 문장이라 신선함은 부족해도 소년의 순수한 심성이 느껴진다. 역시 중학교 때 남긴 「보아라 조국을」에는 이런 구절이 있다.

"보라 저 푸른 하늘을 / 들으라 저 우렁찬 고동 소릴 / 큰 대륙 동쪽 작은 반도의 / 의지의 사람들의 전진을."

1970년대, 박정희는 중고등학생에게 애국심을 강요했다. 반공 글짓기에 동원하고 간첩 잡는 표어를 쓰게끔 했다. 정성희의 글에도 이런 분위기가 엿보이나 내 나라 내 땅을 사랑하는 10대의 참 마음도 읽힌다. 정성희는 중고등학생 시절, 이렇게 수백 편의 글과 많은 일기를 남겼다. 그는 문학·철학·종교 그리고 음악에 이르기까지 여러 방면에서 호기심 충만하고 '앎'을 향해 나아가는 소년이었다. 이런 노력이 쌓인 탓일까? 고3 때 남긴 글에는 번뜩이는 사회의식이 엿보인다.

「교통지옥 속의 그 아가씨」에서 정성희는 버스 안내원이 "까무러질 듯한 인간의 공해 속에 시달렸다"라고 표현한다. 깊은 연민이 담긴 문장이다. 8월 11일에 남긴 일기는 더욱 눈길을 끈다. 1979년 8월 9일 가발업체인 YH무역이 폐업하자 노동자는 생존권 보장을 요구하며 신민당사(총재 김영삼)를 점거하고 농성을 벌였다. 경찰은 8월 11일 무술 경관 1200명을 동원해 농성 해산 작전을 벌였다. 이때 YH노조의 김경숙 집행위원장이 경찰에게 가격당하고 추락해 죽고 말았다. 정성희는 이 뉴스를 보고 큰 충격을 받은 모양이다.

"왜 정부는 집회 시위만 있으면 무조건 국가보안법 어쩌고저쩌고하면서 폭력으로 저지하는지, 여공들에게 무슨 죄가 있는가?⋯ 아무 죄 없이 죽어간 여공에게 용서와 위로를 주옵소서."

고3이라 한창 입시에 바쁠 터인데 신문을 읽고 그 의미를 곱씹으며 글까지 남긴 것을 보면 정성희는 분명 남달랐다. 이런 문제의식을 느끼고 입학한 대학에서 정성희가 흥사단 아카데미에 들어간 것은 어찌 보면 자연스러운 일이었다.

## 거세지는 저항의 열기

정성희는 흥사단 아카데미에서 한국 사회를 탐구했다. 1981년 흥사단 아카데미는 학교 당국의 인가를 받지 못했으나 우격다짐으로 학생회관 내 골방을 하나 차지했다. 거기서 민족문제, 분단문제를 비롯해 여러 주제에 대한 세미나가 이루어졌다. 분위기는 진지하고 뒤풀이는 새벽 먼동이 트고서야 끝났다. 정성희는 이때도 돋보였다. 주 교재는 말할 것도 없고 서너 권의 보조 교재까지 읽고 많은 메모를 들고 왔다.

평화롭게 학습만 하면 좋으련만 80년 광주민주화운동 이후 맞은 첫 학년도인 1981년, 학내에는 긴장이 팽팽했다. 당시 서대문경찰서의 정보과 직원이 150명에 이른다고 할 정도로 학교 안에 널린 게 경찰이었지만 감시와 완력만으로 저항의 열기를 마냥 억누를 수는 없었다. 3월 19일 서울대에서 문용식이 주도한 시위에 천여 명이 참가하고, 3월 30일 성균관대에서 학원사찰 철폐를 외치며 400명이 시위를 한 소식이 전해졌다. 서울대에선 다시 4월 14일 유기홍(더불어민주당 19대, 21대 국회의원)이 주도한 싸움이 뜨겁게 전개되었다. 이제나저제나 백양로의 함성을 기대하던 연세대생 앞에 우원식(당시 토목공학과 2학년, 22대 국회 전반기 의장)이 모습을 드러냈다. 하지만 시위는 짧았다. 서대문경찰서의 병력에 금방 제압되었다. 1학기에 더는 시위가 일어나지 않았으나 유인물은 학내 곳곳에 수시로 뿌려졌다. 그런가 하면 1학기 말인 6월, 흥사단을 이끌던 79학번 손형민과 이재훈이 전국민족민주학생연맹(전민학련) 사건으로 구속된다. 손형민이 서울 서부 지역 캠퍼스의 책임자를 맡았던 터라 흥사단 아카데미는 문을 닫아야 할 정도로 피해가 컸다.

## 스스로 시작한 유인물 투쟁

정성희는 이 어려움 속에서 독자적인 투쟁을 시도한다. 동아리 동료 이성우에게 유인물 배포 투쟁을 제안한 것이다. 이성우는 3수를 하고 경제학과에 입학한지라 이미 입학 전에 신검을 받았고 1981년 9월 소집통지를 받은 상태였다. 정성희가 이성우에게 건넨 말이다.

"네가 입대해서 전두환에게 명령을 받으면 광주에서처럼 시민에게 총부리를 겨눌 수 있다. 그때 네가 민중을 배신하지 않겠다는 다짐의 뜻으로 입대 전에 유인물 배포 작업을 같이 하자. 그러면 네가 군대에 가더라도 언제까지나 우리는 하나라고 믿을 수 있다."

당차고 조리가 분명한 얘기나 입대를 코앞에 둔 이성우는 당황했다. 동아리가 '전민학련' 사건으로 거의 해체되다시피 하고

입학식 날 연세대 독수리상 앞에서 찍은 기념사진.
(정성희추모사업회 제공)

끌어줄 선배도 없는 상태, 잡히면 꼼짝없이 구속되기에 이성우는 여러 날을 고민하다 유인물 배포 투쟁을 승낙했다. 교회 활동을 하며 등사기를 다뤄본 경험이 있어 만드는 건 자신이 있었다. 뜻밖에도 정성희는 유인물을 배포한 적도 없고 기름종이에 원고를 쓸 때 사용하는 철필도 몰라 이성우는 당황했다. 두 사람은 마포구 도화동에 있는 정성희의 집에서 '신입생 여러분에게 드리는 글'이라는 제목으로 5000장을 밤새워 찍었다. 다음 날 강의실, 화장실, 학생회관 곳곳에 50장, 100장씩 무사히 뿌렸다.

2학기 들어 연세대의 분위기는 미묘했다. 전민학련 사건의 여파가 수습되기도 전에 보안사가 경제학과 4학년에 다니던 재일교포 김태홍을 간첩으로 조작하고 같은 학과 우대형까지 구속하는 바람에 캠퍼스의 공기는 뒤숭숭했다. 자칫 위축될 수 있는 상황이었다. 실마리는 탈춤 행사에서 풀렸다. 9월에 노천극장에서 열린 탈춤반 공연 후 자연스레 시위가 일어났고 10월 26일에는 문무대에 입소할 문과대 1학년생이 '병영교육 반대'를 외치며 시위를 벌였다. 이래저래 들썩이는 분위기는 마침내 11월 25일 양경희, 백혜련 두 여학생이 주도하는 시위로 나타났다. 이날이 정성희에게는 운명의 갈림길이 되었지만.

## 정성희 죽음 뒤에 어른거리는 보안사의 그림자

정성희가 입대한 1981년 11월, 군은 음험한 계획을 꾸미고 있었다. 1981년 4월 2일, 전두환은 주영복 국방부장관에게 "소요 관련 학생을 전방부대에 입영토록 하라"는 지시를 내린다. 주영복은 일련의 준비를 거쳐 11월 2일 '소요 관련 대학생 특별조치

(안)'를 확정하고 육군본부를 통해 이를 예하 부대에 내려 보냈다. 한편, 박준병 보안사령관은 전두환의 특명을 받아 1982년 5월에 '좌경의식화 불순분자 대상 대공활동 지침' 즉 녹화공작 계획을 수립하고 실행에 들어간다. 이 공작은 "좌경의식화된 학생을 순화하고, 순화된 학생을 프락치로 활용, 학생운동 조직을 와해시킨다"라는 내용이었다. '빨간 물'이 든 학생들을 '파란색'으로 바꾼다고 하여 '녹화사업'이라고 이름 붙였다. 정성희는 이 공작의 초기 대상자가 되었다.

정성희는 입대 후 감시의 눈초리 속에서 지냈다. 36연대 보안반의 행정병이었던 임채상은 "정성희가 보안반에 왔었다"라고 진술했다. 보안사의 주재관 김흥대는 문제 병사에 대해 주기적으로 관찰보고서를 쓰고 불온서적이나 유인물 소지 여부, 불온사상 전파 여부에 대해 일상적으로 사찰했음을 의문사위에서 밝혔다.[6] 이는 36연대 인사 주임 박영준 소령의 증언에서도 확인된다. "36연대에 제가 (특별)관리하던 병사가 약 15명 정도 있었다. 정성희가 소요와 관련 입대한 병사이므로 주의하여 관찰할 것을 대대장에게 통보하였다"라고 말했다. 이런 통제 속에서 지내던 정성희를 막다른 골목으로 몰아넣는 일이 1982년 봄부터 잇달아 일어난다. 3월 25일 입대한 흥사단 선배 이재영이 갑자기 부산 501부대로 연행되었다. 부산상고 출신인 데다 연세대 운동권이었기에 1982년 3월 18일에 일어난 부산 미문화원 방화 사건의 주모자로 오인당한 탓이다. 이재영은 방화 사건의 주모자 문부식이 자수한 이후에는 502부대로 이첩되어 연세대 학생운동 현황에 대해 혹독하게 취조받았다.

한편, 11월 25일 시위로 함께 연행되어 5사단 27연대에서 복무 중이던 김형보가 1982년 6월 21일 보안사령부로 연행되었다.[7] 그는 휴가 나가는 분대장 한상문 하사에게 편지 한 통을 전달해 달라고 부탁한다. 친구 박동수에게 보내려던 이 편지 안에는 "우리는 더욱더 전열을 가다듬고 무장을 해야" 같은 결의를 다지는 문장이 있었다. 은밀한 편지 전달 요청을 중대 안에 있던 보안대의 망원이 밀고하는 바람에 한상문은 불시에 소지품 검사를 당했고 사태가 커지게 된다. 김형보는 보안사에 끌려가 후암동 분실에서 10일, 서빙고 분실에서 20일 동안 조사받았다. 보안사는 "야간에 내무반에서 모포를 뒤집어쓰고 단파 라디오를 통해 북의 지령을 수신한 후 학원을 선동할 목적으로 편지를 썼다"라는 자백을 강요했다. 결국 김형보는 군사법원에서 국가보안법 위반으로 징역 10개월에 집행유예 1년 6개월을 선고받았다.[8]

정성희는 5월 중순 이재영 진술의 진위를 확인하기 위해 보안사로 연행돼 며칠 동안 조사를 받은 것으로 보인다.[9] 일상 감시 속에서 지쳐가던 정성희는 이때 심리적으로 내몰린다. 김형보 사건으로 보안사의 감시가 한층 더 매서워질 무렵인 6월 9일 정성희는 첫 휴가를 나간다.[10] 정성희는 보안부대로부터 "전에 활동하던 동아리 회원을 만나 활동 현황을 알아보라"라는 지시를 받았다. 경제학과에 다니던 후배 양수용은 휴가 나온 정성희를 만났

다. 그가 들려주는 정성희의 말이다.[11]

"1개월에 한 번 정도 반성문을 써야 하고, 귀대하면 누구를 만나서 무엇을 했는지 학교 이야기를 보고서로 제출해야 한다."

정성희의 동아리 동료 김혜원도 정성희가 "날 너무 많이 믿지 말라"고 하며, "활동 얘기는 하지 말라"고 당부했다고 기억한다. 정성희는 휴가가 끝나고 "정말 들어가기 싫다"라고 친구들에게 말했다. 귀대해서 보안대에 억지로 보고해야 하는 상황이 괴로웠을 것이다.

## 지워지지 않는 의문

보안사의 요구에 따라 프락치 활동을 위해 휴가를 다녀온 후, 그는 괴로운 나날을 보낸다. 정성희를 더욱 힘들게 한 건, 동생 윤희의 편지와 어머니가 보낸 김동훈 신부의 수필집이 부대에 도착했으나 자신에게 전달이 안 되는 상황이었다. 가장 큰 즐거움, 손꼽아 기다리는 우편물이 건네지지 않자, 그는 참을 수 없었다. 정성희는 소대장 정기에게 거세게 항의했다. 오늘 밤 죽어버리겠다는 말이 이 과정에서 나왔다. 실제 자살에 뜻을 둔 것이기보다는 보안사의 프락치 강요와 우편 검열에 저항하는 의미였을 것이다.

그는 보안사에게 괴롭힘당하면서도 GP에서 응원단장을 맡으며 사병들에게 운동권 노래인 〈정의가〉와 〈농민가〉를 가르칠 정도로 생활에 의욕이 있었다.

무엇보다 자살로 보기에는 정황이 수상쩍었다. 1982년 그의 죽음을 듣고 달려간 부모와 외삼촌은 '자살하였다'는 현장을 두 눈으로 보겠다고 요구했으나 군은 민간인 통제구역이라며 거부했다. 5사단 보급대에 있는 장례식장에서 겨우 시신을 보았으나 목 아랫부분은 가려져 있어 볼 수 없었다. 어머니는 군에서 마련한 관이 작아 목이 구부러진 모습이었다고 회고한다. 5사단은 사체의 인도마저 거부하고 부검을 포기하고 화장을 해야 한다고 압박했다. 또 "사인에 대해서 법적 이의를 제기하지 않는다"라는 각서를 쓰라고 했다. 군의 강압에 못 이겨 정성희의 부모는 사인을 했고 장례식은 빠르게 진행되었다.

헌병대는 사망사고로부터 한 달도 안 된 8월 16일, 정성희가 신세를 비관해 M-16을 자기 목에 대고 4발을 쐈고 두부를 관통해 죽음에 이른 자살 사건이라고 발표하며 수사를 종결했다. 수사가 제대로 시작하기도 전에 의무대가 사체를 이송해 현장의 증거는 진즉에 훼손되어버렸다. 시신마저 단 하루도 안 돼 재가 되어 흩어져버리고 40여 년의 세월이 흘렀으니, 진상규명은 막막할 뿐이다. 그렇다고 헌병대의 수사 결과를 온전히 받아들일 수는 없다. 의문점이 너무나 많다.

정성희의 머리뼈에서 총알이 나오며 생긴 구멍은 총알 둘레만큼 작은 크기다. M-16은 총알이 회전하면서 목표물을 빠져나가기에 큰 구멍이 생길 수밖에 없다. 더군다나 네 발을 연이어 쐈다면 거의 머리뼈가 없어진 모습일 텐데 도저히 관통했다고 볼 수 없는 작은 구멍만 남겨 놓았다. 또 정성희의 군복에서는 화약의 흔적이 발견되었으나 손에서는 그렇지 않았다. 정성희가 직접 방아쇠를 당겼다면 탄피가 떨어져 나오면서 당연히 손에 가루와 냄새를 남겼을 것이다. 총기에 묻은 지문을 감정해야 마땅하나 헌병대는 이를 하지 않았다. 당일 목격된 예광탄의 의미도 밝히지 않았다. 이날 경계근무를 선 같은 소대의 함용복 중사와 박풍신 일병은 총성과 함께 예광탄 여러 발을 목격했다고 말했다. 조선대 실습생 백성봉도 몇 개의 불빛을 보았다고 했다. 예광탄은 야간에 총알의 방향을 확인할 수 있게 5발당 1발씩 나간다. M-16 탄창에 들어 있는 15발 중 3발이 예광탄인 셈이다. 예광탄이 몇 발 나갔다는 것은 적어도 열 발 이상의 실탄이 발사되었음을 뜻한다. 그런데 헌병대는 이를 규명하지 않았다.

장례식 후 정성희의 죽음에 대해 가족은 입도 벙긋할 수 없었다. 정성희의 어머니는 몸져눕고 동생은 고등학생, 중학생이었다. 아버지의 직장인 은행으로는 가만히 있으라는 압력이 들어왔다. 학교 친구들 또한 아무런 대응을 할 수 없었다. 흥사단 아카데미는 힘을 잃은 데다가 군부대에 접근할 수 없으니, 발만 동동 굴렀을 뿐이다.

진상규명의 실마리가 열린 건, 1984년 학원자율화 조치 이후 서울대, 고려대, 성균관대 등 여러 대학에서 강제징집되었다가 제대한 학생이 복교하면서부터다.[12] 1984년 2월 기독교회관에서 한국기독학생총연맹이 강제징집과 의문사에 대한 보고서를 발표하면서 정성희와 이윤성, 김두황 등의 의문사를 중요하게 거론하였다. 6월 항쟁 이후인 1988년부터 의문사 유가족의 농성이 전개되면서 진상규명 요구는 더욱 뜨겁게 타올랐다. 이런 노력이 쌓여 2000년 의문사위에서는 정성희의 죽음이 민주화운동 관련 사망이고 공권력에 의한 죽음임을 인정했다. 하지만 보안사는 정성희의 존안자료가 없다고 하고 의문사위의 현장조사마저 거부해 누가 어떻게 정성희를 죽음에 이르게 하였는지 밝혀지지 않았다. 수사권을 갖고 있지 못한 의문사위의 한계였다.

이런 가운데 2018년 7월 국방부 중앙전공사상심사위원회는 정성희의 죽음을 순직 II형이라고 결정한다. 의문사위의 조사와 국방부과거사위의 조사를 나름대로 반영한다고 내린 조치다.[13] 그런데 순직 I형은 작전이나 교전 중에 사망한 군인이, 순직 II형은 근무 중에 죽은 병사가 해당한다. 황당한 조치가 아닐 수 없다. 정성희는 징집 나이도 안 된 상태에서 신체검사 같은 최소한의 절차도 없이 강제로 군대에 끌려갔다. 더욱이 보안사의 사찰과 프락치 공작으로 죽음에 이르게 되었는데 근무 중에 빚어진 죽음이라고 하면 진실의 왜곡일 뿐이다.[14] 정성희는 순직 II형으로 규정되면서 알량한 보상만을 받았다. 이렇게 되어 인권유린, 반헌법적인 행위에 대해서 민형사상 보상을 받을 수 있는 길이 막혀

버렸다. 국가배상법에서는 이중배상을 금지하고 있기 때문이다.

## 40년 만에 이뤄진 초혼 안장식

정성희는 만원 버스의 안내원에게 깊은 연민을 보내고 신민당사에서 농성한 노동자의 아픔에 공감한 청년이다. 정성희는 운동을 삶으로 받아들였다. 부모가 낡은 신발을 바꿔 사서 신으라고 재촉하면 어쩔 수 없이 사면서도 3천 원 이상짜리를 고른 적이 없다. 자신의 부유한 처지가 미안해 "조그마한 아파트로 이사 가자"며 부모를 자주 졸랐다. 그는 동생에게 "나는 민중을 위해서 살겠다. 부모님은 네가 책임져라"고 입버릇처럼 말했다. 그가 고등학교 3학년 때 일기에 적은 "왜 나는 조국을 생각하는 시간보다 날 생각하는 시간이 더 많은가?"라는 구절을 읽노라면 가슴이 무거워진다. 자신을 꾸짖은 이 문장이 혹여 1982년 7월 22일의 비극을 불러온 것은 아닐까?

2020년 11월 이천 민주화운동기념공원에서는 정성희의 초혼 안장식이 열렸다. 그의 죽음으로부터 38년 만에 이루어진 자리다. 코로나가 극성이어서 야외에서도 5인 이상의 회합이 금지되던 때였으나 잠시 방역 조치가 완화되던 쯤을 이용해 진행되었다. 정성희는 1982년 7월 22일 주검이 되자 만 하루도 안 된 7월 23일 벽제화장터에서 한 줌 재로 변했고 한강 물에 뿌려졌다. 친구와 선후배는 이를 늘 안타까워했다. 선배 이재영, 친구 이성우가 주도한 이 안장식은 벽제에서 떠온 흙을 항아리에 담아 무덤에 모시는 방식으로 진행되었다. 정성희의 묘소 둘레에 많은 친구가 모여 〈임을 위한 행진곡〉을 불렀다. 노래는 정성희처럼 민주화를 위해 헌신한 이들이 묻힌 무덤을 감싸며 멀리 퍼져나갔다. '임'이 된 정성희는 이 노래를 들으며 아마 이 구절로 화답하지 않았을까?

> 나의 무덤 앞에는 차가운 빗돌을 세우지 말라
> 나의 무덤 주위에는 그 노오란 해바라기를 심어달라
> 그리고 해바라기의 긴 줄거리 사이로 끝없는
> 보리밭을 보여달라
> 노오란 해바라기는 늘 태양같이 태양같이
> 화려한 나의 사랑이라고 생각하라
> 푸른 보리밭 사이로 하늘을 쏘는 노고지리가 있거든
> 아직도 날아오르는 나의 꿈이라고 생각하라
>
> – 함형수, 「해바라기의 비명」

2장

# 제대 8일 전
# 목을 맸다고?

— 이윤성 —

1964년 1월 출생
1981년 성균관대 어문계열 입학
1983년 11월 3일 학생의 날 시위연행
1983년 11월 6일 강제징집
1983년 5사단 27연대 2대대 5중대 2소대 배치
1983년 4월 30일 205보안부대로 연행됨
1983년 5월 4일 보안부대 영내에서 의문사

1983년 5월 4일 새벽 3시경이었다. 전방에는 아직 한기가 남아 있었다. 위병 근무를 마친 김재철은 내무반으로 가려고 연병장을 가로질렀다. 그는 가는 길에 심사실에 들러야 했다. 4월 30일에 연행되어 수사받던 이윤성 일병, 5사단 27연대 소속인 그가 취침 중인지 확인해야 했기 때문이다. 심사실 문을 여니 놀랍게도 그가 보이지 않았다. 김재철은 밖으로 나와 주변을 둘러보았으나 이윤성은 어디에도 없었다. 그는 본부 건물로 뛰어가 당직사관인 김차경에게 알렸다. 부대원이 30명 안팎인 205보안부대에 비상이 걸렸다. 이윤성을 찾으라는 목소리와 부대원의 군홧발 소리가 뒤엉켰다. 혼란스러운 가운데 수색견이 화장실과 세면장 사이의 계단을 타고 테니스장으로 뛰어올랐다. 수색견은 심판대 앞에서 울부짖었다. 허공에 뜬 검은 물체, 심판대의 햇빛 가리개 테두리에 목을 매단 이윤성이었다. 그의 목에는 혁대가 걸려 있었고, 혁대와 심판대의 모서리는 군화 끈으로 연결되어 있었다.[15] 김차경은 라이터로 군화 끈을 끊고 땅으로 끌어 내려 인공호흡을 실시했다. 아무런 반응이 없었다. 김차경은 서둘러 205보안부대 운영과장 김동식 소령에게 보고했다. 대략 새벽 3시 30분경이었다.

## 8일 후면 의가사 제대인데

이윤성은 왜 주검이 되었을까? 그는 1983년 4월 28일 자로 의가사 전역 명령을 받아 5월 12일이면 제대할 예정이었다. 숨을 거둔 5월 4일부터 8일 후면 군대를 벗어나게 되는 것이다. 보안대의 조사가 가혹하더라도 조금만 더 버티면 되는데 왜 목숨을 끊었을까? 혹 보안대에서 가혹행위를 당하다 숨진 건 아닐까? 그렇다면 이를 은폐하기 위해 시신을 테니스장으로 옮겨 자살로 꾸민 걸까? 제5사단 헌병대장 유영채 중령과 손영적 중사는 이윤성 사망사건을 수사하고 이윤성이 205보안부대로 연행된 경위를 밝혔다.[16]

205보안부대에서 2소대 내무반을 순찰할 때 이윤성의 관물함에 (판금 서적인) 『철학개론』이 있고 이 책자의 갈피에 '안전보장증'과 '월북만이 참된 삶의 길'이란 북괴의 불온전단 2매가 발견되었다. 205보안부대장 장기환은 유인물 습득 경위 및 목적을 규명하기 위해 임의동행을 지시했고 이윤성은 4월 30일 (5사단을 담당하는) 205보안부대로 연행되었다.

아울러 유 중령은 자살의 원인을 이렇게 설명했다.

이윤성은 독자로서 과잉보호 속에 성장하며 현실 도피적 심리 상태를 가졌다. 이를 시정하려는 부친이 신문팔이를 시키는 등 과도한 욕망을 부려 부모를 원망하고 고독한 생각을 가졌다. 시위 가담 활동으로 갑자기 입대하게 되어 정신적 충격을 받았고 제대가 임박한 상황에서 (과거 학생운동 전력과 불온삐라를 습득한 행위로) 제대 연기 혹은 처벌을 받을까 두려워 자살을 결심하게 된 것으로 보인다.

이윤성은 4월 30일 이전에도 보안부대에 소환된 적이 있었다. 그는 아버지 이명률이 면회하러 왔을 때 "어디서 부르면 겁이 나 몸이 떨린다"라고 말했다. 2소대에서 같이 근무한 고재필과 조성각은 2001년 시작된 의문사위 조사에서 "이윤성이 소대를 벗어난 적이 있고 자주 면담을 했다"라고 증언했다. 또 27연대 보안반 서무병이었던 임채상은 "이윤성이 205보안부대로 가는

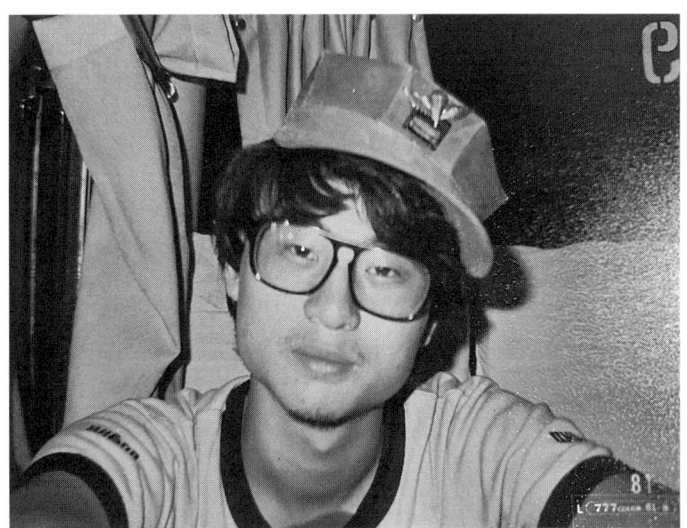

이윤성의 대학 1학년 때 모습.(이인효 제공)

차량을 기다리기 위해 2~3회 연대 보안반에서 머물렀다"라고 말했다. 이를 종합하면 이윤성은 여러 차례 보안부대로 불려 간 것으로 보인다.

이윤성은 부대 생활의 일거수일투족 또한 감시받았다. 2대대 서광남 대대장은 이윤성의 동향을 관찰하고 기록하라고 지시를 내렸다. 2소대 선임하사 이동화는 이윤성의 동태를 파악하여 상부로 보고했고 2대대의 보안대 주재관 유재명은 매주 2소대를 방문해 이동화와 면담하거나 관찰기록을 검토했다. 장근호 소대원은 "이윤성이 연대 보안대로부터 호출당해 자리를 비우면 보안대원이 이윤성의 관물대를 뒤졌다. 2~3회 본 기억이 있다"라고 말했다. 수시로 보안부대에 불려 가고 군대 생활 내내 유리 상자에 놓였던 이윤성, 그는 정말 삐라를 책갈피에 숨기고 북으로 가려 했을까? 이것이 발각되자 처벌이 겁나 8일 후면 제대인데 스스로 목을 맸을까?

## '학생의 날' 연합시위로 끌려간 이윤성

성균관대 81학번으로 역사철학 계열에 입학한 이윤성은 사학과 80학번 김현수가 지도하는 역사철학 계열 1학년 세미나모임에 참가한다. 2학년이 되어 이윤성은 전공을 사학과로 선택한 후 과 동기인 오진우, 조홍익, 오강과 함께 분단시대의 여러 문제를 공부했다. 이윤성은 또 동아리 인문과학연구회에서도 활동했다. 사르트르의 『문학이란 무엇인가』와 에리히 프롬이 쓴 『자유로부터의 도피』 등을 읽으며 세상을 보는 눈을 키웠다. 그는 2학년이 되면서 82학번 세미나를 지도했다. 1982년 8월 말에는 인문과학연구회 회장이 되었고 서클연합회 결성에도 적극 참가하였다. 그해 9월 일본의 교과서 왜곡이 이슈로 떠올랐다. 일본 문부성이 일본의 '한반도 침략'을 '진출'로, 독립운동에 대한 '탄압'을 '진압'으로 기술하라고 지시한 게 드러났기 때문이다. 9월 27일, 서울 시내 대학생 1만여 명이 시청과 청계천 등지에서 연합시위를 벌였다. 이 싸움은 11월 3일 '학생의 날' 연합시위로 이어져 서울 지역 대학생 수천 명이 '전두환 타도'를 외치며 종로 2~3가를 행진했다. 시위는 치열했고 연행된 학생이 400여 명에 이르러 시내 경찰서의 유치장이 미어터질 지경이었다. 이날 김영수(정외과 80), 남규만(철학 81), 김돈하(경제 81) 등 60~70명의 성균관대생이 연행됐는데 이윤성도 광교 부근에서 붙잡혔다.

 이윤성은 성균관대를 담당하는 동대문경찰서 유치장에서 5일까지 조사받고 주동인 A급으로 분류되었다. 동대문경찰서로 아버지 이명률과 막내 매형 박정관이 불려 왔다. 경찰은 이윤성의 아버지에게 구속되지 않으려면 군대를 가야 한다고 협박했다. 이명률은 이윤성이 2대 독자이며 자신이 예순을 넘어 "이윤성은 현역 입영 대상이 아니다"라고 맞섰다.[17] 경찰은 단기 6개월 사병으로라도 자원입대하라고 거듭 압박했다. 이명률은 아들의 감옥행을 막기 위해 '입대동의서'를 쓸 수밖에 없었다. 이윤성도 어쩌지 못했다. 몸은 잡혀 있고 아버지가 서명했기에 그는 11월 6일 병무청 직원과 동대문서 경찰에게 이끌려 103보충대로 들어간다. 신체검사 등 모든 징병 절차가 무시된, 이른바 '현지입대'였다.

이윤성이 군대에 입대한 1982년 11월은 보안사의 움직임이 심상찮은 때였다. 그해 5월에 '좌경의식화 불순분자 대상 대공활동 지침'을 마련한 보안사는 11월 17일, '특수학적변동자[8] 심사 및 순화 계획'을 수립해 녹화공작에 본격 착수한다. 이 공작에 따르면 A등급은 매달 관련 자료가 수집되어야 하는 심사, 순화, 프락치 강요의 대상이었다. 이윤성은 이런 상황에서 신병교육대를 거쳐 5사단에 들어갔으니, 범의 아가리로 들어간 셈이다. 이미 5사단에서는 1975년에 강제징집된 경북대 의대생 현승효가 의문사했고 1982년 7월에는 연세대생 정성희가 주검이 되었다. 이윤성이 숨지고 6개월 후인 1983년 12월에는 서울대 79학번 한희철이 숨지게 된다. 이윤성은 이런 사실을 알지 못했고 알 수도 없었다. 그는 27연대 2대대로 배속되어 연천군 대광면 대마리 철책지역에서 근무했다. 이윤성은 용기 있게 적응해간다. 하지만 먹잇감을 노리는 보안사의 마수가 뻗쳐왔다.

## 운명의 날이 된 4월 30일

몇 차례 소환되었던 이윤성은 4월 30일, 또다시 205부대로 연행되었다. 그날부터 5월 4일까지 무슨 일이 있었을까? 보안부대에 가면 통상 '나의 성장기'를 써야 한다. 50쪽이고 100쪽이고 하염없이 써야만 한다. 또 전두환의 일대기 『황강에서 북악까지』 같은 책을 읽고 소감문을 내야 한다. 이윤성도 마찬가지 일을 겪었을 것이다. 또 그에게 성균관대 학생운동의 계보도를 그리라고 하고, 성균관대 학생운동권의 핵심이 누구인지를 캐물었으리라. 하지만 이윤성은 보안대의 수사에 협조하지 않았다. 결국 그는 연행된 날부터 4일 만에 숨졌다. 군대로 끌려간 1982년 11월 6일부터 6개월 만에 벌어진 일이다.

사고 당일 5사단은 유족에게 이윤성의 죽음 소식을 뒤늦게 알린다. 당시 보안사가 작성한 「불온유인물 소지자 조사 중 자살사건 조사 결과보고서」에 따르면 이윤성은 06:30분에 5사단 병참근무대를 거쳐 08:00시에 제105야전병원으로 후송되었다. 그런데 가족에게 처음 통보된 시간이 10:40분이었다. 대대장 서광남이 연락했으나 전화를 받은 외할머니와 의사소통이 잘 안 되었다고 한다. 시신이 오전 일찍 수습되었는데 직장을 다니거나 사업을 한다면 집을 비우기가 쉬운 10시 40분에야 첫 연락을 했으니 매우 늑장을 부린 셈이다. 14시쯤에야 아버지 이명률에게 연락이 닿는다. 사체 발견으로부터 무려 11시간이 지나서였다. 당연히 의문이 든다. 이 오랜 시간 동안 205보안부대와 급보를 받았을 보안사령부, 그리고 제5사단은 대책회의를 했을 터인데 무슨 얘기를 나누고 어떤 결정을 했을까?

이 의문에 해답을 주는 「내사보고서」가 있다. 사고 당일 보안사 준위[19] 한 명은 강동세무서 직원으로 위장하여 이윤성의 집으로 전화를 건다. 사망 사실을 알고 있는지 확인하기 위해서였다. 이윤성의 아버지는 강동구에서 명성이라는 예식장을 운영했는데 이를 1982년 10월에 매각한 사실이 있다. 보안사 준위는 이 점에 착안, 감사에 대비해 자료를 정리하는 데 누락 부분이 있어 문의한다는 취지로 이윤성의 어머니와 통화한다. 이 대화 후 보안사 준위는 "집안의 동태를 파악한바 현재는 이윤성의 사망 사실을 인지하지 못하고 있는 것으로 판단된다"라고 보고한다. 왜 군은 유족에게 시급하게 연락하고 사건 경위를 수사해야 할 판국에 세무서 직원을 사칭해 전화를 걸고 유족의 동태를 파악했을까?

의심스러운 정황은 또 있다. 이윤성의 아버지 이명률과 매형 셋이 16시경 야전병원에 도착했을 때 가족을 맞아 일선에서 설명한 사람은 205부대 운영과장과 5사단 헌병대장 등 6명이다.[20] 그런데 보안사의 내부 자료를 보면 이들 외에 (5사단이 소속한 6군단을 담당하는) 106보안부대장, 수사과장, 법무관 그리고 사령부 수사관 등 4명이 현지 상황에 대응했다는 기록이 나온다. 이는 보안사가 이윤성의 죽음에 얼마나 당황했고 얼마나 기민하게 대응했는지 알려주는 대목이다. 정성희가 주검이 된 지 1년이 안

돼 이윤성이 죽었으니, 더더욱 사망 장소가 보안부대 안이고 조사받던 중에 숨졌으니, 보안사는 진상규명 요구가 거세리라 판단했을 것이다. 이 불씨를 제거하기 위해 그들은 가족에게 최대한 연락을 늦추고 대책회의를 통해 "전단을 소지해 월북을 기도했다, 처벌이 무서워 자살했다"라는 거짓 이야기를 지어낸 게 아닐까? 이를 위해 사령부 차원에서 인력을 파견해 현장 지휘를 했던 것이 아닐까?

그런데 205보안부대의 가족 설득과 회유는 벽에 부딪는다. 운영과장은 이명률에게 이윤성이 "아버지가 4월 19일 면회 왔을 때 자신에게 『철학개론』을 주어 여기에 불온삐라를 보관했다"라고 진술했다며 말문을 열었다. 하지만 이명률은 그런 책은 알지도 못하고 본인이 전달한 사실도 없다고 일축했다. 그럼에도 운영과장은 "월북 기도를 추궁하자 이윤성이 계속 부인해서 조사 중이었고 5월 1일 두 차례에 걸쳐 감시병에게 면도칼을 요구했다"며 이윤성이 자살할 심산이 있었던 것처럼 말했다. 이명률은 "지난번 면회 때 '군에서 많은 것을 배우고 깨달았다. 앞으로 제대하면 철학교수가 되겠다'고 약속했다"라며, 제대를 며칠 남겨두고 자살할 이유가 없다고 맞섰다. 이해가 안 되니 유족은 거듭 질문하고 해명을 요구했다. 그러자 운영과장은 돌연 유족을 향해 "이 빨갱이 새끼들아"라고 소리를 질렀다. 유족은 위축될 수밖에 없었다. 결국 이윤성의 사체는 세 매형이 지켜보는 가운데 육군과학연구소 군의관 박의후 대위가 부검했다. 군은 서둘러 부검하고 사건을 빨리 매듭지으려 했다.

## 가족과 성균관대 학생의 투쟁이 시작되다

1984년 학원자율화 조치 이후에야 캠퍼스에 숨통이 트이면서 유족과 성균관대 학생들은 이윤성 죽음의 진상을 밝히는 투쟁에 나선다. 1984년 4월 3일, 성균관대생 수백 명은 성균관대학교학원민주화추진위 발족식을 겸해 금잔디광장에서 이윤성 추도식을 하고 진상규명을 요구했다. 이윤성이 죽은 뒤 한 달여 지나서 고려대 80학번 김두황이 22사단에서 의문사한지라 고려대에서도 마찬가지로 투쟁이 일어났다. 성균관대생은 5월 4일 이윤성의 기일에 맞춰 문과대 광장에서 1주기 추도식을 하고 교문 앞으로 진출해 경찰과 투석전까지 벌였다. 마침, 역대 교황 중 처음으로 한국에 온 요한 바오로 2세가 혜화동의 가톨릭대학 성당에서 미사를 집전했는데 경찰이 쏜 최루가스가 거기까지 번져 재채기하고 눈물을 흘렸다고 한다.

진상규명 열기가 고조되자 이윤성의 거주지를 담당하는 강동보안대는 이윤성의 집을 찾아가 "의문사라고 시위하는데 가족이 내통하지 않고 이럴 수 있냐, 재발하지 않도록 하라"고 으름장을 놓았다. 당시 성균관대 대학원을 다니던 매형 박정관은 보안대의 등살에 학교도 제대로 다니지 못해 학위는커녕 수료도 못 했다고 한다. 이뿐만이 아니다. 아파트 경비실 등을 통해 가족의 동향을 1995년까지 감시했고 전화를 도청하는 기미도 보였다. 보안사는 1990년 10월 윤석양의 폭로로 친위 쿠데타 계획과 이를 위한 민간인 사찰 실태가 드러나면서 기무사령부(이하 기무사)로 재편되고 사과와 함께 재발 방지를 약속했다. 그런데 이윤성 가족에 대한 사찰은 1995년까지 계속되었으니 기무사는 문민정부라는 김영삼정권 시절에도 옛 버릇을 고치지 않은 것이다.

## 의문사위 조사를 개시하다

아버지 이명률과 유족은 이윤성 사건을 세상에 문제를 제기한 이래 끈질기게 진상규명 운동을 펼쳤다. 이명률은 전두환이 보안사령관일 때 정보처장으로 있던 5공의 실세 권정달을 찾아가 청원도 했다. 그때 권정달은 이명률에게 "영감 사정은 딱하게 되었소만 청와대와 싸워 이겨야 해결되는 일이니 포기하라"라고 말했다고 한다.[21] 의문사위는 가족의 요청을 받아들여 2001년 1월 13일 이윤성의 의문사에 대한 조사 개시를 결정한다. 의문사위는 정성희, 김두황, 한영현 등 강제징집 관련 의문사 피해자 중에서 이윤성은 누구보다 타살의 의혹이 크다고 판단했다. 우선 보안부대로 끌려가 조사 중에 숨졌다는 사실에 주목했다. 또 그가 머물렀던 심사실은 외부에서만 문을 열 수 있고 24시간 감시병이 서 있기에 자기 맘대로 문을 열고 나갈 수가 없다. 그러니 심사실을 빠져나와 테니스코트에서 목을 맨다는 건 상상조차 할 수 없는 일이었다.[22] 이윤성이 혁대와 군화 끈을 사용했다는 자살의 방식 또한 의문스럽다. 보안부대로 끌려가면 통상 명찰과 계급장이 없는 군복으로 갈아입는다. 물론 바지는 혁대 없이 단추로만 채우며, 군화도 벗고 고무신을 신는다. 혁대나 군화 끈으로 목을 맬 소지가 있기 때문이다.[23] 이는 교도소에서도 마찬가지다. 자해를 막기 위해 어떠한 끈도 지니지 못하게 하는 게 기본이다. 그런데 혁대와 군화 끈을 이용했다면 이를 어떻게 구했는지를 밝혀야 한다. 사고 당일 매형 안용태가 이를 집중 추궁했으나 담당 수사관은 얼버무리기에 급급했다고 한다. 결국 헌병대의 수사에서 이 부분은 규명되지 않았다. 당시 검안의는 이윤성의 사체를 테니스장이 아닌 '어떤 실내'에서 접하고 사망 판정을 내렸다고 한다. 이는 시신을 (군의 발표대로라면) 테니스장에서 옮겼다는 얘기이니 현장보존은 아예 지켜지지 않은 것이다.

## 진상이 하나씩 드러나다

오랫동안 묻혀 있던 진상은 의문사위의 조사가 진행되면서 하나둘 드러나기 시작한다. 우선 사망 장소를 바꾸려 하고 사망 시각을 조작한 점이 밝혀졌다. 205보안부대장 장기환은 사고 당

이윤성의 초등학교 때 졸업사진. 누나들과 함께 찍었다.(이인효 제공)

일 이윤성의 사망 장소를 '27연대 예하 소속대로 하자'고 헌병대장 유용채 중령에게 제안하는데 유용채는 이를 거절한다. 이윤성이 죽은 지 7개월 뒤인 1983년 12월 11일, 5사단에서 서울대생 한희철의 사망사건이 발생한다. 유영채는 이때도 수사를 맡았는데 조사계 손영적이 한희철이 고문당한 정황을 보고하자 "보안사의 위상을 고려해 너무 깊숙이 개입하지 말라"고 지시한다. 보안사에 납작 엎드린 것인데, 이윤성의 사망 장소를 바꾸자는 205 보안부대장의 이때 제안은 거부했다. 사망 장소를 바꾸면 조서를 소설처럼 꾸며야 하는 부담 때문이었으리라. 반면 사망 시각은 아예 조작된 채로 발표되었다. 유용채는 의문사위 조사에서 "당시 205보안부대로부터 사건을 통보받고 상급 헌병대로 보고하는 시간이 지연된 현실을 고려, 본인이 장기환과 함께 보안사와 6군단 헌병대에 사체 발견 시각을 06:00로 하자고 합의했다"라고 진술했다. 김재철도 "본인이 위병근무 중, 장기환과 유용채, 그리고 어떤 부대간부가 발견 시각을 '06:00'로 하자"고 하는 대화를 들었다고 증언했다.

이윤성이 4월 30일부터 5월 4일까지 어떤 분위기에서 조사를 받았는지도 확인되었다. 205부대의 대공계 사병 김병록은 "이윤성을 조사하던 수사관이 이윤성을 좀 심하게 대했다는 이야기를 들은 적이 있다"고 밝혔다. 또 손영적은 "김재철 위병으로부터 이윤성이 야간까지 취조당했다는 말을 들었다"고 진술했다. 하지만 이윤성을 수사한 대공계장 박진숙 상사와 대공수사관 김홍대 중사는 의문사위나 국방부과거사위에서 "고문은 일절 없었다, 이윤성의 전력 조회를 하느라 실제 조사에 착수하지도 못했다"며 가혹행위를 부정했다. 그런데 당시 205보안부대의 수사 관행을 엿볼 수 있는 증언이 하나 있다. 5사단 소속 박동열은 1982년 1월 근무 중에 북한 삐라를 주웠고 사회에서 쉽게 볼 수 없는 것이기에 자신의 형에게 보내는 편지에 이를 넣는다. 박동열은 (편지 검열에 걸려) 205부대에서 국가보안법 위반 혐의로 수사를 받게 되었다. 이때 대공계장에게 4일 이상 구타를 당하여 결국 보안부대가 원하는 대로 내용을 써줬다고 한다.[24] 또 하나 중요한 점은 김홍대는 정성희가 사망했을 때도 담당 수사관이었다는 사실이다. 그는 정성희가 죽었음에도 문책을 받지 않았고 이윤성 사망사건 때도 겨우 견책만 받았다.[25] 이런 정황에 비추면 이윤성도 205보안부대에서 심한 고초를 당한 것으로 보인다.

가장 중요한 조작은 연행 경위를 거짓으로 꾸민 점이다. 27연대 보안반 대대주재관 유재명은 "(보안)사령부 간부들이 이윤성 사망 직후 나를 소환해 205보안부대로 갔는데, 어떤 보안사 간부가 사무실 통로에서 '이번 사건은 불온삐라와 책자를 소지해서 월북 혐의로 조사하다가 일어난 걸로 알아라'라고 했다"고 진술했다. 이는 205보안부대장 장기환의 고백으로도 입증된다. 그는 이윤성이 보안사령부의 지시에 따라 순화 교육 목적으로 205보안부대에 왔으며 "월북 혐의로 205보안부대에서 조사를 받다가 사망했다"라는 건 조작이라고 실토했다. 주무 수사관이던 박진숙도 삐라 때문에 조사했다는 건 허위라고 인정했다.[26] 결국 5사단 헌병대의 수사는 부실했고, 조작투성이였다.

한편, 이윤성의 과 동기인 최영미(고전연구회장)는 1983년 4월 이윤성의 연락을 받고 학교 앞에서 만난다. 이윤성은 같이 활동한 적이 없음에도 "너희 서클은 잘 되냐? 별일 없냐" 등을 묻더니 또 다른 사람을 만나야 한다며 자리를 떠서 의아스러웠다고 증언했다. 또 철학과 이옥희는 "성균관대 정문 근처, '시골집'이라는 술집 앞에서 군복 차림의 이윤성이 하얀색 계통의 셔츠를 입은 남자와 함께 서 있었던 것 같다"라는 진술을 했다. 프락치 활동을 강요받고 휴가를 나와 정보수집을 한 것으로 보이는 정황들이다.

## 보안사에 대한 직접 조사, 좌절되다

의문사위는 이런 의미 있는 증언을 확보하면서 기무사에 대한 직접 조사를 시도했다. 의문사위는 우선 이윤성의 죽음을 포함해 다른 강제징집 피해자에 관한 자료 제출을 요구했다. 기무사는 2001년 12월 "녹화사업 관련 자료는 그 분량이 라면상자 5~6개였다. 사령관의 지시로 1990년 소각했다"라고 회신하고 문서 규정집과 같은 기본 자료조차 기밀사항이라며 협조를 거부했다. 이는 당시 녹화사업을 주관한 보안사령부의 책임자 서의남 중령이 한 증언과 배치된다. 그는 의문사위에서 녹화사업 심사자 1천여 명, 전체 관련자 5천여 명의 존안자료를 생산했고, 철제 캐비닛 17개 분량이었다고 증언했다. 또한 "인수인계 목록은 영구보존문서로 분류되어 기무사에서 확인할 수 있을 것"이라며 관련 자료목록이 보관되어 있음을 확인해줬다.

이런 진술을 근거로 의문사위는 2002년 8월 21일 현지조사를 시도했지만 기무사는 "대통령이 와도 보여줄 수 없다, 대한민국이 거꾸러져도 안 된다"며 거부했다. 의문사위는 2004년 6월 9일에 재차 기무사를 방문해 열람을 시도했으나 이때도 실패했다. 강제조사권이 없는 의문사위의 한계였고 과거 반성을 하지 않는 기무사의 민낯이었다. 뿐만 아니라 기무사는 자살인지 타살인지 여부를 가릴 수 있는 테니스 심판대도 철거한 것으로 보인다. 국방부에서 의문사를 재조사하면서 205보안부대를 방문해 사람의 체중을 심판대가 지탱할 수 있는지 실험한 적이 있었다. 이때 명확한 결론이 나지 않았는데 의문사위가 현지조사를 위해 205보안부대를 방문하니 심판대는 철거된 상태였다. 누군가가 증거인멸을 지시한 것으로 보인다.

의문사위는 이런 한계 속에서도 2002년 9월 16일, 이윤성이 2대 독자로서 현역 입영 대상이 아님은 물론 적법절차가 지켜지지 않은 점, 이윤성이 대학에 들어가서 전두환 군부독재에 맞서 민주화운동에 투신한 점, 보안부대의 조사를 받으며 신체적·정신적 압박을 느꼈다는 점 등에서 민주화운동 관련 사망이고 부당한 공권력의 행사로 빚어진 사망이라고 인정했다. 2005년에 출범한 국방부과거사위도 의문사위의 결론을 재확인했다. 과거사위는 조사에 나서 『특변자 사고 관계철』(83.1.~84.12.)을 확보했다. 이 철에는 「동향 조사서」와 「피의자 자살보고」와 같은 다양한 자료가 담겨 있었다.[27] 과거사위는 자료들을 분석해 이윤성이 녹화사업 대상자였으며 보안부대로부터 주기적으로 사찰받았음을 확인했다. 한편, 이윤성이 연행된 날 만들어진 전언통신문, 텔렉스 전문, 긴급보고 등 6건의 문서도 분석했다. 이중 긴급보고 외에는 접수 및 지시에 따른 내부 결재가 없고 성명, 문장부호, 부연설명 등이 가필(加筆)되어 있으며 송수신 시간 및 결재일이 수정된 흔적을 발견했다. 과거사위는 이 문서가 사망경위를 은폐하기 위해 사후에 작성된 것으로 판단했다. 국가기관인 의문사위와 국방부과거사위가 이윤성이 설령 스스로 목숨을 끊었다 할지라도 보안사에 의해 죽음에 내몰렸다고 인정한 것이다.

## 길고 긴 투쟁, 2021년의 법정 승리

이윤성의 의문사는 2021년 민사법정에서 다시 한 번 다뤄졌다. 안타깝게도 이명률은 2001년 4월에 숨져 이 법정에 서지 못했고 의문사위의 조사 결과조차 받아보지 못했다. 함흥 출신인 그는 한국전쟁 당시 홀로 월남하여 소년병으로 국군에 자원입대했다. 전투 중에 무릎에 파편이 박히는 상처를 입어 상이군인으로 제대했고 평생 후유증에 시달렸다. 그런데 딸 다섯 다음에 얻은 아들이 월북을 기도하다 자살했다는 거짓 혐의를 뒤집어썼으니, 그는 누구보다 분단의 아픔을 안고 평생을 산 셈이다. 이명률은 길을 가다가도 대학생을 보면 눈물을 흘리고 창가에 석양이 비껴들어도 눈물을 떨궜다고 한다. 어머니 박정선은 아들을 잃은 충격에 지병인 고혈압이 악화했으며 남편이 세상을 뜬 후에 곧바로 치매 상태가 되어버렸다. 20여 년을 병상에 있다가 2021년 4월에 한 많은 세상을 하직했다. 결국 어머니도 의문사위와 국방부과거사위의 결과를 접할 수 없었고 민사 법정에도 서지 못했다. 하지만 서울중앙지법은 2021년 12월 15일 의문사위와 과거사위의 판결을 토대로 이윤성의 유족이 겪은 피해를 인정, 배상금을 지급하라고 결정했다. 판결문에는 이윤성 사후 10여 년간 강동 보안대가 유족을 사찰한 사실도 받아들여져 적시되었다.

　1983년 5월 4일 숨을 거두고 한 줌의 재로 변한 이윤성은 매형 박정관에 의해 북한강에 흩뿌려졌다. 해마다 기일이 되어도 이윤성을 추모할 공간이 없던 터에 이천시에 민주화운동기념공원이 만들어지자, 이윤성은 2014년 이곳에 깃들었다. 이윤성은 2003년 성균관대에서 명예졸업장도 받고 2005년 5월 9일 민보상위에서 보상도 받았다. 2025년 4월 15일 진실화해위에서도 강제징집과 프락치 강요 같은 위법한 공권력의 행사가 있었다고 인정했다. 이런 거듭된 판결에도 불구하고 이윤성은 진정한 승리를 거두지 못했다. 이윤성을 죽음으로 몰고 간 보안사의 책임자에 대해 형사 처벌이 이뤄지지 않았기 때문이다. 이윤성은 어떤 의문사보다도 타살의 정황이 뚜렷하다. 북한강에 흩뿌려진 이윤성에 대한 진정한 위로는 이윤성을 죽음에 이르게 한 이를, 형사 법정에 세우는 일이다. 또한 그들이 이윤성과 그 가족이 입은 피해를 보상하게끔 하는 일이다.

3장

# 의문사한 친구를 위한 40여 년

김두황

1960년 출생
1980년 고려대경제과 입학 / 현대철학회와 제일교회에서 활동
1983년 3월 7일 성북서로 연행
1983년 3월 18일 강제징집, 22사단 55연대 배치
1983년 6월 18일 해안가 초소에서 의문사

"내 친구 두황이가 22사단에서 근무하다가 1983년 6월 18일 밤 11시 35분에 죽었어요. 강원도 고성의 민간인 통제선 위쪽, 간첩 침투로를 감시하는 해안가 초소에서요. 그해 3월 18일에 군대에 끌려갔으니 불과 90일 만에 숨진 거죠."

김두황과 고려대 80학번 동기며 동아리 '겨레사랑회' 활동을 함께 한 양창욱의 말이다. 입대 전 경제학과 4학년이던 김두황은 이날 끔찍한 주검이 되었다. 22사단 헌병대 발표에 따르면 김두황은 매복초소에서 북쪽으로 7미터 떨어진 지점에서 자신의 총기 M-16(총번 209360)을 턱 밑에 대고 4발을 잇달아 쏘았다. 총알은 머리를 관통해 김두황은 현장에서 사망했다. 마루뼈가 두 쪽 나고 뇌는 거의 날아간 참혹한 모습으로.

"두황이의 작은 형이 다음 날 새벽 현장으로 달려갔으나 할 수 있는 게 아무것도 없었어요. 헌병대는 유족을 '골칫거리'가 될 사람으로 대했어요."

김두황의 작은 형 김두원은 6월 19일 01시 30분, 어둠을 찢는 전화 소리에 벌떡 일어났다. 벌렁거리는 가슴으로 집어 든 수화기에서 "여기 군입니다. 두황이가 죽었습니다"라는 충격적인 말이 들렸다. 그는 밤을 꼬박 새우고 부모님 몰래 매형에게 연락해 고성 현장으로 달려갔다. 차마 쳐다볼 수 없는 동생의 참혹한 몸뚱이, 흐르는 눈물을 감당할 수 없는데 현장을 둘러싼 군인은 "구타는 없었습니다. 자살입니다"를 되풀이 말했다. 또 "몸에 다른 상처가 있는지 확인해보라"고 채근했다. 김두원은 아무 생각이 없었다. 동생을 빨리 집으로 데려가고픈 마음뿐이었다.

## 자신에게 M-16 네 발을 쏘았다?

22사단 헌병대 조사계는 화장에 동의한다는 사인도 요구했다. 김두원이 힘없이 이름을 적자 또 다른 종이 한 장을 내밀었다. 거기에는 "이 자살 사건에 관해 현장 및 사체를 직접 확인한 결과 타살 혐의가 일절 없고 자살한 것으로 충분히 인정하고 차후 본 건에 대하여 민·형사상 일체의 소송을 제기하지 않거니와 민원 역시 제기치 않겠기에 각서를 제출합니다"라는 내용이 쓰여 있었다. 22사단은 김두황의 죽음을 '골치 아픈 사건'으로 유족은 '문제를 일으킬 소지가 있는 존재'로 여겼을 뿐이다.

"22사단 헌병대는 1983년 7월 9일 조사 결과를 발표했어요. 김두황은 자살했으며 '평소 내성적 성격… 소외감과 열등의식… 복무 중 염증을 느끼고' 등으로 원인을 설명했어요. 군에서 의문사한 사람의 사망원인을 밝힐 때 한결같이 늘어놓는 말이죠."

양창욱이 말한 대로 군 수사기관은 군 의문사를 발표할 때마다 판박이였다. 1983년에만 강제징집된 학생이 김두황을 포함 무려 다섯 명이나 죽었다. 성균관대 이윤성이 5월 4일에, 한양대 한영현이 7월 2일에, 동국대 최온순이 8월 14일에 그리고 서울대 한희철이 12월 11일에 숨졌다. 이윤성은 제대를 불과 8일 남겨놓고 변사체로 발견되었고 한영현은 김두황과 마찬가지로 입대 후 불과 석 달 만에 숨졌다. 이 모든 죽음을, 군 수사기관은 '신변을 비관한 자살'로 몰아가고, 죽은 이에게 '심약한 부적응자'라고 낙인을 찍었다.

"헌병대의 발표는 믿을 수 없어요. 유서는 거짓으로 드러났고 헌병대가 밝힌 자살 방식도 도저히 이해할 수 없어요. 두황이가 초인인가요. 무엇보다 두황이는 씩씩하게 군대 생활을 하자고 저를 격려했거든요."

22사단 헌병대는 김두황이 '끝'이라고 쓰인 유서를 지니고 있었다고 발표했다. 날조였다. 헌병대는 김두황이 죽은 후 관물대를 뒤져 한 통의 편지를 발견한다. 여기에 김지하의 시집 『타는 목마름으로』에 실린 시 「끝」이 적혀 있었다. 이는 김두황의 동기가 보낸 것으로 김두황의 글씨와 필체가 확연히 다르다. 그런데 이것이 김두황의 유서이고 야전잠바 오른쪽 호주머니에 가지고 있던 것으로 발표되었다. 당시 육군과학수사연구소 지문감식과장은 2002년 의문사위에 출석해 통상 5일 걸리는 감정을 이틀 만에 했고 연구소는 헌병감실의 지휘를 받고 있어 어쩔 수 없이 조작했다고 실토했다. 김두황이 받은 편지를 유서로 둔갑시킨 것만으로도 의혹을 불러일으키지만 가장 이해할 수 없는 부분은 자신에게 M-16 네 발을 쏘았다는 사실이다. 어떻게 총알이 잇달아 자기 머리를 관통하도록 방아쇠를 쥐고 있을 수 있단 말인가, 한 발만 머리에 맞아도 충격으로 몸이 튕겨 나가고 쓰러질 수밖에 없을 텐데. 네 발이 머리를 뚫고 지나갈 때까지 방아쇠를 놓지 않았다는 건 누구라도 받아들일 수 없는 설명이다. 이 외에 사망 시각, 사망 장소 등 의혹은 한두 개가 아니었다. 더욱이 김두황은 양창욱과 연대본부에서 헤어질 때 "군대도 현장이다. 반공 웅변대회에도 나가서 우승해 포상휴가를 나가자. 군대 생활을 버텨내자"라고 말했다. 같은 소대원 중 하나인 신 상병 또한 의문사위에 나와 "김두황이 회식 자리에서 탈춤을 잘 추었다"라며 그의 활기찬 모습을 전했다. 그런 김두황이 갑작스레 '자살'했다니, 수상할 수밖에 없었다.

## 정권의 타깃이 되다

"보안사가 진실을 밝혀야 합니다. 대대로 떠나기 전, 두황이와 나는 연대본부에서 이틀간 연대보안반의 조사를 받았어요. 내가 3대대로 떠나고 두황이는 이틀을 더 조사받았죠. 자대로 배치되고 나서는 더

심했을 거예요. 두황이는 1983년 새롭게 구축된 고대 학생운동의 지도부였어요."

양창욱의 말대로 김두황은 고려대 학생운동권에서 중요한 위치에 있었다. 그는 입학해서 겨레사랑회에 들어간다. 이 서클은 사회과학연구회, 기독학생회와 함께 연대하고 경쟁하면서 유신 치하에서 고려대 학생운동을 이끌었다. 김두황은 제일교회에도 다니며 깊이 있는 사회과학 학습을 했다. 박정희정권 아래서 제일교회를 포함해 경동·연동·새문안교회는 민주화운동의 버팀목 역할을 했다. 겨레사랑회와 제일교회에서 단련된 김두황은 1981년 2학년 말이 되면서 "70년대부터 내려온 서클 중심의 운동 방식을 벗어나자, 학생운동을 대중화해야 한다, 지름길은 학회조직 활성화뿐이다"라며 새로운 활동 방향을 제안한다.

김두황의 의견에 80학번 동기의 호응이 컸다. 김두황이 앞장서 경제학과 내에 경제학회를 만들고 이어서 양창욱이 소속된 사회학과를 비롯해 중문과, 교육학과, 법학과, 경영대에서 학회가 결성된다. 그는 학교 당국과 싸워 서관 시계탑 7층에 학회 사무실까지 얻어냈다. 이런 전환은 1982년 2학기에 성과가 나타났다. 11월 4~5일 가을축제 때 정경대 학생회가 호안제, 문과대학 생회가 녹두제라는 이름으로 학생 대중이 참여할 수 있는 다채로운 행사를 연다. 4일에는 사회학과 김광경과 사학과 어미숙이, 5일에는 재료공학과 홍기원이 주동이 되어 축제의 열기를 반전두환 시위로 이끌었다. 경찰이 사과탄까지 던질 정도로 이틀간 투쟁은 치열했다. 학회 조직 덕분에 여러 행사가 흥성하게 치러지고 격렬한 시위 투쟁에 학생의 참여가 높아졌음을 확인할 수 있었다. 학회 조직 사업이 결실을 보고 투쟁에서도 성과가 나자, 고려대 80학번은 선배의 지도 없이 김두황·김희근·박상중 3인으로 고려대 학생운동을 이끌 언더(비공식) 지도부를 결성한다. 김두황은 지도부 내에서 학회 사업을 총괄하게 되어 1983년 1월에 학회장단 모임을 결성하고 4·18 마라톤대회와 5월 축제 투쟁 등 1학기 계획을 세워 나갔다.

1980년 입학해서 봄에 찍은 사진. 앞 줄 두 번째가 김두황이다.
(김두황추모사업회 제공)

"두황이가 비공개 지도부와 학회장단 모임까지 이끄는 위치가 되면서 이래저래 눈길을 끌게 되었어요. 성북서는 압력을 넣어 보직교수가 두황의 집까지 찾아가게끔 했어요. 두황의 부모님은 깜짝 놀랐지요. 등록금을 안 주며 활동을 막으려 하셨죠. 두황이는 어느 순간 서울시경에서도 주목했어요."

성북서는 김두황이 학회 결성을 이끌며 학회 사무실까지 마련하자 그를 주시하기 시작했다. 한편 1982년 말부터 대학가에 '아방타방'이라는 소책자가 배포되는데 여기에는 민주화 세력인 아방(我方)과 군사정권인 타방(他方)을 대비시켜 정세를 분석하고 학생운동과 노동운동이 나아갈 방향에 대한 제안이 담겨 있었다.[28] 서울시경은 이 문건 작성자를 잡기 위해 '두더지'라는 작전명으로 '아방타방' 수사본부를 만들고 성북서·청량리서·관악서 등에 전담반을 편성, 서울대 등 9개 대학의 41명을 뒤쫓았다. 제일교회 또한 의심받아 제일교회의 리더 김헌이 서울시경에 연행되어 필적감정을 받았다. 이 무렵 김두황 또한 용의선상에 올랐을 터이다.

"3월 7일이 운명의 날이었어요. 학회장 연합모임의 일원이던 한선모가 이날 새벽 들이닥친 성북서 형사 김영규에게 붙들려갔죠. 어머니가 온몸으로 막았는데 형사가 어머니를 내팽개치고 끌고 갔어요. 나는 역촌동 집에서 연행되고 두황이는 학교 앞에서 잡혔어요. 새로운 학회 지도부 중 세 명이 이날 잡힌 거예요. 언더와 오픈을 매개하던 중심 두황이가 잡히고 고려대 학생운동의 공개지도부가 와해되었으니, 이날은 고려대 학생운동사에서 가슴 아픈 날이었어요."

## 연행, 입영, 죽음

성북서는 3월 7일을 D-day로 하여 학회장단 모임의 핵심을 붙잡는 데 성공했다. 김두황, 양창욱, 한선모는 성북서 지하 보일러실에서 혹독한 고문을 당했다. 이 중 제일 먼저 연행된 한선모가 큰 고통을 받았다. 성북서 형사 이강수는 1학기 첫 시위 날짜와 주동자를 대라며 한선모의 뺨을 수십 대나 때렸다. 급기야 코피가 터져 한선모의 온몸은 피범벅이 되었다. 양창욱도 한선모에게 건넨 '아방타방' 문건의 입수 경위와 관련해 심한 추궁을 받았다.

이날 성북서가 한꺼번에 핵심 운동가를 붙잡을 수 있었던 건 연유가 있다. 70년대 학번이던 어떤 복학생이 학회 활동에 관심이 많아 김두황을 만난 적이 있었다. 그는 이때 대화 중에 나온 사람을 별명으로 메모했다. 한편 그 복학생은 자기 과의 후배 세미나를 지도했는데 『쿠바혁명사』를 교재로 택하고 후배에게 복사를 맡겼다. 그런데 복사집 주인이 성북서에 신고함으로써 복학생이 연행되고 말았다. 이때 김두황과 대화하며 작성한 메모까지 압수되어 성북서 형사들은 별명으로 적은 사람이 누구인지를 말하라고 그에게 물고문까지 자행했다. 당시 경찰이 학생운동가를 폭행하는 건 흔한 일이었으나 대공분실이 아닌, 일선 경찰서에서 물고문까지 벌인 경우는 드물었다. 성북서는 고문 끝에 과녁을 좁혔고 이날 기습작전을 펼친 것이다. (2002년 의문사위에 출석한 그 복학생은 통곡하며 '김두황에게 미안하다'라는 말과 함께 그날의 사정을 증언했다.)

"우리는 3월 7일부터 3월 18일까지 성북서 옆에 있던 미시간호텔에 갇혀 심문을 받았죠. 고려대 학생운동의 조직 상황, 그리고 1학기 시위 계획을 조사받았어요. 성북서는 이 사건을 '고대 단대 간 학회연합체 및 지하조직 81통일체 연계 1983년 1학기 시위 모의 사건'(일명 3·7사건)으로 규정했어요. 길고 거창한 이름이죠. 우리 셋에 대해선 지도휴학 처리 후 입대라는 의견을 고려대에 보냈고 학교는 순순히 받아들였어요. 3월 16일이었는데 다음 날인 3월 17일 병무청은 재빨리 현역 입영 명령서를 발부했죠."

양창욱, 김두황, 한선모는 체포영장도 없이 연행되었는데 주목할 점은 성북서 근처 미시간호텔에서 조사받았다는 사실이다. 국가기관이 사설 감옥을 운용한 셈인데 '학회장단 모임' 결성만으로는 구속영장을 받기 어려우니 편법을 쓴 것으로 보인다. 탈법, 불법 조사가 진행되면서 웃지 못할 일도 일어났다. 열흘 가까운 심문과 고문으로 세 사람이 피폐해지고 특히 한선모는 정신분열 초기 증세까지 보일 때였다. 담당 형사 곽○○이 느닷없이 술을 산다고 세 사람을 보문시장 근처에 있는 찻집 '영'으로 데려갔다.[29]

말이 찻집이지 접대부가 나오는 술집이었다. 그는 술이 거나해지자, 옆 좌석에 있던 여자를 구석 방으로 끌고 들어가더니 한참 후에 돌아왔다. 어처구니없는 상황이었다. 술자리가 끝나고 호텔로 돌아올 때 곽○○은 김두황과 양창욱에게 어깨동무를 하고 운동가요 〈흔들리지 않게〉를 선창했다. 세 사람은 웃을 수도 울 수도 없었다. 김두황이 군대에서 보낸 마지막 편지에 "한두 시간이 있었다. 입영 전야에 말이다. 혼란에 봉착했었다"라고 쓴 구절이 있다. 아마도 이때를 두고 한 말로 여겨진다. 담당 형사가 술에 취했을 때 도망치지 못한 것을 후회하는 감정이 배어 있다. 김두황과 양창욱, 한선모는 불시에 체포되어 열흘 가까이 폭력을 당한지라 결단을 내릴 여력이 없었다. 사실 도망을 친다 해도 호주머니에 백 원짜리 한 개도 없고 그날 밤 몸을 숨길 곳도 없었다.

"나와 두황이는 3월 18일 성북서 정보과에서 몇 장의 서류에 서명하고 병무청 직원 한 명, 성북서 직원 2명과 승합차에 타고 강원도 춘성군[현 춘천시]의 103보충대로 갔어요. "키는 얼마야, 몸무게는? 아픈 데 없지?" 이렇게 묻더니 신체검사가 끝나더군요. 다음 날 삼척에 있는 68훈련단으로 갔어요. 6주간 훈련을 마치고 우리는 22사단 55연대에 배치되었고 나는 3대대, 두황이는 2대대가 되었어요. 연대 본부가 있는 고성군 거진읍 반암리까지는 같이 갔죠. 우리의 마지막 동행이었어요."

1980년 겨레사랑회에서 만나 의기투합하고 학생운동에 투신한 두 사람은 여기서 영원한 작별을 하게 된다. 민간인 통제선의 동쪽 맨 끝인 9검문소를 지나 김두황은 해안선을 따라 북쪽으로 올라가고 양창욱은 서쪽의 산악지대로 가야 했다. 둘은 보안반에서 이틀간 조사를 받았고 양창욱이 5월 3일 3대대의 부식 차를 타고 출발하기 전 만날 짬이 있었다. 둘은 연병장 한 귀퉁이에서 5월 하늘을 바라보며 담배를 나눠 피웠다. 김두황이 "창욱아, 너 잘하는 〈나는 돌아가리라〉 한번 불러봐라, 갑자기 듣고 싶네" 하니 양창욱은 "네가 원한다면 못 할 것도 없지" 하며 호흡을 가다듬었다.

나는 돌아가리라 / 쓸쓸한 바닷가로
그곳에 작은 집을 짓고 / 돌담 쌓으면
영원한 행복이 찾아오리라 / 내 가난한 마음속에 찾아오리라

양희은의 이 노래가 김두황이 들은 양창욱의 마지막 음성이었다. 김두황은 양창욱을 3대대로 떠나보내며 그의 호주머니에 청자 담배 한 갑과 단팥빵 한 개를 넣어주었다.

"내가 두황이의 죽음을 알게 된 것은 6월 19일이었어요. 부대 이발병이 소식을 알려주더군요. 온몸에 소름이 돋고 가슴이 꽉 막혔어요. 언젠가 위험이 닥칠 거라 생각했으나 이렇게 빨리, 이렇게 최악의 형태로 다가올지는 상상도 못 했어요. 화는 몰려온다고 두황이가 떠난

뒤 두황이 아버님이 1년 만에 돌아가시고 어머님도 곧 아버님을 따라가셨어요. 그뿐인가요. 친구 선모도 평생 고문 후유증에 시달리다가 세상을 등졌지요."

김두황의 주검은 6월 20일 고성의 간이 화장장에서 불살라져 유골함에 담겼다. 그의 형 김두원은 서울에 도착해 가족이 기다리는 서울 서대문 백련사로 향했다. 어머니는 유골을 보자 쓰러졌고 아버지는 땅을 치며 울었다. 49재를 마친 후 가족과 친구들은 백련산에 올라 하늘을 바라보며 유골을 뿌렸다. 아버지와 어머니는 북한산 옥천암을 향해, 형제들은 두황이가 태어난 마포를 바라보며 친구들은 고려대가 있는 안암동 쪽을 향해. 그렇게 23살의 꽃 같은 청춘은 멀리 떠나갔다. 그런데 비극은 여기서 끝나지 않았다.

김두황이 죽은 뒤 1년 남짓 지났을 때 김두황의 부친은 집안에서 창밖을 보고 있다가 허깨비처럼 쓰러졌다. 병원으로 옮겼으나 보름 정도 누워 있다가 유언 한마디 못 하고 눈을 감았다. 당신의 나이 72세 때였다. 이어서 어머니가 돌아가셨는데 김두원은 이렇게 기억한다.

"아버지가 돌아가신 뒤 어머니는 하루 종일 막내 아들 사진만 쳐다보고 계셨다. 저러다 어머니마저 잘못될까 싶어서 두황이의 사진을 모두 치웠다. 어머니는 점점 말을 잃어가셨다. 큰형이 어머니를 청주에 모시고 계셨는데 두황이의 기일에 맞춰 서울에 모시고 가려고 채비

아버지와 함께 찍은 김두황의 모습. 얼마 남아 있지 않은 가족사진이다.
(김두황추모사업회 제공)

하던 중이었다. 목욕탕에 들어가신 어머니가 나오지 않아 들어가 보니 어머니는 구석에 웅크린 모습으로 숨이 멎어 있었다."

김두황의 어머니는 막내 아들 사진을 볼 수 없게 되자 머릿속에 있는 모습을 그림으로 그리기 시작했다. 처음에는 서툴렀으나 점차 김두황의 모습을 닮아갔다. 또 어머니는 "내 가슴에 이 상처를 그 누가 알아주나. 그리움에 타는 마음 혼자 달래고 혼자 울면서 지새울 때…"라는 일기를 되풀이해 썼다. 그렇게 매일 밤 비통함을 글로 적다가 돌아가셨다.

## 수상한 죽음

"내가 5월 3일 자대로 가고 두황이가 이틀 동안 연대 보안반에서 어떤 조사를 받았는지 알 수 없어요. 자대에 배치되고 6월 18일까지 어떤 일이 일어났는지도 알 수 없죠. 두황이는 성북서의 고문을 이겨내며 81학번 예비지도부에 대해선 어떤 실마리도 건네지 않았어요. 보안사는 예비지도부를 노렸을지도 몰라요."

김두황이 자살을 준비한 정황이나 조짐은 없었다. 낙천적 성격이기도 한 그는 주어진 환경에 최대한 적응하려 노력했다. 4월 30일 신병 훈련을 마쳤을 때 김두황은 훈련 성적이 우수해 1등상을 받았다. 사건이 일어나기 열흘 전인 6월 8일경에 김두황은 양창욱에게 편지를 보내 연대 본부에서 한 다짐대로 "웅변대회에 참가해서 특별휴가를 얻어 나가자"라고 독려한다. 이 편지를 받고 고무된 양창욱은 실제로 연대 웅변대회에서 우승을 거둬 포상휴가를 받는다. 그렇다면 갑작스러운 김두황의 죽음은 무슨 연유가 있었을까?

훈련소 동기로서 김두황과 자주 만났던 황 이등병은 의문사위에 나와 김두황이 했던 말을 진술했다. "보안부대 관계자로부터 학생운동에 참여한 동료의 명단을 요구받았다. 하지만 주지 않았다"라고. 황 이등병의 말대로 보안사는 고려대 학생운동의 중심인 김두황을 주목하고 그의 진술을 탐냈다. 성북서의 이강수 형사는 고려대 80학번 김희근에게 "김두황에 대해 더 조사할 것이 있지만 그냥 보충대로 떠나보냈다"라며 아쉬워했다고 한다. 아방타방 사건을 수사하던 서울시경은 1983년 봄, 문건 작성자를 여섯 명으로 압축하고 이 중 일부가 강제징집된 것으로 파악했다. 서울시경은 이 정보를 보안사에 건네주었을 테다. 보안사로서는 고려대 예비 지도부를 캐내고 아방타방 집필자를 찾기 위해서 김두황을 탐나는 먹잇감으로 바라보았음에 틀림없다.

당시 22사단 헌병대 송 조사계장은 이를 뒷받침하는 증언을 한다. 그는 2008년 진실화해위 1기에 출석해서 "김두황이 자대에 전입해 온 지 얼마 지나지 않아 보안대로 연행되어 학생운동 당시 사건에 대한 조사를 여러 차례 받은 것으로 알고 있다. 이는 김두황의 지휘계통인 중대장이나 대대장으로부터 들었다"라고 말했다. 22사단 55연대 보안반장이 의문사위에서 한 진술은 더 구체적이다.

> "특변자가 소속 부대에서 생활하는 동안 해당 사병에게 수신되는 서신은 우체국에 나가 있던 보안반 관계자에 의해 검열되었다. 또 해당 사병이 발송하는 서신은 봉투를 밀봉하지 못하기 때문에 행정반을 통해 소속 부대 간부에 의해 사전 검열되었다. 또 보안반 담당관이 소속 부대에 은밀히 활용하는 망원에 의해 동향이 수집되고, 소속 부대 중대장을 통해 한두 달에 한 차례씩 동향에 대해 정보를 수집했다. 보통 중대장이 문

서로 통지했고, 대대장이 주례회의에서 관련 사항을 논의했다."

55연대 보안반장 증언대로 일반 특변자가 보안반에 의해 이렇게 감시를 당할 때 김두황은 더 가혹한 상황에 놓였을 터이다.

"내게도 보안사의 손길이 뻗어왔어요. 9월에 특별휴가라면서 22사단에서 보안사 과천분실로 끌고 가더군요. 심사장교 권오경이 기다리고 있었습니다. 그는 '네가 여기 온 것은 아무도 몰라. 너 내 말 듣지 않으면 쥐도 새도 모르게 죽여서 월북 기도하다 죽었다고 철책에 버려놓으면 끝이야'라고 협박했어요. 여러 날 동안 가둬두고 자술서를 쓰게 했어요. 쓰고 또 쓰고 완전히 발가벗겨졌죠. 마지막에 태극기 앞에서 서약을 시켰습니다. 거부할 방법이 없었죠. 심사를 마치고 내가 그들의 입맛에 맞게 개조되었다고 판단했는지 충무로 진양분실로 보내더군요. 거기서 고려대를 담당하던 박준현이 세 가지 과제를 주었어요. 그중 하나가 겨레사랑회, 사회학회, 학회장단 모임의 체계도를 보여주면서 도표상에 나온 사람의 현황을 파악해 오라는 지시였어요."

양창욱이 과천분실에 불려 갔을 때 그는 김두황의 죽음으로 여전히 충격에 빠진 상태였다. 보안사는 양창욱과 김두황이 단짝임을 알면서도 그에 대한 녹화공작에 착수했다. 사실 양창욱에겐 김두황의 죽음 이전에 더 큰 아픔이 있었다. 입대한 지 보름도 안 돼 아버지가 돌아가신 것이다. 양창욱이 군에 끌려간 후, 입던 옷이 집으로 배달되자 양창욱의 아버지는 몇 날 며칠을 울었다. 자신이 마포경찰서 정보과장을 지냈던 터라 이 험한 시국에서도 자기 아들은 지킬 수 있다고 생각했지만 아들이 끌려가자 몸과 마음이 허물어졌다. 결국 그는 갑작스레 세상을 뜨고 말았다. 양창욱은 자대배치 후 불과 열흘 만에 접한 아버지의 소식에 안타까움과 죄스러움을 금할 수 없었다. 불과 두세 달 사이에 연달아 큰 슬픔을 겪은 양창욱에게 보안사는 프락치로 활동하게끔 강요한 것이다.

## 남은 사람들의 싸움

"두황이의 죽음은 밀알이 되었어요. 80년대 고려대 학생운동은 두황이를 빼고 설명할 수 없어요. 그는 죽어서도 밀알이 되었죠"

그의 죽음이 알려지자, 친구들은 큰 충격을 받았다. 제일교회에서 두황과 함께 공부하던 송진휴는 "백련사 장례식에서 너무 많이 울었어요. 눈이 퉁퉁 부을 정도였지요"라고 회고한다. 경제학과 동기 손학붕은 1983년 5월 대동제 시위로 서대문구치소에 있을 때 소식을 들었다. 그는 "면회시간에 두황이 죽었다는 얘기를 듣고 2사 18방 내 방으로 돌아갈 때 다리가 후들거리고 심장이 쿵쾅거렸다"라고 했다. 일반 학생에게도 소식이 전해지며 학교 분위기가 술렁거렸다. 하지만 학내에 사복경찰이 득실거리던 상황에서 공개 추모식을 열 수 없었다. 1983년 12월 전두환이 이른바 학원자율화 조치를 내걸면서 상황이 바뀌었다. 상주하던 경찰과 보안사, 안기부 등 여러 기관이 학내에서 철수하면서 학내 분위기에 숨통이 트였다. 대학마다 이름이 조금씩 다르지만 자율화추진위원회를 만들고 총학생회 부활을 모색했다.

고려대 자율화추진위원회는 1984년 4월 13일 창립식을 하고 4월 17일 '고 김두황 학우 추모식'을 연다. 2천 명의 학생이 민주광장에 모여 김두황이 평소에 했던 "바보 같은 사람이 운동하는 것이다. 역사의 물줄기에 보태는 물방울 하나면 된다"라는 말을 되새기며 그의 영혼을 기렸다. 추모식이 끝나자 '싸우자'는 함성이 터져나왔다. 김두황의 영정과 관을 앞세우고 교문을 돌파해 제기동 사거리까지 진출했다. "김두황은 타살됐다. 진상을 규명하라", "강제징집 철폐하라, 녹화공작 중단하라"라고 외치며 최루탄을 난사하는 경찰과 맞섰다. 이날의 시위는 고려대 학생운동에서 '서울의 봄' 이후 최대의 시위였다. 또한 군 의문사 문제를 부각하는 계기가 되었으니, 김두황은 살아서도 죽어서도 밀알 노릇을 한 셈이다.

"2018년 저는 새 인생을 시작했어요. 뇌출혈로 죽음 문턱까지 갔다가 돌아왔어요. 덤으로 살게 된 남은 삶을 두황이를 위해서, 죽음의 진실을 밝히는 데 쏟기로 했어요."

양창욱은 제대 후 복학하지 않고 노동운동에 뛰어들었다. 고려대 선배인 노회찬과 함께 인천지역민주노동자연맹을 만들고 '백기완 대통령선거운동본부' 일과 '민중의 당' 활동을 했다. 소련이 몰락한 후 그는 노동현장을 나와 협동조합 운동에 뛰어들었고, 40대에 들어서는 학원을 운영했다. 그러다 겪은 뇌출혈. 아내와 밥을 먹던 중에 일어난 사고여서 응급 대처가 가능했다. 깨어난 날 그의 눈앞에 또렷하게 떠오른 게 친구 김두황의 얼굴이었다. 그는 후유증으로 약간의 언어장애를 갖게 되었으나 자기 남은 삶을 김두황 죽음의 진실을 밝히는 데 쏟기로 했다. 2000년부터 18년 동안 회장을 맡고 있던 김두황 추모사업회 일을 제대로 꾸리기로 했다. 그는 먼저 "김두황 열사를 기릴 수 있는 상징물을 만들겠다"라는 의지를 밝힌다. 고려대총학생회, 고대민주동문회, 문무대109인회, 고대민주동문회 국회 모임 등이 뜻을 같이했다. 일본군 위안부 소녀상을 조각한 김서경 작가에게 의뢰해 디자인을 뽑았다. 설훈 전 의원이 중재하며 교섭을 지원했으나 학교 측은 흉상이나 부조로 김두황의 모습이 들어가는 형태를 반대했다. 김서경 작가가 다시 음각 형태로 디자인을 뽑았지만 이마저도 학교 당국이 난색을 보였다. 우여곡절 끝에 자전거를 탄 김두황이 어머니에게 꽃을 바치는 디자인이 최종 결정되어 김두황의 추모비는 2020년 10월 17일 세상에 모습을 드러냈다.

    양창욱은 김두황 사건의 진실규명을 위해서도 애를 썼다. 김두황의 가족이 "김두황 의문사의 진실을 밝혀달라"고 수십 년간 노력했지만, 결실이 없었다. 2000년 발족한 의문사위에서는 보안사가 자료 협조를 거부해 조사가 제대로 이뤄지지 않아 진실규명을 할 수 없다는 판정이 내려졌다. 가족은 2005년 출범한 진실화해위 1기에 다시 신청했으나 여기서도 조사가 부실해 신청을 취하해버렸다. 가족은 지칠 대로 지치고 상심에 빠질 수밖에 없었다. 양창욱은 가족을 대신해 2020년 12월에 출범한 진실화해위 2기의 문을 두드렸다. 2022년, 진실규명 신청 서류를 접수하고 그다음 날부터 홍기원, 진창원 등 고려대 동기와 매주 수요일 11시 30분에서 12시 30분까지 한 시간 동안 1인시위를 했다. 3년여 세월 거르지 않고 이어오고 있다. 2024년 여름, 대한민국은 숨이 막힐 정도로 뜨거웠다. 한낮 단 몇 분만 햇볕 아래 있어도 숨이 턱턱 막히고 살이 익어 나간다. 그럼에도 양창욱은 가장 무더운 시간을 택했다. 김광동 진실화해위위원장만이 아니라 진실화해위의 많은 직원에게 1인시위의 뜻이 전달되기를 바라는 마음에서다. 그의 노력 덕에 2024년 12월 3일 진실화해위는 제92차 전체위원회에서 김두황의 의문사는 "강제징집되어 녹화공작으로 사망에 이른 중대한 인권침해"로 결론을 내리고 유족에게 공식 사과를 권고했다. 하지만 양창욱은 싸움을 멈추지 않을 작정이다. 그는 말한다.

"진실화해위의 이 결정은 반쪽짜리입니다. 세상에 죽은 사람은 있는데 가해자가 없다니요. 유족은 수십 년 고통받았는데 책임질 사람이 없는 진실규명, 공허한 얘기 아닌가요. 싸움은 다시 시작입니다."

고려대 민주광장에 있는 김두황 추모비. 왼쪽이 김두황의 추모비이며 오른쪽은 강제징집으로 숨진 6명의 넋을 기리는 진혼비다.

# 고려대 109인회가 세운 진혼비

1985년 4월 17일 고려대 민주광장 중앙에 김두황을 비롯해 강제징집으로 숨진 여섯 명의 진혼비가 세워졌다. 1982년 문무대 사건으로 강집되었던 81학번, 이름하여 문무대 109인회가 복학해서 이뤄낸 성과인데 비를 세운 과정은 사연이 길다.

1981년 11월 9일 병영집체교육을 받기 위해 고려대생과 외국어대생 159명이 성남에 있는 육군행정학교 '문무대'에 도착했을 때 훈련교관은 "좌로 취침, 우로 취침" 같은 징벌성 동작을 시켰다. 학생들은 우리가 교육을 받으러 왔지, 벌을 받으러 온 것이 아니라며 반발했다. 학생 대표와 문무대 대장이 협상을 벌여 상황이 수습되고 일정에 따라 교육이 끝났으나 문무대 측은 고려대생 109명을 교육 불량자로 낙인찍었다. 고려대는 109명에게 모두 직권휴학 이상의 학사 조치를 내렸고 병무청은 징집영장을 발부했다. 학생처가 은밀하게 진행했기에 영장이 나온 다음에야 사실을 알았다(외대도 마찬가지 조치를 했다). 때는 겨울방학, 제대로 대처가 어려워 대부분 입대할 수밖에 없었다. 이들은 1984년 2학기에 복학을 해서 '109인회'를 결성하고 첫 사업으로 의문사로 희생당한 6명의 진혼비를 세우는 일에 착수했다. 정웅정, 박병우, 이범재 셋이 주도하여 김두황(고려대), 이윤성(성균관대), 정성희(연세대), 최온순(동국대), 한희철(서울대), 한영현(한양대)의 이름을 새기기로 하고 성금을 모았다. 또 "민주의 불꽃 처절히 꺼져간 어린 영혼이요/ 이제 이 땅에 하나 돌을 세워 / 부활을 선언하노라 / 우리의 함성 거역할 수 없는 역사가 되어/ 해방의 새날을 증언하리라"라는 내용으로 비문을 결정했다.

109인회는 총학생회와 4월 17일 진혼비 건립식을 하기로 하고 도봉구 창동에서 제작한 진혼비를 4월 16일 학생회관에 숨겨놓았다. 4월 17일 아침, 109인회는 준비한 곡괭이와 삽으로 민주광장 중앙에 있는 등나무 벤치 아래 벽돌을 거둬내고 땅을 팠다. 이렇게 준비를 마친 후 허인회 총학생회장 주도로 건립식을 진행했다. 소식을 듣고 보직교수가 몰려들어 훼방을 놓았으나 109인회 복학생과 재학생이 어깨를 걸고 진혼비를 잘 지켜냈다. 그런데 전두환 정권의 압력을 못 이긴 학교 측은 어느 날 새벽 진혼비를 철거, 고려대박물관에 숨겼다. 이 사실을 안 109인회에서 보름이나 항의 농성을 했지만 돌려받지 못했다. 그로부터 7년 후, 총학생회가 학교 측에 요구해 진혼비를 다시 등나무 아래 세우게 되었다. 그 후 고려대가 대운동장을 없애고 지하 주차장을 만드는 공사를 하면서 진혼비는 민주광장 상단 지금의 자리로 옮겨졌다.

4장

# 22살 나이에 한 선택, 누구의 책임인가

한영현

1962년 3월 1일 인천 출생
1981년 한양대 공대 입학 / 민속문화연구회 가입, 연합탈 및 야학 활동
1983년 공대 시위로 강제 휴학
1983년 4월 2일 강제징집
1983년 4월 신병훈련 중 2차례 보안사 조사
1983년 5월 9일 제7사단 8연대 1대대 1중대 배치
1983년 6월 15일~21일 보안사의 프락치 공작 휴가
1983년 7월 2일 대대 거점방어훈련 중 의문사

"조금 더 참으면 안 돼? 알았어. 빨리 볼일 보고 와."

분대장의 목소리를 뒤로 하고 한영현은 대원들이 쉬고 있던 텐트를 빠져나왔다. 새벽부터 하늘은 찌푸리더니 아침 식사를 앞두고 기어이 빗방울이 떨어졌다. 한영현은 한동안 어깨로 빗물을 받으며 스무 걸음 정도 옆의 참호를 바라봤다. 그는 주머니 속의 실탄을 확인하고 참호 쪽으로 걸음을 내디뎠다.

한영현이 제7사단 8연대 1대대 1중대에 배치된 건 1983년 5월 9일. 그는 한양대 정밀기계과 3학년에 다니던 1983년 4월 2일 느닷없이 군대에 끌려갔다. 그가 군대로 들어가는 과정은 납치와 다름없었다. 한영현은 1983년 2월 성동경찰서에서 '학내 유인물 배포 사건의 혐의자'로 조사받은 후 지도휴학을 당했다. 말이 지도지 본인 의사와 무관하게 강제 휴학 처리가 된 것이다. 학적 변동은 곧바로 병무청에 통보되었고 거주지 관할인 동대문경찰서는 서울시경의 지시에 따라 그를 연행, 7사단 신병교육대에 밀어 넣었다. 한영현은 가족에 알리지도 못하고, 군대 생활을 위한 마음의 준비도 못한 채 군복을 입었다. 그의 잘못이라면 한양대의 민속문화연구회에 들어가 탈춤에 마음을 뺏긴 것뿐이다. 하나 더 꼽자면 부천에서 노동야학 선생으로 노동자에게 국어와 영어를 가르친 일일 게다.

## 참호 앞에서 만난 개망초꽃

참호 쪽으로 이어진 능선길은 비에 젖어 흥건하고, 비탈 가득한 소나무며 전나무도 후줄근한 모습이다. 다른 부대의 훈련은 계속되고 있는지 인근 산자락에서 총소리가 이어졌다. 한영현이 군홧발을 옮길 때마다 수풀에 매달린 물방울이 무릎을 적셨다. 그는 참호 앞에 이르러 두어 송이 개망초를 보자 걸음을 멈췄다.

"공과대학 앞 화단에도 요놈이 널려 있었지, 밝은 노란색에 마음이 들떴는데. 이렇게 높은 곳에도 피는구나…."

1981년에 시작한 대학 생활, 한영현은 행복했다. 자신에게 이런 세상이 주어질지 몰랐다. 어머니는 돌아가시고 아버지는 감옥에 있던 터라, 4형제만 덩그러니 남아 청소년 시절을 살아내야 했다. 종로구 낙산 줄기를 따라 부스럼처럼 판잣집이 어깨를 맞대고 있는 동네였다. 당숙이 아버지를 대신해 얼마 안 되는 재산을 정리했고 거기서 다달이 18만 원을 보내주면, 그 돈으로 4형제가 먹고 쓰고 학비를 냈다. 어떻게 중고등학교를 마쳤는지 신기할 뿐이다. 한영현은 어려움 속에서도 한양대에 4년 장학생으로 입학했다. 1학기 끝 무렵에 들어간 민속문화연구회에서 만난 탈춤, 신세계였다. 선배에게 배우는 것만으론 성이 안 찼다. 양주별산대놀이, 봉산탈춤, 북청사자놀음을 익히려 여기저기 기웃거렸다. 한영현은 특히 통영과 고성에서 전해 내려오던 오광대놀이에 빠졌다.

양반을 향한 풍자와 말뚝이가 보여주는 신명이 그를 사로잡았다. 광주에서 민중을 학살하고도 권좌에 앉아 있는 전두환과 노태우를 비꼬는 데 오광대놀이는 안성맞춤이었다. 한영현은 오광대의 춤 동작도 사랑했다. 양팔을 치올리고 하늘을 가를 듯, 땅을 내려칠 듯하는 팔 동작, 무릎을 곧추세워 힘차게 발을 내딛는 걸음, 거기에 어우러지는 날라리와 꽹과리. 그는 광주항쟁 마지막 날, 도청을 사수한 시민군의 기개와 이 춤이 맞아떨어진다고 생각했다.

그런데 한영현의 생각은 민속예술에 충실하자는 민속문화연구회의 기존회원과 부딪힌다. 3, 4학년 선배는 학교와 짬짜미가 되어 1982년에 민속예술연구회란 이름으로 새로운 탈반을 만들고 등록했다. 한영현은 현정길 등 남은 회원을 추슬러 민속문화연구회의 재등록을 추진했으나 학생처는 이를 받아들이지 않았다. 1982년 당시 한양대를 포함해 대부분의 대학에서 동아리의 등록 요건이 까다로웠다. 최소 50명 회원에 지도교수가 있어야 하고 1년마다 재등록 과정을 밟아야 한다. 가장 큰 문제는 학생처의 심사를 통과하는 것. 당시 한양대에서 사회철학연구회란 동아리가 신청을 했으나 이름이 불순하다고 허가가 나오지 않았다. 학생처는 보직교수를 포함, 보안사, 경찰, 안기부와 한통속이 되어 일선에서 학생을 사찰했다. 한영현과 현정길이 민속문화연구회를 민중 탈반으로 이끈 사실을 학생처는 파악하고 있던 터였다.

서클 재등록이 안 되었으나 그는 포기하지 않았다. 이름하여 언더탈, 비공개 탈반을 만들고 회원을 모았다. UNSA(국제연합학생회) 같은 공개 서클에도 들어가 동지가 될 학우를 물색했다. 학교 담장을 뛰어넘어 다른 대학과 '연합 탈' 활동에도 나섰다. 한때는 덕성여대에서 오광대놀이 강사를 한 적도 있었다. 힘들어도 행복했다. 하지만 탈춤에 대한 열정은 어느 순간 그를 성동경찰서가 주목하는 인물로 바꾸었다. 그는 아랑곳하지 않았다. 죄가 아니라고 생각했기에.

### 참호 안은 어둑컴컴했다

한영현은 개망초에서 눈을 거두고 참호 안으로 들어갔다. 양팔을 뻗은 것보다 폭이 조금 넓고 안으로는 두세 걸음, 장병 두셋이 들어가면 어깨가 부딪히는 크기다. 빗줄기 사이로 아침햇살이 은은하게 들어왔으나 안은 어둑신했다. 멀리서 우렛소리가 대포 소리에 실려 들려왔다. 한영현은 들어가면서 바닥에 있는 M-16을 확인했다. 그는 다른 대원이 식사하러 올 때 텐트가 비좁아 훈련 기간 내내 M-16을 이 참호에 놓고 오는 것을 눈여겨봐둔 터였다.

1982년 12월 초 2학기 말 시험을 앞둔 어느 날, 느닷없이 한양대 학생회관 앞에 많은 학생이 모였다. 1983년부터 공대를 안산으로 이전한다는 정보가 학생에게 전해지며 누가 먼저랄 것도

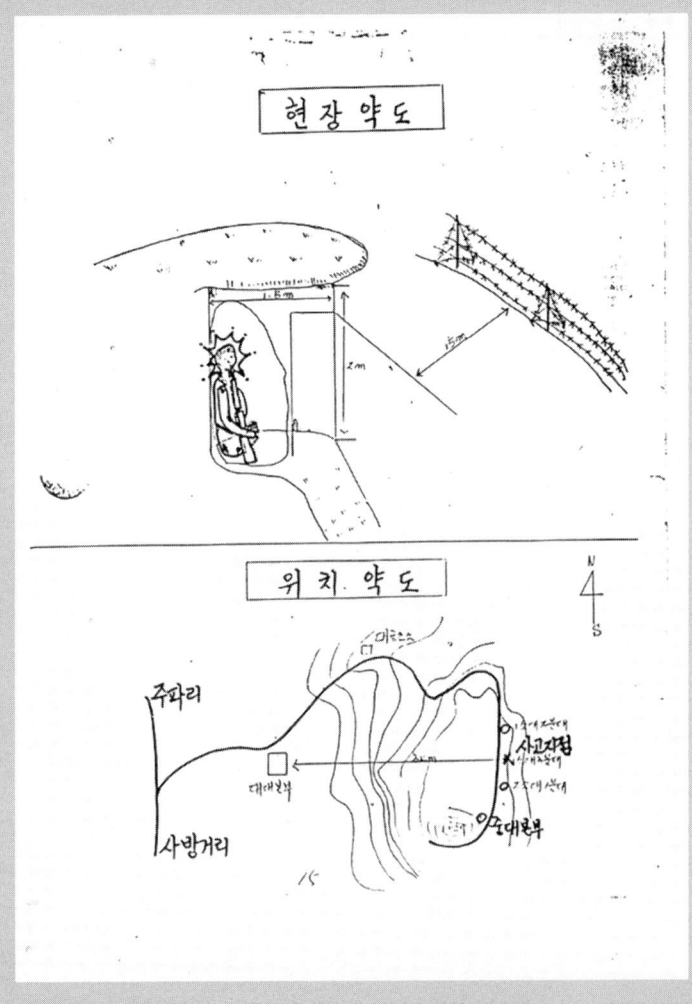

한영현이 숨진 위치와 현장 그림.(한영현추모사업회 제공)

없이 이전 반대를 외쳤다. 공대는 한양대의 상징이기에 전교생이 흥분했다. 삽시간에 모여든 학생은 2000명이 넘었고 시위는 3시간 넘게 이어졌다. 학생운동의 변방이던 한양대, 70년대에는 '유신대학'이라고 손가락질받고 80년 서울의 봄에도 이렇다 할 움직임이 없던 한양대에서 일어난 '사태'에 학교는 뒤집혔다. 성동경찰서에도 비상이 걸렸다.

한양대 학생운동권도 갑작스러운 시위를 보고 놀라면서 내심 반겼다. 공대 이전 반대시위를 한양대 학생운동 발전의 계기로 삼고 싶었다. 공대 이전 이슈를 계속 살려 나가기로 하고 "학기말 시험이 끝나면 모이자"는 유인물을 배포했다. 겨우 100장 정도, 몇몇 화장실에 뿌려졌다. 금방 수거되었지만 성동경찰서는 유인물이 뿌려지자 긴장했다. 2월 10일부터 3월 4일까지 조금이라도 꼬투리가 있는 학생을 무조건 잡아들여 조사했다. 83년 새 학기를 앞두고 한양대 학생운동을 사전 제압하는 의미도 있었다. 이때 민속문화연구회 재등록 건으로 주시 대상이 된 한영현도 수사선상에 오른다. 성동서는 거주지가 불분명한 한영현을 붙잡기 위해 여자친구의 졸업식에 잠복하거나 고등학교 동창의 집을 수색해서 마침내 연행에 성공한다. 집중 조사를 받은 한영현은 A급 문제 학생으로 분류되고 '특별동향 관리카드'에 이름을 올린다. 이 카드는 2001년 의문사위가 한영현의 의문사를 조사할 때 서울경찰청 정보기록보관실에서 발견되는데. 두 개 중 첫 번째 것은 1983년 3월 12일 자로 작성되었다. "전 민속반원으로 회원에게 의식화 수련 주도 및 근로 청소년의 야학 필요성을 주장해오며 3차 성적 불량 학사경고 처분자로 의식화 및 대정부 불만 포지자"라고 기재되어 있다. 관리자는 성동서 순경 김정식, 확인자는 경정 김광룡이었다. 한영현은 이렇게 A급으로 분류되면서 학교에서 강제 휴학을 당하고 군대에 끌려간 것이다.[30]

이런 강제징집은 1981년 230명, 1982년 371명, 1983년 들어서는 무려 461명이나 될 정도로 극심했다. 1983년이 되면서 전국 대부분의 대학에서 지휘체계와 동원체계를 가질 정도로 학생운동이 성장을 했기 때문이다. 이 해에 포문을 연 것은 성균관대의 3·22 시위, 주동자가 10명이나 될 정도로 커다란 싸움이었다. 이 시위는 대학가를 흔들었고 경찰에 비상이 걸렸다. 치안본부는 3월 말 산하 경찰서에 긴급지시를 내려 관할 내에 거주하는 문제 학생을 즉각 연행, 군부대에 처넣도록 했다. 1983년 3월 말부터 4월까지 수백 명이 일제검속을 당해 군대에 끌려갔고 한영현도 그중에 한 명이었다.


### 담배 한 개비에 불을 붙이고

M-16이 놓여 있음을 확인한 한영현은 바닥에 앉아 청자 담배에 불을 붙였다. 참호 안이 잠시 환해지더니 금세 어두워진다. 그는 깊게 한 모금을 마셨다. 빗물이 새어 들었는지 바닥이 축축

하다. 옅은 빛 사이로 실지렁이가 두어 마리가 바닥에서 꿈틀거리고 버려진 건빵에서 올라오는 곰팡내가 역하다. 한영현은 어둠 속에서 빛나는 담배 불빛을 골똘히 쳐다보았다.

성동경찰서 정보과장과 이형구 형사가 7사단 신병교육대까지 찾아온 건 4월 15일이다. 공대 이전 시위로 된서리를 맞은 성동서는 새 학기 초인 3월 28일 한양대 교내에 '광주학살 원흉 전두환 처단'을 내건 유인물이 배포되자 더욱 긴장했다. 한양대는 위치상 서울 동부 지역의 관문. 서울시경은 한양대에서 공대 이전 반대 시위가 벌어졌을 때 성동서를 강하게 질책했다. 담장 옆으로 한양여대가 있고 한달음이면 갈 곳에 세종대와 건국대가 있던 터라, 학생운동의 불씨가 서울 동부 지역 전체로 번질까 염려했기 때문이다. 성동경찰서는 2월 10일부터 3월 14일까지 광범위한 조사 끝에 문제 학생을 솎아냈다고 자신하던 터에 허를 찔린 셈이다.

유인물 배포 이후 한양대의 분위기는 심상치 않았다. 폭풍이 몰아칠 것 같은 상황, 이 사태를 수습하려면 한양대 운동권의 핵심 지도부를 잡아야만 했다. 성동경찰서 이형구 정보과장은 한영현을 떠올렸다. 성동서는 본래 그가 가정 형편이 어려운 점을 노려서 장학금을 지급하며 망원으로 활용할 계획이었다. 하지만 한영현이 돌연 군대로 끌려가는 바람에 계획이 틀어졌던 터였다. 한영현은 군대까지 찾아온 성동서 정보과장을 보고 당황했다. 정보과장은 협조하면 군 복무기간이 단축될 수도 있다며 한영현을 꼬드겼다. 거부하면 보안사에서 강도 높은 조사를 받을 수 있다는 암시도 내비쳤다. 강제 입대하면서 한영현은 보안사를 제일 두려워했다. 한영현만이 아니라 군대에 끌려간 대학생이 모두 공포에 시달렸다. 숨을 곳도 도망갈 곳도 없는 군대, 가족과 친구에게도 연락이 닿지 않고 변호사의 도움도 받을 수 없는, 그야말로 도살장에 갇힌 어린 양 신세였기 때문이다.

보안사의 안내를 받아 군에까지 온 정보과장, 한영현은 이 자가 어떻게 입을 놀리느냐에 따라 향후 자신이 받을 보안사의 수사 강도가 달라질 거라는 생각에 몸이 파르르 떨렸다. "한영현, 고마워. 제대하면 경찰서로 한번 놀러 와." 정보과장은 이야기를 마치자 느물느물 웃으며 주머니에서 지폐 몇 장을 꺼내는 눈치였다. 한영현은 한사코 마다하며 그를 돌려세웠다. 연병장에서 터져 나오는 고함을 배웅 삼아 그들은 문을 빠져나갔다. 함께 따라온 보안사 대원도 의미심장한 눈길을 보내며 떠났다. 한영현은 어깨를 늘어뜨린 채 소대로 돌아가며 자책했다. 너무 많은 말을 늘어놓은 게 아닌가 하는 후회가 밀려왔다. 저 멀리 날아가고 싶은데 연병장을 에둘러 담장이 높았고 그 위로는 철조망이 몇 겹이나 둘러 있었다.

정보과장이 다녀가고 한영현은 보안사가 언제 부를까 하루하루 살얼음을 걷는 기분이었다. 그는 간절히 빌었다. 제발 평온하게 군대 생활을 마치게 해달라고. 하지만 한영현은 4월 20일 7사단을 담당하는 207보안부대로 끌려갔다. 거기서 일주일 동안 한영현은 고통받았다. 물론 영장 없는 연행이고 구속 절차를 밟지 않았으니 불법 감금이었다. 군대 안이라 하더라도 헌법상 지켜야 하는 절차였으나 무시되었다. 하지만 한영현은 항의할 수도, 하소연할 수도 없었다.

이 또한 전두환의 지시에서 비롯되었다. 강제징집된 대학생은 병영 내에서도 저항을 이어 나갔다. 화장실 낙서가 대표적인 투쟁 방법이었다. 보안사가 전두환에게 대면보고를 할 때 "강제징집자가 많아지면서 병영 분위기가 나빠지고 있다"라는 이야기가 나오자, 전두환은 대공처장인 최경조에게 "야 임마 똑바로 해"라고 질책했다. 이날 이후 보안사는 강제징집자에 대한 별도 관리 대책, 이른바 녹화사업 계획을 수립했다. 또 전담부서로 심사과를 만들고 서의남 중령을 책임자로 앉혔다. 이렇게 조직과 계획을 정비한 뒤 1982년 9월부터 학생운동 출신 입대자에 대한 공작에 들어갔다.

보안사는 심사와 순화를 한다며 '특수학변자'라고 붉은 칠이 된 서류철을 들고 나타나 생각과 사상을 바꾸라고 강요했다. 이를 위해 보안사는 심사장교를 급하게 육성했다. 고시 출신이거나 명문대 출신의 입대자를 심사장교로 채용하고 이들을 사령부 직속 진양분실과 과천분실 그리고 사단별 보안부대에 배치해 학생운동가를 요리하게끔 했다. 심사장교는 학생운동의 모든 정보를 이 잡듯이 캐물었다. 이렇게 확보한 정보와 각 대학 학군단에서 올라온 첩보, 대학마다 상주하는 보안사 요원의 보고를 종합해 대학별 조직도를 그렸다. 그리고 문제 학생의 명단을 작성하고 등급을 매기고 공격 계획을 세웠다. 학생운동을 표적으로 한 이런 작업은 모두 민간인 사찰이고 보안사의 직무에서 벗어난 활동이기에 불법이지만 보안사는 거침없었다. 전두환의 특명이 있었고 수많은 조작 간첩을 만든 이력이 있었기에 아랑곳하지 않았다. 이 정도는 아무 일도 아니라고 여겼다.

한영현은 자대에 배치받기 전 신병교육대에서 녹화공작을 받았다. 한영현은 아버지가 갇힌 가슴 아픈 사연을 적어야 했다. 형이 어린 시절 병에 걸려 걸을 수 없는 장애 상태인 걸 써내야만 했다. 뿐인가, 그들이 진정 노리는 한양대 학생운동의 현황과 주요 인물에 대해 무엇이든 끄적거려야 했다. 이때 한영현이 세웠던 진술 전략은 "학외 조직인 연합탈과 노동야학은 보호한다. 이를 위해 학내에 공개된 서클 성원을 적어내 보안사의 시선을 흐트러뜨린다"였다.

보안사에서 일주일간 고통받으며 가슴이 터질 듯했다. 마음먹은 대로 되지 않았다. 고함과 수시로 날아오는 주먹, 일주일 내내 잠을 못 잤다. 까무룩 잠이 들어도 겨우 쪽잠, 비몽사몽 중에 몸이 떨렸고 엄마 얼굴이 무시로 스쳐 갔다. 어떤 고난이 와도 버티려 했으나 무릎을 꿇고 말았다. 한영현의 진술서를 들고 마지막 날 심사장교는 흡족한 웃음을 흘렸다. 그는 조사를 마치고 득의양양한 표정으로 "한영현이 진술한 내용을 보면 제2의 무림, 학림사건이다"라고 의견서를 썼다. 그는 한영현을 비웃듯 "앞으로도 이렇게 협조하면 좋아, 밥 두둑이 먹고 자대로 돌아가"

라고 했다. 지프가 올 거라는 친절한 안내까지 한 후 조사실을 나갔다. 한영현은 순간 주먹을 불끈 쥐고 일어났다. 머리를 마구 쳤다. 자기 뺨을 후려갈기며 자책했다. "한영현, 이 바보야. 그러고도 네가 운동가냐." 자기 진술서에 적힌 친구의 얼굴이 떠올랐다. 기독교학생회, UNSA, 탈반, 언더 서클까지. "그들이 잡혀가면 어떡하지. 이제 겨우 싹이 튼 한양대 운동권, 나 때문에 망가지는 건 아닐까." 가슴이 터질 듯했다. 무엇이라도 치고팠다. 주먹을 움켜쥐고 허공을 향해 휘두르다가 그는 맥없이 의자에 앉고 말았다.

## 실탄 한 발을 꺼내고

한영현은 바지 주머니에서 실탄 한 알을 꺼냈다. 6월 27일부터 7월 2일까지 적근산 줄기에서 이뤄진 '칠성 83' 훈련의 마지막 날인 이날 새벽 2시, 한영현은 임 분대장의 실탄 한 발을 몰래 훔쳤다. 실탄은 분대장급 이상에게만 지급되기에 한영현은 불침보초를 설 때 기회를 엿봤다. 다행히 새벽 6시에 모든 훈련이 끝나고 08:30분에 시작된 아침식사 때까지 분대장은 모르는 눈치였다. 한영현은 실탄을 꺼내 M-16에 장전했다. 빗줄기는 거셌다. 간간이 번개가 치는지 강렬한 빛이 참호 안으로 들어왔다 사라지곤 했다. 그는 청자 한 모금을 다시 빨았다. 참호 안에 붉은빛이 감돌다 금세 사그라든다. 한영현은 꼬물꼬물 앞으로 나가는 실지렁이를 응시하다 다시 한 모금을 깊게 들이마셨다.

한영현에 대한 보안사의 공작은 4월 27일에 마친 심사와 순화로 끝나지 않았다. 83년 6월 15일 입대한 지 3개월도 안 된 그에게 7사단장은 돌연 휴가를 주었다. 명목은 사단 체육대회 응원 활동에 대한 포상이었다. 하지만 207보안부대의 6월 16일 자 문서에는 휴가 시 임무가 '학원접촉'이라고 쓰여 있고 서울 충무로에 있는 보안사의 진양분실에서 지시를 받게끔 되어 있었다. 207보안부대의 이 조치는, 한양대에서 5월 9일에 학내 시위가 일어나고 6월 초에 다시 유인물이 뿌려졌기 때문이다. 아마도 한양대를 비롯해 동부 지역을 담당하던 보안사 활동관이 이 상황을 보고서에 담았으리라. 포상휴가는 첩보활동을 위한 것이었다.

한영현만이 아니라 강제징집당해 1983년 5월에 죽은 이윤성도 똑같은 보안사의 지시를 받았다. 녹화공작 중 가장 악랄한 프락치 활동 강요였다. 강제징집은 사실상 납치, 강제 구금으로서 규탄받아야 하지만 프락치 활동 강요는 더더욱 인도에 반하는 범죄였다. 전쟁시에 포로로 잡힌 적군을 간첩으로 만들어 정보전에 활용하는 것을 인류 사회는 전쟁범죄로 규정하고 금지하고 있다. 왜냐하면 자신이 속했던 민족, 부족, 형제자매를 대상으로 공작 활동을 벌이게 하는 건 인류에 반하기 때문이다. 녹화공작이 바로 이랬다. 학생운동 조직에 몸담았던 이들에게 친구와 선후배를 배반하게끔 하는, 간첩 노릇을 하게끔 만드는 공작이었다. 일제가 독립운동가를 고문해 밀정으로 삼은 것과 다를 바 없었다.

한영현은 휴가 기간 내내 보안사의 감시를 받고 미행을 당했다. 혹여 한영현이 변심할까 혹은 보안사의 공작을 폭로하는 기자회견이라도 할까 경계했기 때문이다. 그러면서 일일 보고를 압박했다. 한양대의 현황만이 아니라 야학을 같이 한 사람의 동향도 파악하라고 요구했다. 성동서 형사도 한영현의 휴가 소식을 듣고 얼굴을 비추라고 요구했다. 한영현은 어쩔 수 없이 학교의 후배와 친구에게 전화를 돌렸다. 그는 이미 후배의 편지로 자신의 진술이 학내 조직에 미친 영향을 알고 있었다. 그럼에도 마주 앉아 얘기를 듣는 건 고역이었다.

"형, 언더탈반의 팀방이 털렸어요. 82학번이 죄다 조사를 받았고요."

"현정길이 구속된 건 알죠, 앞으로 헤쳐갈 길이 막막해요."

여관이었던가 벽지는 뜯어지고 형광등이 푸르딩딩한 방 안에 담배꽁초는 수북하고 빈 병이 늘어만 가는데 한영현은 얼굴을 들 수 없었다. 자리를 박찰 수도 없었다. 보안사에서 한영현이 한 진술은 파장이 컸다. 줄지어 연행이 이어지고 학내 조직은 공포에 휩싸였다. 그가 신병교육대에서 성동서 정보과장에게 한 진술은 몰래 녹음되어 수사를 받는 동료에게 전해졌다. "한영현이 이렇게 말했으니, 너도 불어"라며 경찰은 친구들을 압박했다. 휴가를 마치고 6월 21일 귀대할 때 그는 괴로웠다. 귀대하면 진양분실에 보고했던 내용을 207보안부대에도 보고해야 한다. 휴가 때 귀동냥으로 들은 한양대 학생운동의 현황도 써내야 한다. 거듭 패배

해야 하고 거듭 배신해야 한다. 그는 21일 밤늦게 귀대 길에 올랐다. 소주를 병째 거푸 마셔 고주망태가 된 채로.

## 마지막 순간 그는 무슨 생각을 했을까

한영현은 청자 담배 한 모금을 더 빨고 반이나 남아 있는 담배를 총안구의 턱에 올려놓았다. 한 가치 다 태우면 하나 더 피우고 싶은 마음이 일 것이고 시간이 늦어지면 빨리 볼일 보고 오라고 한 임 분대장이 자신을 찾아 나설 테다. 한영현은 자신의 명찰과 수첩을 바닥에 가지런히 놓았다. 거센 바람에 갑자기 빗물이 후드득 들이닥쳐 참호 안에는 서늘한 정적이 내려앉는다. 참호 옆 막사에서 들리던 고함도 잦아들었다. 한영현은 깊게 숨을 들이쉰 다음, 총알을 장전한 M-16을 왼손으로 바닥에 고정하고 총구를 입안으로 밀어 넣었다.

여러 기억이 스쳐 간다. 정겨운 벗들, 무에 그리 할 얘기가 많았을까? 눅진눅진한 담배 연기 사이로 말간 햇살이 스며들 때야 새벽이 된 것을 알았으니, 얼마나 많은 밤을 새웠을까? 보안사에 끌려갔을 때, 두려웠다. 심장이 내려앉았다. 방 색깔이 붉은색이었나, 남산 밑 어떤 호텔로 끌려간 것 같은데, 잠을 못 자 기억이 버무려졌다. 형과 동생이 보고 싶다. 아버지 얼굴을 마지막으로 한 번 보면 좋으련만, 세상 우리 가족만큼 사연 많은 집이 있을까? 사랑했던 그녀에게 간청했다. 나는 이미 동지를 배신했다. 선배와 친구를 팔았다. 그래도 나를 받아줄 수 있냐고. 오랜 침묵만 흘렀다. 나는 돌아설 수밖에 없었다. 선배 하나를 붙잡고 밤새 뇌까렸다. 죽어버리고 말겠다고. 차라리 군에 가서 죽으라고 했지, 물론 용기 내 살아야 한다는 말임을 안다. 그래 나는 살고 싶다. 빛나는 청춘을 내 손으로 끝내야 하나. 아니 살고 싶다. 무기징역을 사는 아버지, 중증장애를 겪는 형을 대신해 내가 동생을 돌봐줘야 하기에 의가사 제대가 가능한지 물어봤었다. 부대장은 가당찮다는 듯 손사래를 저었다.

그래 나는 '학생운동'이 나의 존재 이유라고 생각했어. 인생의 먼 미래가 어떻게 펼쳐질지 알 수 없지만 '혁명가'를 꿈꿨지. 만주 벌판의 초인처럼 형형한 눈빛으로 눈보라를 가르며 살고 싶었다. 보안사가 인생의 큰 패배를 안겨줬지만, 다시 일어서면 안 될까, 순백의 혁명가는 이상 속에서만 가능할 뿐이다. 상처받고 뒹굴면서 운동가는 성장하는 것 아닐까? 지금과는 달리 단단하게 나아갈 수 있지 않을까? 첫사랑에게도 편지를 했지, 고맙게도 그는 죽지 말고 살아 돌아오라고 했어, 받아주겠다고. 하지만 나의 입놀림으로 선후배, 친구가 고초를 겪고 한양대 운동권이 쑥대밭이 되었는데, 보안사가 이 정도면 좋다고 나를 놔줄까? 앞으로도 계속 3년 내내 프락치 공작을 시키면 어떡하지, 감당할 수 있을까, 이미 참담한 패배를 했는데.

2021년 이천 민주화운동기념공원에서 한영현의 초혼 안장식을 가졌다.
(한영현추모사업회 제공)

즐겨 추던 오광대놀이의 춤사위가 눈앞에 스칠 때 한영현은 오른손 엄지손가락에 힘을 주었다. 참호의 천장으로 한영현의 정수리에서 솟구친 붉은 피와 뇌수가 달라붙었다. 한영현의 몸은 옆으로 기울었고 벽을 타고 내려온 피고름이 그의 얼굴로 떨어졌다.

같은 순간 참호 옆 텐트에서 임 분대장은 "뭐야 이 소리는" 하며 뛰쳐나갔다. 그는 전방을 살피다가 무언가를 깨달은 듯 한영현이 방아쇠를 당긴 참호로 달려갔다. 그의 군홧발 뒤로 목이 꺾인 개망초 몇 그루가 흙탕물 속에 뒹굴었다. 참호 총안구에는 빗줄기에도 꺼지지 않은 청자 담배가 가녀린 연기를 피워 올리고 있었다.

# 덧붙이는 글

이 장의 글은 1983년 7사단 헌병대의 수사기록, 2001년 의문사위의 진상조사 결정문, 국방부 과거사규명위원회, 한영현의 친구인 이문범의 증언. 1994년에 펴낸 한영현 열사 추모사업회의 추모자료집 「부활하라 녹두꽃의 상흔이여」를 참고로 하여 한영현이 죽음에 이르게 된 과정과 그의 고뇌를 재구성했다. 그의 죽음 이후 몇 가지 중요한 사실을 아래에 정리했다.

**❶ 한영현이 사용한 총기에 대해**

한영현이 죽은 시각은 1983년 7월 2일 09:45분경이고 장소는 대대거점 방어훈련 장소인 강원도 화천군 상서면 산양리로 적근산 줄기가 이어지는 곳이다. 이날 새벽 6시 훈련이 종료되어 분대원은 복귀 명령을 기다리는 상태였다. 한영현이 속한 분대의 대원은 텐트를 치고 중대 막사에서 가져온 음식으로 아침 식사를 했다. 이때 분대원 남○○은 훈련 종료 후에 졸병에게 "본인의 군장과 총을 참호에 갖다 놓으라고 지시했다"고 한다. 이런 경위로 남○○의 총이 참호에 놓였다. 이를 한영현은 눈여겨보았고 자신의 총을 들고 이동하면 의심을 살까 봐, 이 총을 사용한 것으로 보인다.

사고가 난 후 한영현이 속했던 8연대의 대장은 총기 관리에 대해 문책을 받을까 두려워 중대장에게 한영현의 총에 실탄을 넣고 허공에 한 발을 쏘라는 지시를 내린다. 중대장과 부대원은 대대장의 지시에 따라 한영현의 총기로 허공에 한 발을 발사하고 사망 현장에 가져다 놓아 사고 상황을 조작했다.

### ❷ 부검과 화장에 대해

한영현의 형, 한강현은 연락을 받고 7월 3일 친구와 함께 화천군에 도착해 해동여관에 묵는다. 다음날, 그는 09:00시 사단 보급수송대 영현실에서 동생의 시체를 확인한다. 한강현은 동생이 자살할 이유가 없고 유서가 없다는 점, 02:00시에 불침번을 서면서 실탄을 훔쳤다면 곧바로 결행할 수 있는데 09:00시가 넘어서 했다는 점을 들어 죽음에 대한 의혹을 제기하며 부검을 요구했다. 그러나 7사단 측은 이를 거부하며 화장을 종용했다. 한강현은 7월 4일 11:00시에 화장동의서를 쓸 수밖에 없었고 한영현의 유해는 춘천시 동내면 학곡리에 있는 시립 화장장에서 한 줌 재로 변했다.

### ❸ 화장 이후 7사단 헌병대의 사건 종결

7사단 헌병대는 조서에서 아래와 같이 사고 원인을 적었다.

"평소 가정 형편(모친은 돌아가시고 부친은 교도소에 복역 중, 형은 중증장애인이고, 자신이 차남이나 장남 구실을 해야 하며, 가지고 있는 재산이 100여만 원 미만으로 남은 가족 생계 곤란)으로 인해 염세 비관하였고 자신이 특수학적 변동자이며 요관찰 중인 것을 고민, 염세 비관한 나머지 자살한 것으로 판명되었다."

### ❹ 2001년 진행된 의문사위와 국방부과거사위의 조사결론

한강현은 2000년 12월 28일 의문사위에 한영현의 죽음에 관한 진상을 밝혀줄 것을 진정하였다.

의문사위는 이 진정을 받아들여 2001년 1월 13일 조사개시를 결정한다. 한영현의 분대원, 성동서 정보과 직원, 보안사 녹화사업 시행 부서 관련자, 207보안부대 관계자 등 총 90명을 조사했다. 의문사위는 또한 국방부와 기무사에 관련 자료 제출을 요구하였다. 국방부는 7사단 헌병대의 수사기록을 제출했으나 기무사는 심사보고서, 활용보고서 등을 포함 녹화사업 관련 자료 제출을 거부했다. 의문사위는 7사단 사령부, 207보안부대, 7사단 신병교육대, 사망현장 등을 조사하였다. 의문사위는 이런 조사를 거쳐 한영현의 자살은 "권위주의적 통치에 항거하여 국민의 자유와 권리를 회복 신장시킨 활동"으로 판단되며, 따라서 한영현은 민주화운동과 관련하여 사망하였다고 인정했다. 또한 "한영현의 사망은 비록 자살에 의한 것일지라도 당시 한영현은 자살할 만한 특별한 사정이 없었고, 보안사의 위법한 조사 및 한영현이 정신적으로 감내하기 어려운 프락치 강요(이로 인한 운동권 동료들에 대한 죄책감) 등이 있었던 것인바, 보안사의 심사, 활용 과정과 한영현의 사망 사이의 인과관계를 인정하기에 충분하므로 한영현은 위법한 공권력의 행사 탓에 사망하였다"고 인정했다.

국방부과거사위는 의문사위에서 확보하지 못한 자료, 「특변자 사고관계철」, 「특수학변자 신상카드」, 「특변자 출타보고」 등을 기무사로부터 제공받았다. 이 자료 중 한영현의 「특수학변자 신상카드」는 1983년 말경 작성된 것으로 보이는데 한영현은 B등급으로 분류되어 있으며, 편입 사유란에는 한양대 5인방 사건 관련으로 기록되어 있어 학생운동과 관련하여 강제징집되었음이 확인된다. 또 1983년 6월 10일 자 「특변자 출타보고」는 207보안부대에서 한영현이 포상휴가로 출타할 예정임을 심사과에 보고하여 심사과장이 전결 처리한 문서다. 여기에 수기로 '학원 접촉'이라는 문구가 기재되어 있다. 학원 동향 수집을 위해 별도 임무를 부여한 것으로 추정할 수 있다.

5장

# 군대에서 의문사한 참전용사의 아들

— 한희철 —

1961년 2월 마산 출생
1979년 서울대 기계공학과 입학
1979년 가톨릭학생회, 성남YMCA "탄천클럽조직"
1981년 야학교사 활동
1981년 성남지역대학생연합회조직 주도
1982년 12월 1일 입대
1983년 12월 6일 보안사 연행조사
1983년 12월 11일 자대 복귀 후 총상으로 의문사

한상훈은 1984년 3월 24일 국군 제5사단 헌병대를 찾았다.[31] 아들이 숨진 1983년 12월 11일부터 백여 일이 지났으나 울분이 삭지 않았다. 슬픔도 가시지 않는다. 외아들로 소중하게 키운 녀석, 철도고등학교를 마치고 서울대에 들어간 자랑스러운 아들이 '자살했다'는 사실, 여전히 믿기지 않았다. 더군다나 16일 후면 의가사 제대가 예정되어 있지 않았는가? 한상훈은 수사 책임자인 유영채 중령을 만나 아들 희철이의 유서 원본을 달라고 요청하고 납득할 만한 설명을 듣고 싶었다.

사고가 일어난 날 아침, 예비역 헌병대 소령인 한상훈은 성남시 단대 3동의 향군 모임에 참석 중이었다. 막내딸이 갑자기 문을 열고 들어오더니 집으로 군인이 찾아왔다고 했다. 아들 희철에게 무슨 사고가 생긴 걸까, 가슴이 철렁했다. 서둘러 그들이 가져온 차에 올라탔으나 속 시원한 설명은 없었다. '가보시면 안다, 저희는 드릴 말씀이 없다'라고만 했다. 연천군 청산면에 있는 5사단의 본부까지 어떻게 갔는지 기억이 없다. 매운 눈발이 가시처럼 얼굴에 박혔던 느낌만은 선명하다.

사령부에 도착해 그들이 안내하는 영현실로 갈 때 심장은 쿵쿵대고 발은 허든거렸다. 아들은 이미 관 속이었다. 수의를 입고 두 손이 앞으로 묶인 채, 아무리 불러도 말이 없었다. 넋을 잃은 한상훈에게 군은 '타이핑된 유서'를 내밀었다. 그는 차마 펼치지 못하고 한참을 망설였다. 부대를 에워싼 겨울 산은 마음을 시리게 하고 바람은 음산한 울음으로 창문을 흔들어댔다. 아내에겐 아무

일이 없을 터이니 걱정하지 말라고 했는데….

한상훈이 유서의 마지막 문장을 읽을 때 간부인 듯한 사람이 각서를 내밀며 서명을 요구했다. 아들이 '자살'한 데 대하여 "하등의 이의 없으며 차후 본 건으로 민·형사상 문제를 제기치 않을 것임을 서약하며 이에 각서를 제출합니다"라는 내용이었다. 한상훈은 각서라는 말이 거슬렸으나 사인했다. 자신이 헌병대 소령으로 예편했기에 까마득한 후배를 불편하게 하고 싶지 않았다.

그런데 "사체를 부검하지 않겠다"라는 동의서와 '사체 처리 위임장'까지 내밀고 오늘 안으로 장례식까지 치러야 한다는 말을 들으니, 부아가 치밀었다. 아들 몸이 식은 지 몇 시간이나 되었다고, 헌병대의 조사는 시작도 안 했을 터인데 '진짜인지 알 수 없는' 유서 하나 내밀고 이리도 서두른단 말인가, 엄마와 누이들도 없는데.

## 아들의 추모제에서 알게 된 사실

한상훈은 1979년 아들이 대학에 입학해 학생운동 쪽을 기웃거리고, 성남에서 성당청년회니, 야학이니 하면서 돌아다니기에 걱정이 많았다. 그는 아들을 멈춰 세워 군대로 밀어 넣었다. 후회스럽다. 아들의 맑은 눈망울이 '아버지' 하고 달려올 것 같은데 둘러보면 차가운 바람뿐이다.

한상훈은 눈물을 훔치며 군에서 하는 일이니 도와야 한다고 마

각 서

본 적 : 경기도 안양시 안양동 432 번지

주 소 : 경기도 성남시 단대3동 504 - 2

소 속 : 제5사단 본부대

계 급 : 일병                    군번 :  23122704

성 명 :  한  희  철

                           1961.   02.    11 생

상기자는 83. 12. 11 04:25 경 경기 연천군 청산면 백의리 소재 사령부 비문합동 보관실에서 소속대 이병 ▇▇▇▇ 과 복초 경계근무중 평소 독실한 카톨릭 신자로서 한국의 민주정치의 미흡성을 비관하고 빈곤한 사회생활에 대한 경제격회를 주장하며 늘 현실을 비관해 오다가 장소 일자 불상경 여번개 연사드리고 죽을수 얼기 되였다는 유서 1통(3장)을 써 자신 이후대로 자신의 지급 일14소총(총번 829704)으로 자신의 음부에 밀착시키고 자동으로 3발이 분사되면서 음부 관통 총상으로 현지에서 사망한데 하등의 이의 없으며 차후 본 건으로 인한 민, 형사상 문제를 제기치 않을것을 서약하며 이에 각서를 제출 합니다.

               1983.       12.       11

유족대표 :   성남시 단대3동 484의 1 호
   #          한  상  훈  ㊞

5사단이 한희철의 아버지에게 요구한 각서.
민형사상 아무런 이의를 제기하지 않는다는 내용이다.
(한영희 제공)

음을 다독였다. 6·25 전쟁 때 전공을 세워 화랑무공훈장까지 받지 않았는가? 언제나 나랏일에는 발 벗고 나선 몸이다. 그날 저녁 6시, 군이 학교 친구의 참석을 막은 가운데 한상훈은 5사단 보급대 영현실에서 열린 장례식에 앉혀졌다. 희철이 소속대의 대장, 병참대장, 헌병대장이 짐짓 엄숙한 표정으로 한상훈 옆에 자리했다.

장례식 후 100일째 되는 날 홍제동 성당에서 희철이의 추모제가 열렸다. 한상훈은 내키지 않았으나 아들 친구의 간청에 자리를 지키고 인사말도 했다. 그날 한상훈은 머리를 두들겨 맞는 느낌이었다. 5사단에서 이미 1982년 7월에 연세대생 정성희가 주검이 되었고 1983년 5월에 성균관대생 이윤성이 변사체가 되었다는 말에 마음이 황망했다. 아들의 죽음을 곱씹을수록 의문이 커지고 있던 터였다. 그 자리에서, 한상훈은 헌병대를 찾아가겠다는 마음을 먹었다.

한상훈은 5사단 헌병대의 수사 책임자 유영채 중령을 만나서 유서 원본을 달라고 요구했다. 희철이의 글씨가 맞는지 빠진 내용은 없는지를 확인해야 가슴 속 화가 풀릴 것 같았다. 유영채는 한상훈의 요구에 군의 규정이라 줄 수 없다며 고개를 가로저었다. 유서는 유품이나 마찬가지니, 가족에게 돌려줘야 하지 않냐며 간청도 했으나 요지부동이었다. 나중에 밝혀진 바에 따르면 한희철은 같이 보초를 서던 임성수 일병에게 유서를 전달했는데 글 마지막에 "보안사에게 뺏기지 말아주십시오"라는 문장이 있었다. 군은 이 구절을 빼고 타이핑해 한상훈에게 건넸다. 보안사가 죽음

철도고등학교 시절의 한희철. 가운데가 한희철이다. (한영희 제공)

에 관련되었음을 암시하는 문장을 감춘 것이다.[32]

한상훈은 유영채가 단호히 거부하자 유서 원본은 포기할 터이니 보안사령부의 책임자는 만나야겠다고 힘주어 말했다. 홍제동 성당에서 희철이 친구에게 들은 고문 사실만큼은 어떤 일이 있어도 확인해야겠다는 마음이었다. 그는 청와대에도 진정할 터이니 그리 알라고 말했다.

한탄강에 희철이의 유골을 뿌리고 나서 며칠 후 아내가 5사단을 찾아갔을 때 이미 희철이가 숨진 초소는 물청소가 되어버린 상태였다. 안내를 맡은 장교는 다른 병사가 무서워해 핏자국을 정리했다고 말했다. 헌병대의 수사 결과가 나오지도 않았는데 현장보존은 아예 생각이 없는 듯했다. 한상훈은 막막했다. 시신은 불태워지고 현장에서 증거가 사라졌으니 어찌 진실을 규명한단 말인가.

그때는 덮어두고 갔지만 제일 의문이 든 부분은 총알이 남기고 간 상처다. 5사단 헌병대는 20일의 조사 끝에 12월 31일 "한희철이 한국 민주주의의 부진을 비관해 M-16(총번: 829704)을 자신의 가슴에 밀착시키고 자동으로 세 발을 격발시켜 현장에서 사망했다"라고 발표했다.

6·25 당시 본 많은 시신, 총알이 관통한 몸뚱이는 끔찍했다. 몸으로 파고든 탄환은 회전하면서 커다란 구멍을 만들어 내장이 쏟아져 내렸다. 허벅지나 종아리를 파고들면 살점이 덩어리째 떨어져 나가고 뼈는 여러 조각으로 튀었다. 그런데 희철이는 수의로 덮여 있기는 하나 M-16이 연발로 뚫고 나간 몸치고는 너무 온전해 보였다.[33]

그것만이 아니다. 장례식에 군악대가 나와서 연주하고 조총까지 쏘았다. 일개 병사, '자살했다'는 사병을 위해 그런 예우를 하다니? 장례식은 콩 볶듯이 밀어붙이고 화장터에서 신부님 축성도 기다리지 못하게끔 재촉했으면서.

한상훈이 유영채에게 보안사령부 면담을 다시 한 번 요구하고 5사단 본부를 나왔을 때는 땅거미가 스멀스멀 기어 오고 있었다. 꽃샘추위는 한겨울 된추위보다 살점을 더 아리게 한다. 서울대 운동장에 세워진 합격자 게시판에서 희철이 이름을 발견하고 세상을 다 가진 듯했다. 아내와 손을 잡고 외쳤다. 고맙다, 고맙다고, 후회가 밀려온다. 아들 몸을 불구덩이에 밀어 넣고 겨울 강가에 흩뿌려 물고기 밥을 만들었으니. 어디 산비탈에라도 무덤을 썼으면 허전할 때 다녀오기라도 할 터인데 마음을 붙들어 맬 기둥이 없다. 사위가 어둑해질 무렵 그는 길고양이의 울음소리를 손으로 밀어내며 연천에서 상봉터미널로 가는 시외버스에 몸을 실었다. 밤공기가 버스를 가로막는다. 유리창에 부딪는, 잔비 사이로 희철이의 신음이 들리는 듯하다.

## 진상규명을 막으려는 보안사

5사단 헌병대를 찾아간 날로부터 나흘 후인 1984년 3월 28일, 한상훈은 서울 강남에 있는 영동호텔(현 보코 서울 강남 호텔)에서 보안사 서의남 중령과 법무관 박준광 중령, 심사장교 유준남 중위를 만났다. 유영채의 안내로 한상훈이 삼청동에 있는 보안사를 방문하자, 서의남은 강남에 있는 영동호텔로 자리를 옮기자고 제안했다.

서의남은 1982년부터 본격 시작된 '강제징집, 프락치 강요 공작'의 실무 총책임자였다. 전두환의 명을 받아 보안사의 박준병, 최경조, 서의남이 주도한 이 공작은 징집이라는 명목으로 학생운동가를 군대로 끌고 가고, 자신의 동료를 대상으로 프락치 활동을 하게끔 강요한 국가 차원의 범죄였다.

서의남은 유영채 중령에게서 한상훈의 요구를 전달받고 위기감을 느꼈다. 1983년 12월 천주교정의평화위원회 사무실에서 가톨릭학생회가 한희철을 살려내라고 농성을 한 데 이어 새해 들어서는 제적 학생 140명이 기독교회관에 모여 '강제징집 철폐와 군의문사 사건'의 진상규명을 강력히 요구하던 터였다. 여기에 더해 민주한국당의 김병오 의원이 국회에서 강제징집 후 숨진 6명의 문제를 제기하고 나섰다.[34] 윤성민 국방부장관은 "강제징집은 없으며 사망은 자살이나 안전사고다. 녹화사업은 한 적도 없고 할 수도 없다"라고 해명하며 수습에 나섰으나 불씨는 사그라들지 않았다. 서의남은 이런 상황에서 한희철 문제가 이슈로 떠오르면 감당하기 어려우리라 판단했다. 서울대 담당 한준남 준위가 3월 24일 자로 올린 보고서에 따르면, 서울대에서 '한희철 사망 진상조사위원회'가 구성되고 분향소까지 설치된다고 하니 서의남은 한희철 문제를 어떻게든 매듭지어야 했다.

서의남은 '한희철 부 한상훈 설득계획'이라는 문서를 작성해 박준병 사령관과 최경조 대공처장에게 결재를 받았다. 이날 자리는 이 계획에 따른 것이고 서의남은 영동호텔에 27,500원의 임대료를 주고 방까지 빌려두었다. 한희철이 헌병대의 발표처럼 단순 자살이었다면 보안사와 서의남이 이렇게 야단을 떨 리가 없을 터였다.

서의남은 영동호텔에 도착하자 갈비탕을 주문하고 말하기 시작했다. "한희철은 정기휴가 중이던 1983년 11월 9일 도피 중인

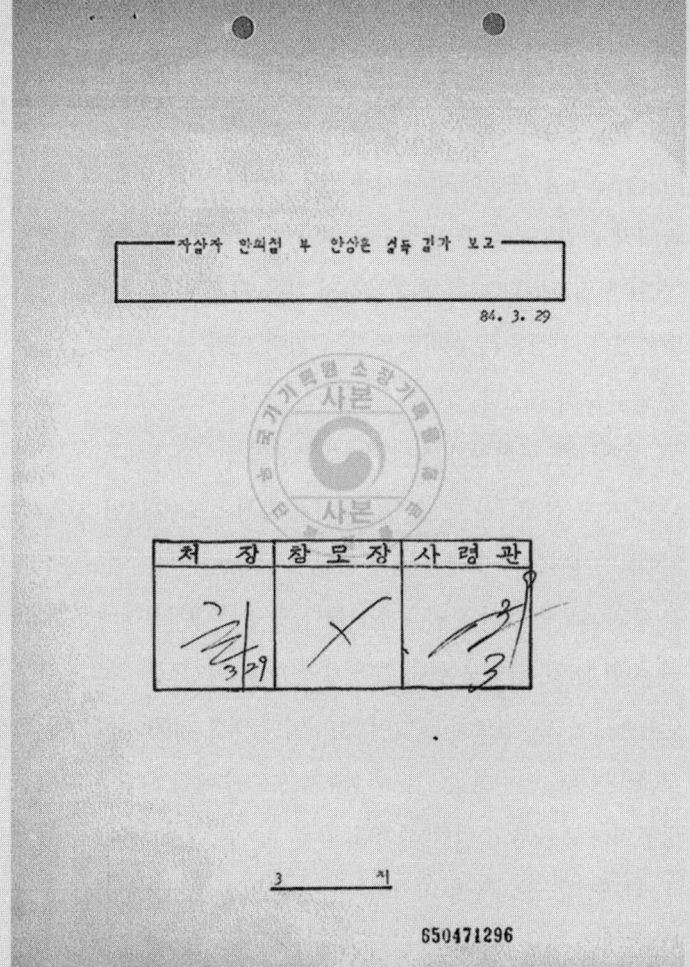

서의남은 한상훈을 만나고 나서 결과보고서도 작성했다.
서의남은 치밀하게 한상훈을 제압하려는 계획을 세웠다.

(한영희 제공)

신재근을 만나 그를 돕고자 주민등록증 용지를 구하려고 시도했다. 당 사령부에서 이를 파악하고 1983년 12월 5일 한희철을 임의동행했다. 한희철의 안전을 고려해 소속 부대에는 우리 사령부가 '차트 작성' 때문에 임시 차출한다고 했다." 서의남은 또 "최근 북괴가 주민등록증 용지 입수에 혈안이 되어 주민등록증 절취자는 일반 절도범과 다르게 취급하지 않을 수 없다"라는 얘기까지 덧붙였다. 한상훈은 갈비탕을 몇 숟가락 뜨다 말고 서의남의 설명을 묵묵히 들었다.

신재근은 한희철과 성남지역대학생연합(이하 성대련)에서 만난 사이다. 신재근은 한국외대 불어과 학생으로 1983년 10월 29일 학내 시위를 주도해 수배 중이었다. 1983년 가을, 전두환정권은 주민등록증 갱신 작업을 추진했다. 주영복 내무부장관은 1983년 10월 18일, 담화문을 내고 "불순분자들이 교묘한 수법으로 주민등록증을 위·변조하는 일이 있어 이에 대한 대응 차원이다"라고 설명했다. 민주화운동과 학생운동으로 수배된 사람을 겨냥한 방침이라고 대놓고 말한 셈이다.

한희철은 정기휴가 마지막 날, 신재근의 사정을 듣고 도우려 했다. 그는 성남 수진동 성당의 가톨릭청년회에서 알고 지내던 전봉일을 떠올렸다. 한희철은 전봉일이 방위병으로 근무하는 상대원 2동 동사무소를 찾아갔으나 만나지 못했다. 다음 날 귀대해야 하는 처지라 한희철은 전봉일에게 주민등록증 용지를 몇 장 구해달라는 메모를 써서 신재근에게 건넸다. 공교롭게도 신재근이

11월 16일 보안사령부의 고병준에게 검거되면서 한희철의 메모가 걸리고 말았다.

한희철은 이런 사정을 모른 채 자대에서 근무 중인 12월 5일 보안사로 잡혀갔다. 그는 5사단을 담당하는 205보안부대를 거쳐 사령부의 과천분실로 연행되어 5일 동안 조사받았다. 한희철은 주민등록증 사건은 말할 것도 없고 서울대와 성남 지역의 학생운동 전반에 관한 강도 높은 심문을 받았다. 그 수사 책임자가 서의남이 데리고 나온 유준남이었다.

서의남은 한상훈에게 한희철의 또 다른 '범죄 사실'을 알려주겠다며 "한희철은 서울대 가톨릭청년회, 수진동 성당의 청년회에서 대정부 투쟁의식을 확산하기 위해 움직였다. 이건 군법회의에 넘겨 높은 벌을 받아야 할 사항이다. 그러나 한희철이 천주교 신자이기도 해서 설득과 이해로 새 사람을 만들려고 했다. 윗분도 이를 받아들여 조사 후 훈방했다"라고 말했다. 그의 말대로라면 보안사는 매우 자애로운 수사기관이고 자신 또한 사랑으로 병사를 돌보는 장교였다.

한희철이 천주교 신자가 된 건 아버지의 영향이다. 한상훈은 폐결핵으로 뜻하지 않게 젊은 시절 전역했고 치료를 받으면서 천주교에 마음을 의지했다. 아버지의 영향으로 자식은 모두 세례명을 받았으니, 세 딸은 테레사, 젬마, 세실리아고 한희철은 귀리노다. 한희철은 세례를 받으면서 "하나님의 자녀가 되겠다"는 굳은 마음을 가졌다. 한희철은 대학에 들어가 가톨릭학생회에서 활동했다. 서울대 가톨릭학생회는 사회참여 의식이 높은 단체였다. 한희철은 여기서 실천 활동에 눈을 뜬다. 그는 광주가 고립되었던 1980년 5월 26일 혼자 기차를 타고 광주에 가까이 다가갔다. 여기서 학살의 증언을 들었고 이를 알리려 노력했다.

## 청년 예수의 삶을 따르고자 한 청년

한희철은 성남 지역에서도 활동했다. 그가 살던 집은 성남에서 신흥동, 단대동 여러 곳이었는데 모두 '산1번지', 가난한 달동네였다. 한상훈이 전역 후 제대로 돈벌이를 못 한 탓이다. 한희철은 가난을 의연하게 받아들였다. 군데군데 꿰맨 군용 점퍼를 걸치고 다닌 그는 이웃을 돌아볼 수 있게 가난을 주셨음을 감사하게 받아들였다. 그는 십자가를 경배하지 말고, 지고 가야 한다고 생각한 청년이었다.

한희철은 1980년 겨울, 지역 청년 및 대학생과 함께 성남 YMCA 창립 과정에 주도적으로 나섰다. 그 산하에 탄천 클럽을 조직하고 한문, 국어, 영어 등을 가르치는 생활야학도 열었다. 그는 1981년에 출범한 성대련에도 참여하는데, 성대련이 주최한 1982년의 제1회 여명예술제에서 「노동자의 삶과 눈물과 희망을 담은」 그리고 「나에게 이런 시절이 있었다」라는 시를 발표했다. 자신이 청평역과 평내역의 역무원으로 근무했고, 철도고 동문을 통해 노동자의 처지를 익히 알았기에 이를 표현한 작품이었다. 물론 성남경찰서 정보과는 한희철의 활동을 유심히 지켜보았다.

한희철은 학생운동을 할 때 졸업 후 가족의 생계를 돌봐야 한다는 마음의 짐이 있었다. 한상훈은 한희철이 군대에 입대한 1982년에 보낸 편지에서 "네가 민중의 아픔을 해소하는 자인 양하기에 앞서 우리 가정의 아픔을 먼저 알아주어서 안 될 일이라도 있느냐고 묻고 싶다"라며 자신의 바람을 적었다. 어머니 김인연 또한 추모글에서 "나는 다만 네가, 내 아들로서만 우리 가족의 일원으로서만 머물러주었으면 싶은 마음도 없지 않았다"라고 가슴 속 소망을 밝힌 적이 있었다.

한희철은 부모의 염원을 외면할 수 없었으리라. 결국 4학년 때인 1982년 6월 신체검사를 받고 1982년 12월 1일 입대한다. 한희철은 이 무렵 '혁명가'로 살기보다 '사제'가 되어 '노동사목'을 하겠다는 꿈을 세운다. 그런 마음을 1982년 8월 18일 일기에서 "역사에 나를 남기지 말고 민중과 하느님을 후세에 남기자"라고 표현했다. 9월 2일 일기에서는 "하느님 나라는 민중의 꿈이 실현된 나라다. 이 땅은 하느님 나라의 모델이 되어야 한다"라고 적고 있다.

한희철은 이런 청년이었다. 80년 광주의 진상을 알리려 했고 야학을 통해 배움의 기회를 주려 했다. 노동사제가 되어 청년 예수의 삶을 따르고자 했다. 이게 무슨 죄가 되고 군법회의에 넘길 사안이란 말인가.

## 아들이 고문을 당했다면

　한상훈은 본인이 참전용사라는 '원죄' 탓에 서의남의 말에 공감하는 척할 수밖에 없었다. 종업원이 식은 갈비탕을 가져가고 커피를 내왔으나 한상훈은 입에 맞지 않아 내려놓았다. 옆방에서는 술이 거나한지 노랫소리까지 들렸다. 한상훈은 서의남의 말에 고개를 옅게 끄덕이면서도 포기할 수 없는 질문이 있었다. 아들을 고문했는지, 알고 싶었다. 아들이 고문 때문에 목숨을 끊었다면 절대 용서할 수 없었다.

　서의남은 한상훈이 고문을 언급하자 옆에 있는 유준남을 가리키며 "이 사람이 한희철을 수사한 심사장교인데 고문할 것처럼 보이냐, 천주교 신자이고 세례를 받았다. 이런 사람을 믿지 않는다면 누구 말을 믿겠느냐"라고 목소리를 높였다. 그러면서 한희철의 경우는 주민등록증 용지를 구해달라는 자필 메모가 증거로 있는데, 왜 고문을 하겠냐고 말했다.

　서의남의 말은 과연 사실일까? 한희철은 보안사에서 풀려나오자마자 성남YMCA 총무에게 전하는 글을 썼다. 보안사에서 진술한 내용을 서둘러 전달하려고 했다. 동료 사병에게 전달을 부탁한 편지에서 그는 "1980년 겨울 YMCA 회원모집을 보고 들어가 이수열·손기영과 『노동의 역사』와 『근대 민족운동사』를 함께 읽었다, 수열이 기영이와 함께 샘터 교양교실을 열어 노동자에게 국어와 영어를 가르쳤다, 한편 성대련을 만들고 수진동 성당에서 김명희, 권해숙, 김선희와 함께 가톨릭 노동청년회 활동을 했다" 등의 진술을 했다며 잘 대처하길 바라는 마음을 전했다.

그는 자기로 인해 동지들이 고통받을까 몹시 속을 끓였다. 한희철은 활동 내용만이 아니라 과거 행동을 뉘우친다는 반성문, 보안사에서 조사받은 사실을 누설하지 않겠다는 각서까지 써야 했다. 한희철은 이 과정에서 혹독한 고문을 당했다. 하도 고통스러워 수사관이 자리를 비운 사이 혀를 끊으려 했고 형광등의 덮개 유리를 빼서 목을 그으려고 시도했다.

한희철은 고문당한 사실을 자대에 복귀했을 때 털어놓았다. 의문사위의 조사에 응한 동료 병사 김○○은 한희철이 "다시 조사받으러 갈지도 모르겠다. 죽을 뻔했고 다시 오라고 하면 죽어버리겠다"라고 말했으며, 그의 허리와 다리에서 멍든 상처를 보았다고 증언했다. 또 다른 병사 이○○는 사망하기 전날인 12월 10일, 한희철이 "허리춤을 열어 고문 자국을 보여주고 어머니 때문에 살아야겠다는 생각에서 자술서를 썼다는 얘기를 했다"라고 증언했다. 이런 조사를 통해 의문사위는 보안사 수사관이 한희철을 엎드려 뻗치게 하고 80cm 길이의 곤봉으로 엉덩이와 허벅지를 시커멓게 멍이 들 정도로 폭행했다고 밝혔다.

보안사는 한희철이 5일 동안 조사받은 직후, 12월 12일의 2차 조사를 앞두고 사망한지라 비상이 걸렸다. 그들은 적극적으로 은폐를 시도했다. 우선 205보안부대는 소속대의 대대장은 물론 5사단장 신우식에게까지 보안사의 연행 사실을 발설치 못하게 하고 한희철로부터 고문 사실을 들은 동료 병사에게도 입막음 조치를 했다.

## 참전용사라는 굴레

또 한희철에게 나쁜 이미지를 덮어씌었다. 12월 19일 자체 보고서에서 "한희철은 10월 26일 휴가차 집에 가서, 자신의 의식화 활동으로 모친이 가출하고 동생이 정신질환을 앓게 된 것을 알고 심한 정신적 충격을 받았다"라고 적었다. 가정 문제로 인해 자살했다는 뉘앙스를 담으려 한 것이다. 한희철의 어머니는 입주가정부를 하느라 집을 비웠고 동생의 투병은 이미 입대 전부터 있던 일이니 모두 거짓이었다.

그 후로도 보안사는 모르쇠로 진상규명을 방해했다. 1988년에 구성된 5공비리특별위원회에서 여러 차례 자료 제출을 요구했으나 이를 거부했고 2000년 출범한 의문사위의 조사 때도 마찬가지였다.

고문 사실을 은폐하는 데 헌병대도 한몫했다. 헌병대 수사 책임자인 유영채 중령은 "보안사에서 귀대한 다음 날 사망했는데 한희철의 엉덩이와 허벅지에서 고문당한 흔적을 발견했다"라는 수사관 손영적 중사의 보고를 받고 "보안사의 위상을 고려해서 너무 깊숙이 관여하지 말라"라고 지시했다. 5사단 헌병대는 83년 이윤성 사망사건 조사 때도 사망 시각을 조작해 많은 의혹을 불러일으켰다. 헌병대는 보안사의 위세에 굽신거리기 바빴다.

서의남은 이런 진실을 가리고 보안사가 한희철을 따뜻하게 보살폈다고 거짓말을 늘어놓은 것이다. 한상훈은 서의남의 얘기에 고개를 보일 듯 말 듯 끄덕이면서도 흔쾌하지는 않았다. 그는 한 번 더 물었다. 조사할 때 (자신이 헌병대에서 수사해본 경험에 비춰보면) 통상 뺨 한두 대씩은 때릴 수도 있지 않냐고 하자, 서의남은 "보안사령부 수사관은 대졸 이상의 학력 소지자다. 만일 구타하면 제반 사실에 대한 증거가 확보되어도 증거력이 미약하거나 없어지게 된다는 사실을 당신도 잘 알지 않냐"고 하면서 일체의 고문이 없었다고 다시 목소리를 세웠다.

서의남은 보안사에서 누구보다 학생운동에 대해 적대감이 강한 인물이었다. 5사단에서 2기 심사장교를 한 석락희는 서의남이 심사장교를 교육하면서 운동권 학생들을 심사할 때, 의식화 여부를 조사하는 데서 머무르면 안 되며 반드시 대공 혐의점을 찾아내야 함을 강조했다고 말했다. 서의남은 학생운동이 반정부 차원을 넘어 북과 연계되어 있다고 확신했다.

서의남이 보안사의 수사관은 "대졸 이상의 학력자다"라고 말한 것은 심사장교 제도를 언급한 것이다. 보안사의 수사관은 주로 군무원이거나 부사관인데 이들이 특수학변자를 상대할 때 어려움이 많았다. '사상을 개조'시키고 '자신이 몸 담았던 조직과 선후배를 대상으로 간첩 행위'를 강요하려 해도 대상인 대학생이 학습한 내용과 논리를 이해하지 못해 성과가 시원찮았다. 보안사령부는 이 점을 해결하기 위해 고시 합격자나 명문대 출신 학사장교를 심사장교로 선발, 3개월 정도 단기 교육을 시키고 심사 및 프락치 강요 공작에 투입한다.

심사장교 중에는 부당한 명령을 거부하지는 못하더라도 소극적으로 저항한 경우도 있었다. 하지만 대부분 보안사령부 업무에 충실히 따랐고 2025년 현재까지 전직 심사장교 차원에서 양심선언을 하거나 사과를 한 적은 없다. 물론 재직시 한 행위로 처벌받은 예도 없다.

한상훈은 자정이 가까울 무렵에야 서의남과 대화를 끝내고 영동호텔을 나왔다. 네온사인이 색색을 뿜내고 밤거리를 가르는 노랫소리가 요란했다. 취객의 비틀거리는 어깨가 한상훈의 몸과 엉킨다. 모셔다 드리겠다는 서의남의 말을 뒤로 하고 한상훈은 영동 거리를 터벅터벅 걸었다.

미안한 마음뿐이다. 폐결핵 때문에 나이 서른에 예편했을 때 막막했다. 퇴직금을 끌어모아 여수에 빵집을 냈으나 빚만 지고 문을 닫았다. 그로부터 30년 가까운 세월, 이런저런 일을 했으나 돈과는 거리가 멀었다. 지금 하는 도장 파는 작업, 한 달 10만 원 벌이는 되려나. 보증금 백만 원에 6만 원을 내고 남의 가게 한 귀퉁이에 세 들어서 한다. 일거리도 별로 없지만 눈이 아물거려 작업을 오래 못 하고 한 시간씩이나 나아지길 기다리기 일쑤다. 셋째가 한국외대에 합격했으나 입학금 80만 원을 구하지 못해 포기했다. 딸아이를 볼 낯이 없었다. 아내의 고생은 또 어떻고, 삯바느질에 가정부, 청소부까지. 말 그대로 애옥살이였다. 이런 집안에서 희철이가 고등학교도 대학교도 장학금을 받고 입학했으니 큰 효도를 했다. 그런 아들이 수상쩍게 죽었는데도 보안사의 책임자를 만나 설득만 당했으니, 바윗덩이가 가슴을 누르는 듯하다.

한상훈은 비틀거리는 걸음을 옮겨 집으로 가는 버스에 올랐다. 아들과 지난해 가을 나눈 마지막 한 끼가 떠오른다. 아내가 준비한 찹쌀밥에 소고기 지짐을 부대 앞 중국집에서 육개장을 곁들여 먹었다. 소주도 몇 잔 나눴다. 녀석과 단 한 번만이라도 아내가 잘하는, 미더덕 넣은 해물탕에 가족의 웃음소리까지 곁들여 밥을 먹으면 얼마나 좋을까. 창문으로 비켜 들어온 흐린 달빛이 한상훈의 손등에 쌓인다. 버스는 어둠에 감싸인 안개비 속으로 한 걸음 한 걸음 빨려 들어간다.

## 한희철의 41회 추모식

2024년 12월 11일 열한 시, 한희철의 누나 한영희와 동생 그리고 서울대 동문과 성남 지역의 옛 동지가 마석 모란공원에 모였다. 한희철의 몸이 한탄강에 뿌려진 후 주변 사람들은 아쉬움이 컸다. 해마다 기일이 되어도 모일 곳이 없었다. 한희철을 사랑하는 이들이 뜻을 모아 7주기인 1990년 마석 모란공원의 특3-1198

자리에 묘소를 마련했다. 한탄강의 물과 흙을 담은 항아리를 관에 넣고 희철이의 혼을 부르는 안장식을 가졌다. 그 후 해마다 무덤 앞에 모여 "혁명가의 길을 가려 한, 우리의 넋이 더럽혀지지 않기 위하여 스스로 고통을 택하지 않으면 안 된다"라는 한희철 일기에 남겼던 다짐을 되새긴다.

한영희는 이 41주기 추도식에서 유족 대표로서 인사말을 했다.[35] 아버지 한상훈이 2006년에, 어머니 김인연이 2018년에 숨진 이후 그는 부모의 뒤를 이어 유가협이나 추모연대에 나가 의문사 진상규명 운동, 민주화운동유공자법 제정 운동에 참여했다. 12월 3일에 벌어진 윤석열의 내란 뒤라 참석자들은 아직도 한희철의 싸움이 진행 중임을 절감했다. 보안사의 후신인 방첩사가 여전히 쿠데타의 주역이 되어 국회의원과 민간인을 체포, 납치할 계획을 세웠으니 말이다.

그런 가운데서도 분위기는 훈훈했다. 12월 5일 진실화해위가 한희철이 "공권력 즉 보안사에 의해 죽음에 이르렀다"라고 결정한 덕분이다. 2021년 7월 1일 진실화해위가 조사개시를 결정한 날로부터 3년여가 흐른 데다가 윤석열정권이 반민주적 행태를 보이자, 한희철의 가족은 자포자기하는 심정이었다. 진상규명이 힘들겠구나 생각을 했는데 진실화해위의 결정이 선물처럼 다가왔다.

짧게 보면 3년여 시간이지만 1983년부터 따지면 41년 만에 이뤄진 결정이다. 한영희와 동생들은 부모님이 이 결정문을 함께 받지 못한 걸 안타까워했다. 어려서 중이염을 앓아 귀가 잘 안 들리는 어머니는 이른 나이에 보청기를 썼다. 어느 순간부터는 아예 들리지 않아 입 모양만 보고 대화를 나눴다. 그런 어머니는 아들의 죽음 앞에서 누구보다 강했다. 5사단으로 달려갔고 추모제를 챙기고 전태일의 어머니 이소선, 이한열의 어머니 배은심 여사와 함께 422일 동안 의문사 진상규명을 위한 국회 앞 천막 농성에 참여했다. 하나뿐인 아들이 서울대에 전액 장학생으로 들어갔으니, 파출부를 하고 청소부를 한 모든 고생이 보상을 받았다. 부뚜막에 앉아 기도를 올린 세월은 얼마던가? 아들이 졸업만 하면 세 여동생의 앞날도 피어갈 거라고 기대했건만 모든 꿈이 사라졌다. 아픔이 속병이 되고 울화가 되어 진실화해위의 좋은 결정을 못 보고 눈을 감았다.

아버지 또한 마찬가지다. 보안사는 추모 자리에 나가서 한마디 할라치면 어떻게 정보를 입수하는지 "선배님, 이러시면 안 됩니다, 도와주십쇼" 하고 매달렸다. 어느 순간 아버지는 '헌병대 예비역 소령'이라는 허울을 벗으려 했다. 화랑무공훈장도 소중하지만 아들의 죽음과 바꿀 수는 없었다. 아버지는 한희철의 동료가 전역을 하면 고문 사실에 대한 증언을 받으려 노력했다. 임성수의 진술은 이렇게 해서 얻어졌다. 한상훈은 숨지기 전 "나는 나라를 지키기 위해 애썼고 희철이는 내가 지킨 나라를 더 좋게 만들려고 노력했다"며 아들의 삶을 껴안았다.

당신들의 그런 노력으로 의문사위는 한희철의 죽음이 공권력으로부터 비롯되었다는 것을 인정했다. 하지만 부족함이 적지 않았다. 2024년 진실화해위 결정은 한영희가 2021년 입수한 보안사의 존안자료 등을 바탕으로 의문사위 결정보다 몇 걸음 더 나아갔다. 우선 프락치 활용 시도를 구체적으로 밝혔다. 보안사는 한희철에게 사상 전향은 물론 "귀 사령부 대공업무와 관련 협조 요구 시에 이에 적극 협조하겠습니다"라는 서약서를 요구했다. 1983년 2월 4일 보안사가 작성한 '녹화 침투 공작 업무시행지침'에 보면 한희철이 가입한 가톨릭청년회와 서울 가톨릭학생회관이 공격 목표로 선정되어 있었다. 진실화해위는 이들 단체에 대한 정보 파악 및 파괴 공작을 위해 이 서약을 한희철에게 강요한 것으로 판단했다.

또 한희철의 부모가 진상규명 운동을 하는 것을 막기 위해 6년여 동안 사찰한 일지도 발견해 부당한 감시가 있었음을 밝혀냈다. 고문에는 70~80cm의 곤봉 외에 철로 된 자가 쓰였고 5일간 계속된 조사 기간 매일 2시간 이상 두들겨 맞았다는 사실도 규명해냈다.

한영희를 비롯해 한희철의 유족과 동지들은 진실화해위의 결정을 반갑게 받아들이면서 걸음을 늦추지 않기로 했다. 보안사의 책임자에 대한 처벌과 국가 차원의 공식 사과가 아직 없기 때문이다. 이날 모란공원의 41주기 추도식은 특별한 구호로 끝을 맺었다.

"내란 우두머리 윤석열을 체포하라."

"내란 주도 방첩사를 해체하라."

6장

# 아들 잃은 엄마의 한 맺힌 싸움

— 김용권 —

1964년 출생
1983년 서울대 경영과 입학
1985년 입대, 미8군 2공병여단 44공병대대 D중대 배치
1987년 2월 20일 내무반에서 의문사

박명선은 부스스 일어났다. 분명 아들 용권이었다. 모시 적삼에 두루마기를 걸치고 제법 살이 오른 모습, 녀석은 뒷문으로 들어와 강의실을 둘러보더니 앞으로 걸어 나갔다. 손을 들어 '용권아'라고 불렀으나 어미의 목소리를 못 들었는지 돌아보지 않는다. 아들을 쫓아가려고 용을 썼으나 발이 떨어지지 않았다.

꿈속에서 소리를 지른 탓인가? 목이 칼칼하고 얼굴이 부은 듯하다. 새벽을 알리는 한 줄기 빛이 방 안에 스며든다. 방 안의 서랍장이며 TV, 냉장고가 때맞춰 기지개를 켠다. 박명선은 문득 아들 묘소를 다녀오고 싶었다. 올해도 지난해도 아들의 기일 2월 20일을 건너뛰고 말았다. 팔순이 넘어가니 힘은 떨어지고 협심증이며 신경성 위궤양이며 지니고 산 병이 깊어진 탓이다. 박명선은 묘소에 함께 가줄 아들의 친구가 떠올랐다. 그는 주섬주섬 전화기를 찾았다.

성북구 정릉의 집을 나선 시간은 오전 10시, 이천의 민주화운동기념공원을 거쳐 서울대 교정에도 들릴 심산이다. 벚꽃은 벌써 지는지 바람에 흩날린다. 4월의 아침 햇살이 꽃잎 한 장 한 장마다 올라타 눈부시다.

## 부대에서 걸려 온 전화

그날은 1987년 2월 20일이었다. 오전 열 시, 검은색 집 전화

박명선은 30년 넘게 거리에서 싸웠다. 뒤로 아들의 사진이 보인다.

가 울렸다.

"용권이 집에 없습니까?"

낯선 목소리는 용권이의 카투사 부대에서 한국군 인사계를 맡고 있다는 김 중사였다. 박명선은 전화기를 내려놓고 걸음을 서둘렀다. 다리가 후들거렸다. 아들은 의정부에 있는 미8군 2공병여단 44공병대대 D중대에서 복무 중이었다. 녀석은 이틀 전 용산에 있는 미8군 121병원 신경과에서 진료를 받고 집에 들렀다가 귀대했다. 그런데 김 중사는 "2월 18일 귀대할 때 정문에서 적는 출입 기록이 없고 오늘 아침까지 부대 안에서 김용권 상병을 본 사람이 없다, 실종된 것 같다"라고 말했다. 아들은 영등포역에서 동생의 배웅을 받으며 분명 부대로 향했다. 그런 용권이가 없어졌다니 대체 무슨 소린가?

박명선은 콩콩대는 가슴을 누르며 내달렸다. 2월의 찬비가 머리를 적신다. 바람마저 세차 목도리 안쪽으로도 한기가 파고들었다. 남편은 계단에서 넘어져 몸져누워 있기에 용권이의 이종사촌 형과 그 밑에 동생을 불렀다. 가는 내내 박명선은 아들이 환하게 웃으며 기다릴 거라고 믿었다. 한 시경 도착한 부대에서 그는 하늘이 무너지는 소리를 들었다.

전화를 걸었던 김 중사는 "10시 50분경 김용권 상병이 자기 방 침대 난간에 목을 매 숨진 게 발견되었다. 한미 연합 야전군사령부 범죄수사대가 조사했으며 11시 23분 사망 판정이 내려졌다"고 말했다.[36] 박명선은 받아들일 수 없었다. 그는 김 중사의 멱살을 잡고 "이놈아 바른대로 말해"라며 흔들었다. 10시에 통화할 때만 하더라도 용권이의 막사까지 다 찾아봤다고 하지 않았던가? 그런데 갑자기 변사체가 되어 나타났다니 믿을 수 없었다. 박명선은 손아귀에 더욱 힘을 주고 "바른대로 말해, 바른대로 말해"라고 외쳤다. 얼마나 지났을까? 6군단 헌병대 수사관이 도착해 현장검증을 하겠다고 하는 말에 퍼뜩 정신이 들었다. 아들의 모습을 확인해야 했다. 달려가 아들의 손을 잡으면 녀석이 '엄마 왔어' 하고 벌떡 일어날 것 같았다. 하지만 박명선은 현장으로 차마 들어갈 수 없었다. 용권이가 쓰던 209B호실에 들어가 검증에 참여한 조카가 이렇게 전했다. "용권이가 이층 침대의 난간에 걸린 전깃

줄에 목이 멘 채 숨져 있었어요. 1층 침대 쪽으로 무릎을 꿇고 침대시트에 팔을 기댄 모습으로요."

박명선은 주저앉았다. 아들의 죽음이 정녕 사실이란 말인가? 2층 침대의 난간이 사람 가슴께일 텐데 이 정도 높이에 목을 매 숨지다니, 더군다나 팔꿈치가 닿는 곳에 1층 침대가 있으면 숨이 막힐 때 마땅히 손을 짚지 않았을까? 유서라도 있어야 할 것 아닌가? 이틀 전 집에 다녀갈 때 제대 후 계획을 들려주던 아들, 그런 녀석이 목숨을 끊을 때는 죄송하다고 편지라도 남겼을 것 아닌가? 박명선은 도저히 믿을 수 없었다. 흐느끼는 그의 어깨 위로 2월의 찬바람은 사납게 지나가고 겨울 까마귀는 음산한 울음을 뱉어냈다.

### 엄마의 결심

"어머니 피곤하지 않으세요?"
"괜찮네, 자네가 아침부터 불려 나와 고생이 많네."

아들 친구의 우렁우렁한 목소리에 박명선은 깊은 상념에서 깨어났다. 고마운 친구다. 아들 기일을 살뜰하게 챙기고 자주 안부전화를 준다. 용권이 대신 아들 노릇을 하겠다는 말까지 건네 마음을 훈훈하게 해주었다. "두 시간은 걸릴 테니 한숨 주무세요"라는 말에 박명선은 다시 눈을 감았다. 잊어버리려 해도 떨쳐버리려 해도 되살아나는 세월이다.

박명선은 아들의 죽음을 마주한 2월 20일, 밤을 꼬박 새우며 결심했다. 병석에 있는 남편, 아들 셋과 딸 하나, 생활을 꾸려가기에도 버거운 하루하루지만 진실을 밝히겠다고. 다음 날부터 박명선은 증거를 찾아 나섰다. 부대 출입 기록을 요구했다. 용권이가 귀대한 시간, 용권이를 면회한 사람이 누구이고 언제인지 알고 싶었다. 2월 20일 통화에서는 용권이가 귀대할 때 적은 사인이 없다고 했는데 넘겨받은 출입부에는 20:08, 저녁 8시 8분에 도착한 것으로 적혀 있었다. 용권이가 집에 들렀다가 영등포역에서 전철을 탄 게 19시경이다. 그날 아들은 121병원에 들렀다가 집에서 저녁을 먹고 귀대 길에 올랐기에 박명선은 그 시각을 또렷하게 기억했다. 기록에 따르면 영등포역에서 한 시간 만에 의정부의 인디언(Indian) 캠프에 도착한 것인데 날아가지 않는 한 불가능한 일이다.

의문은 또 있다. 군대가 점호를 통해 병사를 관리하는 것은 세상이 다 아는 사실, 18일 밤에 귀대한 병사가 19일 아침과 저녁 점호에 참석하지 않았다면 탈영으로 의심되는 상황이다. 부대에 비상이 걸려야 하지 않는가? 더욱이 부대원 대부분이 팀스피릿 훈련에 동원되어 남아 있는 인원은 극소수였으니 인원 점검은 더 쉬웠을 터이다.

미8군 육군 소장인 에이치엘 참모장은 "2월 19일 07:30분 점호 시에 안 보여 121병원에 간 줄 알았다. 2월 20일 07:30분 점호 시에도 안 보여 121병원 입원과에 전화를 했다. 지정 진료날 외에 김용권 상병이 오지 않았다고 해 영내를 철저히 수색했고 10시 50분에 비상열쇠로 김 상병의 방문을 열어 사체를 발견했다"라고 경위를 설명했다.

박명선은 해명을 받아들일 수 없었다. 병사가 상급자의 허락 없이 병원 진료를 받으러 영내 바깥으로 나갈 수 있단 말인가? 병사가 안 보이는데 "병원 갔나 보지" 이런 정도로 느슨하게 판단한다? 아무리 카투사의 한국군 군기가 느슨하다고 해도 이해할 수 없었다.

아들이 먹던 약봉지를 확인하고서 의심은 더 커졌다. 121병원에서 처방받은 알약 15정과 가루약 5봉 중에 알약은 12정이 가루약은 4봉이 남아 있었다. 밥을 먹고 약을 먹었을 테니 식사를 했다는 얘기다. 영내 식당에서 밥을 먹었을 터인데 아무도 보지 못했다니 이해할 수 없었다. 아들의 행적은 파고들면 들수록 의문투성이였다.

박명선은 보안사에서 근무하는 사돈 집안의 추 상사를 의심했다.[37] 그는 서울대에서 학생운동을 한 용권이의 정보를 소상히 알고 있었다. 1986년 8월 3일에는 자신이 근무하는 208보안부대로 면회 오게끔 아들을 유인했다. 아들이 카투사로 근무하는 만큼 보안사에서 마음대로 연행할 수 없는 사정이 작용했을 터이다. 그때 아들은 208보안부대에서 서울대 민족민주투쟁위원회(이하 민민투) 수배자의 행방을 추궁당하며 많은 고초를 겪었다. 박명선은 그 일을 떠올리며 아들의 죽음이 보안사와 관련이 있을 거라 의심했다.

전두환정권은 이 사건이 발생하자 몹시 긴장했다. 김용권이 죽기 한 달여 전인 1987년 1월 14일 박종철이 남영동 대공분실에서 고문을 받다 숨졌다. 2월 7일에는 명동성당을 비롯한 전국 각지에서 박종철 추도회가 열렸고 49재에 맞춰 3월 3일에는 진상규명을 위한 대규모 거리 행진이 예정되어 있었다. 박종철의 죽음으로 민심이 들썩이고 있던 때, 김용권의 죽음이 자칫 정권 퇴진 투쟁의 풀무가 될 수도 있었다.

제6군단 헌병대는 사고 다음 날인 2월 21일과 23일 두 차례에 걸쳐 부검을 시도했다. 박명선은 진상규명이 먼저라며 이를 거부했다. 헌병대는 2월 25일 6군단 군법회의에서 압수수색영장을 발부받아 강제 부검에 나섰다. 박명선은 재차 거부하고 "미군 군의관이 부검하고, 우리가 요구하는 변호사를 선임해 입회하게 해달라"라고 두 가지 조건을 내걸었다. 요구가 받아들여져 부검은 2월 27일 121병원 병리 실험실에서 제6군단 우종대 검찰관, 김상철·조상현 변호사, 미 대사관 2등 서기관 할비쿠, 김용권의 백부와 육촌 형 등이 참석한 가운데 이루어졌다.[38] 121병원 군의관 와이코프 소령은 17시 20분에서 20시 30분까지 진행된 부검 후 "목이 졸린 흔적 이외에 외부로부터 구타나 상처를 입은 흔적이 없다. 모든 장기에서 사인이 될 만한 질병을 발견할 수 없다. 자신이 목을 매 질식사한 것으로 추정된다"라고 결과를 밝혔다.

무릎이 땅에 닿아 체중이 실리지 않은 채 목이 졸릴 수 있냐는 의문에 대해서도 법의학 교과서를 보면 몸이 지면에 닿은 상태로 숨진 사례가 많고 김용권의 경우도 충분히 있을 수 있다며 문제 제기를 무질렀다. 또한 어딘가에서 살해되어 영내로 옮기는 것은 불가능하고 흔적도 없다며 사건의 종결처리가 마땅하다고 했다. 이런 결론을 내고 미8군 공병단은 장례식을 서둘렀고 정부는 이 부검 결과를 공식 발표했다. 언론도 기다렸다는 듯 맞장구를 치고 나왔다.《동아일보》는 2월 28일 "숨진 카투사 자살로 판정"이라는 제목으로 사건을 보도했다.《경향신문》은 한술 더 떠 "당국에 따르면 조현병을 앓고 있었다"라며 신변을 비관한 자살로 몰고 갔다.

박명선의 진정을 통해 김용권의 죽음을 알게 된 종교계와 민주화운동 세력은 즉각 행동에 나섰다. 한국기독교고문폭력대책위 김상근 위원장과 김동완 목사가 주도하여 '김용권 군 사망사건 진상규명 소위원회'를 만들었다.[39] 위원회는 2월 25일 "김용권에게 민민투 관련 수배자의 행방을 추궁했는지, 이를 위해 고문을 했는지" 밝히라고 성명을 발표했다. 전두환정권은 이런 요구에 귀 기울이기는커녕 탄압으로 나왔다. 동대문경찰서는 부검 당일인 2월 27일 기독교회관을 압수수색하고 2월 28일에는 "허위 소문을 유포한다"는 명목으로 김상근 목사를 연행했다. 김동완 목사도 3월 3일 성동경찰서로 붙잡혀갔다. 두 목사의 연행과 구류 처분에 한국기독교장로회 목회자 30여 명이 항의 농성에 들어가고 일반 신도도 성명을 발표하면서 싸움에 동참했다. 이렇게 불씨가

## 탄원서

새원이 흐르는 물과 같다는 말이 하나 그른 것이 없다는 생각이 드는군요. 저는 1987년 2월 20일 꽃다운 나이 24세의 나이에 5공화국 군사정권하에서 옥고를 입은 김동권의 어머니 박명선입니다.
제 아들 용권이는 1964년 6월 10일에 태어났습니다.
서울에서 초등학교, 중·고등학교를 졸업하고 1983년 3월 서울대 경제·영어 함께 입학해서 학교를 다니던중
학생운동을 하다 광화경찰서에 붙들려가서 다시 구로경찰서로 이첩되어 10일간 구류를 살았습니다. 그래서야 작은 아들이 학생운동을 하는 것을 알았고 미력이나마 아들의 마음을 바꿔보려고 무던 애를 썼습니다. 아들도 워낙 익자[...] 첫아 들로 누구보다 가정형편도 잘 알았던 터라 [...] 대학생활을 어느정도 잘하고 1885년 10월에 커서로 군입대를 했습니다. 나중에 부대배치를 받으니

박명선이 작성한 탄원서.
그는 이런 탄원서와 진정서를
수천 장 썼다. (박명선 제공)

### 어머님께

눈도 막 오고 아침 저녁의 쌀쌀한 공기를 5번 거듭은 정말과 합니다. 어것에도 월마한 김장이 원섯든
우리집은 김장을 했읍니까 저도 이제 이곳 생활도 말
년입니다. 아침 저녁 두반씩 세수와 이발을 닦는것도 모
면 맘입니다 저는 어머님의 말씀대로 꾹꾹 참으며 건실
히 생활하고 있읍니다 어렵고 힘들때면 어머님 얼굴
이 바로 한밤은 저도 모르게 눈시울을 적신지도 왔습니다
흥측을 안부를 묻지 못한점은 어머님이 잘 맘속으로저해주십
시요 당신이 있었습니다 작은형님 내외분도 잘 지내시게
신지도 궁금합니다 어찟 밤 둥근 달을 보고 문득 어머
생신 생각이 났읍니다 집에 제가 있든지라도 별다
른 일을 하지라 못하겠지만 몸이 여기 있으니 축하
의 한마디도 못해드립니다 진자에 생신이 지난 후이나
어머님생신은 기억해대있으니 맘깊니다 아쉽지만 늦으
나마 축지 드립니다 조금 있으면 또 용권이 시작할것
입니다 어머니 저는 어머님서 평소 하시던 말씀 꼭
지키겠습니다 남에게 손가락을 받지말라던 말씀 꼭
입니다 그러나 저의 앞으로의 삶은 제 소신대로 꾸
러 나갈려고 합니다 학교와 서울이 매우 소란스럽다
는 소식을 들었읍니다 오히려 저는 군대에 온것이

김용권이 군에서
어머니에게 보낸 편지.
(박명선 제공)

커지자 문공부장관 이웅희가 직접 나서 "젊은 병사의 죽음은 애석하나 시중의 풍문은 허무맹랑한 낭설"이라고 말하며 사태 확산을 막으려고 애썼다. 하지만 미국기독교협의회를 비롯해 세계기독교협의회까지 전두환에게 항의서한을 보내며 파장은 점차 커졌다.

이때 박명선은 청와대 관련 일을 하는 종조카의 전화를 받게 된다. "고모, 산 사람은 살고 죽은 사람은 땅을 찾아 들어가야 해요." 몇 번이나 되풀이된 전화는 설득이 아닌 종용이었다. 미8군 병원 영안실에 방치된 아들의 시신이 못내 걸렸던 박명선은 일단 장례를 치르기로 했다. 3월 8일 매장 동의서에 사인을 하고 3월 9일 미8군 종교휴양소에서 영결식을 치렀다. 고양군 벽제읍 용미리 시립 공원묘지에 아들을 묻고 돌아오면서 박명선은 "이게 끝이 아니다"라고 마음을 다잡았다.

## 아들의 빈자리

정릉에서 출발한 박명선 일행의 차는 내부순환도로를 탔다가 북부간선을 거쳐 중부고속도로로 접어들었다. 차창으로 봄날 아침이 눈부시게 밀려든다. 도로에 잇닿아 있는 나지막한 산에 신록은 싱그럽고 개나리가 진 자리엔 철쭉이 폈는지 분홍빛이 요란하다. 박명선은 아침에 서둘러 정한 발걸음인지라 간단하게 술상을 봤다. 마음 같아선 용권이가 좋아한 시루떡을 가져가고 싶었으나 오징어포에 막걸리, 사과와 배 한 개씩만 챙겼다. 따스한 햇볕 탓인가 봄날의 산 빛깔에 마음을 뺏긴 박명선의 눈은 다시 감긴다.

봉래동의 양정고등학교에 다니던 아들은 도서관에서 언제나 마지막으로 나왔다. 학교에서는 아들에게 아예 도서관 열쇠를 맡겼다. 늦은 밤 아들이 집에 돌아오면 부침개를 부치고 콜라를 내놨다. 용권이는 남동생 둘과 함께 꿀떡꿀떡 삼켰다. 박명선은 "우리같이 없는 집에서 대학생이 나오면 반칙이다"라고 한탄하면서도 전교에서 세 손가락에 드는 아들을 뒷받침하고 싶었다. 중고등학교 시절, 일등 성적을 받아오면 용권이 친구네가 하는 식당 동남정에서 불고기를 사 먹였다. 무쇠도 소화시킬 나이에 식당 1인분이 간에 기별이나 갔겠는가. 몇 점 집으면 끝이어도 그날은 축제였다.

동생에게도 형은 자랑이었다. 용권이는 초등학교 때부터 동생 공부도 돌봤다. 초등학교만 나온 박명선은 숙제를 챙기기가 진즉부터 힘들었던 터였다. 그뿐인가, 남편은 젊어서부터 전당포에서 처분하는 시계를 받아다 파는 일을 했는데, 어쩌다 목돈이 들어오면 술을 거나하게 마셔 종종 시경에서 연락이 왔다. "댁의 아저씨가 술에 취해 보호 중이니 모셔가세요"라고. 아들은 둘째와 함께 아버지를 택시에 태워 와서 골목 입구에서 업고 들어오곤 했다. 아들은 남편 대신 기댈 언덕이었다.

그런 아들의 죽음이 원통해 박명선은 아들을 묻고 온 후 어디든 달려갔다. '자살'일 뿐이라는 판정을 받아들일 수 없어 의정부 미군 부대에 가 사령관을 만나게 해달라고 졸랐다. 정문에서 한 발짝도 움직이지 않고 버티다 미군 헌병에게 번쩍 들리기 일쑤였다. 국방부 청사에도 쫓아가 장관을 만나겠다고 소리쳤다. 그의 손에는 담요와 냄비, 쌀이 들려 있었다. 만나주지 않으면 거리에서 밥을 지어 먹으며 농성할 작정이었다. '고(故) 박종철군 국민추도회준비위원회'에도 찾아가 우리 아들의 죽음도 무겁게 다뤄달라고 애원했다.

거리를 헤매며 박명선은 쇠약해졌다. 국방부에 갔다가 돌아오는 어느 날, 가슴이 쪼였다. 두드리고 어루만져 괜찮은가 싶었는데 통증이 되풀이되었다. 밤이 되어서는 마치 수건을 짜듯 손으로 심장을 비트는 듯 느껴졌다. 숨이 막히고 식은땀이 흘렀다. 가슴을 부여잡고 떼굴떼굴 굴렀다. 집 안의 모든 진통제를 털어 넣고서야 겨우 잠이 들었다. 그날 이후 거리를 헤매다 주저앉곤 했다. 발을 끌다시피 해서 집으로 돌아오면 쓰러져 눕기에 바빴다. 협심증이었다.

전두환정권에게 박명선의 증세는 고려의 대상이 아니었다. 언제부턴가 검은 그림자가 어른거리더니 나중에는 골목 앞뒤로 전경 두 명을 배치해 출입을 감시했다. 전화는 도청되고 영등포경찰서의 정보과 형사가 수시로 문을 두드렸다. 나가라고 소리쳐도 인사나 드릴 겸 찾아왔다며 발을 들이밀었다. 박명선은 마당에 있는 구정물을 끼얹으며 "꼴도 보기 싫다, 당장 나가"라고 소리쳤다. 경찰은 막무가내였다. 어느 날부터는 아예 미행까지 했다. 버스를 타건 지하철을 타건 대놓고 따라붙었다.

박명선은 경찰을 따돌리는 방법을 스스로 터득했다. 지하철이나 버스에서 문이 닫히기 직전 몸을 던지듯 내려 경찰을 떨쳐냈다. 그렇게 해서 민주화실천가족운동협의회(이하 민가협)을 찾아가고 박종철군 범국민추도회준비위원회를 찾아갔다. 경찰은 막내의 학교까지 찾아가 동정을 살폈다. 박명선은 막내를 찾아간 형사의 멱살을 잡고 "막내가 잘못되면 네 놈을 가만두지 않겠다"라고 말했다. 돌아온 건 "어머니, 저도 먹고 살려면 어쩔 수 없어요"라는 느물거리는 답변이었다.

## 아들이 겪은 고통을 생각하며

박명선이 이천 민주화운동기념공원에 도착한 건 점심나절. 용미리 시립묘지에서 이천으로 옮긴 건 10여 년 전이다. 이천은 처음에 황량했다. 산을 깎아 만든 묘터는 벌거벗은 듯 을씨년스러웠다. 옮겨 심은 나무는 밑동도 작고 가지도 옹색해 용권이가 마음 편히 쉴 수 있을까 걱정이었다. 그래도 한영현과 이윤성처럼 강제징집으로 숨진 다른 이들이 같이 있어 마음이 놓였다. 박명선은 묘비에 쌓인 먼지를 훔쳐내며 막걸리와 오징어포를 꺼냈다. 4월의 맑은 햇살이 묘지에 미끄러지며 내려앉는다. 하늘은 얼음장처럼 파랗다. 박명선은 침대 머리맡에 있는 용권이의 사진을 보면서 아침저녁으로 얘기를 하지만 묘에는 두 해 만에 온 탓인가 하고 싶은 말, 떠오르는 기억이 많다.

2002년 의문사위 1기의 결정은 너무나 허망했다. 보고서에는 많은 내용이 담겼으나 한마디로 '김용권의 죽음은 진실규명이 불가능하다'라는 결론이었다. 조사를 재개한 의문사위 2기도 2004년 6월 28일 각하 결정을 내리고 판단 근거도 공개하지 않았다. 박명선은 이를 받아들일 수 없었다. 의문사위 위원장실로 쳐들어가 아예 살림을 차렸다. 전기담요와 솥단지를 가져갔다. 으리으리한 건물에 생선 굽는 냄새, 청국장 냄새가 가득했다. 세상이 아들의 죽음을 몰라주는 게 원망스러웠다.

김용권은 1986년 8월 3일 208보안부대에서 큰 고초를 겪었다. 208보안부대에서 행정계장을 맡고 있는 추 상사는 자신의 아내에게 "김용권이 자신에게 면회 오게끔 박명선에 연락하라"라고 시켰다. 김용권은 주말 외출이 자유로운 카투사여서 8월 3일 방문하기로 하고 이날 의정부 인디언캠프를 나와 오후 두 시경 포천에 있는 208보안부대에 도착했다.

추 상사는 김용권이 도착하자마자, 서울대 민민투와 세계문화연구회 출신의 여러 수배자를 잡는 데 협조하라고 꼬드겼다. 바로 남영동 대공분실 경찰이 박종철로부터 캐내고자 했던 81학번 박종운과 82학번 정경현의 행방에 대한 정보를 알려고 했다. 추 상사는 "협조하면 곧바로 제대를 시키고 너와 동생의 학비, 집안의 빚까지 정리해주겠다"라며 사탕발림을 늘어놓았다. 김용권은 제안을 거부하고 208보안부대를 벗어나려 했다. 하지만 곧바로 감금되어 매타작을 심하게 당했다. 행정계장이 관리하는 장교식당이나 식당 옆 창고에서 고문당한 걸로 추정된다. 잠시 까무러치기도 했던 김용권이 이 소굴을 나온 것은 18:30분경. 208보안부대로서는 미군 관할인 김용권의 귀대까지 막을 수는 없었으리라.

추 상사가 앞장서 김용권을 유인했으나 이를 208부대 차원에서 진행했음은 8월 3일 근무일지에서 명확히 드러난다. 이날은 일요일임에도 추 상사가 07:10분에 대공계장은 07:20분, 운용과장인 소령은 07:30분에 출근한다. 부대장인 박태준 중령 역시 출근했다. 이날 김용권이 들어온 시각은 14:10분이고 나간 시간은 18:30분이다. 운용과장은 18:45분에 퇴근한다. 군사망사고진상규명위원회 조사에서도 드러나지만 일요일에 전 간부가 특근을 한 경우는 208부대의 창설 이래 이날이 거의 유일했다.

김용권은 8월 3일 겪었던 일을 "지난주 충격으로 몸이 아파…"라고 8월 11일 일기에 기록했다. 외박을 나오면 엄마에게 "추 상사를 도저히 용서할 수 없다. 복수하겠다"라는 말을 자주 되뇌였다. 카투사 동료에게도 고통을 털어놓았는데 같은 소대원 임창택은 "1986년 가을 이후부터 나사가 풀린 사람처럼 행동했다. 보안대에 불려 가 발가벗겨진 채 상당 시간 구타당했다는 얘기를 듣고 변한 이유를 짐작하게 되었다"라고 말했다. 군대 동기 손용하는 "그가 보안대에서 조사받고 구타를 당했다는 얘기는 부대원 사이에서 공공연한 비밀이었다"라고 말했다.

8월 3일의 충격으로 김용권은 불면증과 우울증에 시달려 잠을 이루지 못하게 된다. 어린 시절, 김용권은 잠시 불면증에 걸린 적이 있었다. 당산중학교 1학년 때, 김용권은 목련장학회에서 가정이 어려우나 성적이 우수한 학생에게 주는 장학금을 받았다. 김용권은 집안 살림에 보탬이 되었다는 사실이 너무 기뻐 이틀 동안 거의 잠을 못 잤다. 김용권은 박명선에게 "하늘에 붕 뜬 것처럼 기분이 좋아 잠이 오지 않는다"라고 하소연했다. 그는 적십자병원의 송수식 박사에게 수면제를 처방받아 불면증을 치료했고 그 후론 큰 문제가 없었다.

　8월 3일의 고문과 그 후로도 계속된 보안부대의 호출로 김용권은 괴로워하다가 급기야 용산에 있는 121병원으로 후송되고 10월 10일에는 수도통합병원에 입원했다. 이때 김용권을 진찰한 수도통합병원 정신과 이문성 대위는 "정서불안정, 기분의 앙양, 술을 먹지 않으면 잠이 오지 않는 증상 등으로 121병원에서 후송됐다. 장기 치료가 필요해 1986년 11월 27일 대구병원으로 후송 조치했다"라고 진료기록을 남긴다. 대구병원의 신경정신과 전문의 곽태섭은 "병실 생활도 원만하고 단체활동에 적극 참여한다, 정서의 안정이 관찰된다"며 1986년 12월 20일에 퇴원상신서를 쓴다.[40] 이후 김용권은 1987년 1월 9일 퇴원, 자대에 복귀해 통원치료를 한다. 숨지기 직전인 1987년 2월 18일도 121병원 신경정신과에서 진료를 받고 집에 들렀던 것이다.

## 서울대에 심어진 김용권 나무

이천 민주화운동기념공원에서 막걸리 세 잔을 붓고 박명선은 오래도록 아들과 대화를 나눴다. 회포를 푼 뒤 박명선은 민주화운동기념공원 사무실에 들러 아들의 묘소를 잘 돌봐줘 고맙다는 인사를 하고 서울대 교정에 있는 '용권이 나무'를 만나보러 출발했다.

용권이 나무가 심어진 건 2015년이다. 용권이가 의문사했을 때 서울대의 친구들이 큰 힘이 되었다. 친구 허병하는 박명선을 부축해 시신이 놓인 미8군 병원을 찾아가고 헌병대 수사관을 만날 때 동행했다. 장례식 후에도 그는 김용권의 집에 여러 날 머물며 박명선과 김용권의 동생을 챙겼다. 그는 이 일로 수사선상에 올라 쫓겨 다니다가 사복을 입은 6명의 남자에게 잡혀 어디론가 끌려갔다. 연행을 목격한 허병하의 형이 뒤를 따라갔는데 서빙고 근처에서 동생의 행방을 놓쳤다고 한다. 허병하는 '김용권이 자살한 것임에 틀림없다'는 자술서를 쓰고 나서야 풀려났다.

친구들은 급하게 결정된 노제를 위해서도 애썼다. 미8군 종교휴양소에서 영결식을 치루고 장례 버스는 경영대 강의실에 들려 간단히 추모의 시간을 가질 작정이었다. 두 대 중 한 대에는 가족들이 타고 나머지 한 대는 사회운동가 계훈제 선생, 박종철의 아버지 박정기, 전태일의 어머니 이소선 등 민주인사와 민가협 회원이 탔다. 그런데 용산을 출발한 버스는 신림동 방향으로 가지 않고 용미리로 방향을 잡았다. 운전석 뒤에 탄 박명선은 악을 썼다. 왜 약속대로 하지 않냐고. 그는 핸들을 꺾기 위해 일어섰다. 순간 젊은 병사 하나가 좌석 손잡이를 움켜쥐고 박명선을 가로막았다. 박명선은 울부짖으며 병사의 손을 억세게 물었다. 버스 안은 술렁거렸고 손을 물린 병사는 별다른 대응 없이 눈물만 흘렸다. 명령에 따라 박명선을 제지하면서도 가족의 아픔에 공감하는 듯했다. 버스는 결국 서울대로 방향을 틀었고 강의실에서 기다리던 친구들을 만날 수 있었다.

용미리에서 하관을 할 때 박명선은 마지막으로 아들을 어루만지고 옷매무새를 고쳐주었다. 고맙게도 친구들은 입관할 때 나일론 속옷을 걷어내고 면으로 만든 속옷을 입혀주었다. 박명선이 경황이 없어 신경을 쓰지 못한 점을 대신 챙겨줬다.

이천 민주화운동기념공원을 나와 늦은 점심을 마치고 서울대에 도착했을 때는 4월의 햇살이 어느덧 고개를 굽힐 때였다. 마주 보는 관악산의 산그림자가 교정을 덮는다. '해방의 나무'라 이름 지은 용권이의 나무, 그 옆으로 신향림, 한희철 등의 이름을 딴 여덟 그루의 나무가 더 있다. 단단하고 씩씩한 모양새다. 이렇게 튼실히 커가는 게 기쁘고 자랑스럽다.

## 길 위의 30년 박명선의 승리

2021년 10월 25일, 박명선의 가슴을 뻥 뚫어주는 소식이 날아왔다. 군사망사고진상규명조사위원회(이하 군사망조사위)는 이날 "망 김용권은 보안부대로부터 구타·고문·회유 등을 통해 민주화 학생운동 관련 프락치 활동을 강요받은 것이 주된 원인이 되어 사망에 이르게 되었다고 인정한다"는 결정을 내렸다. 아쉽게도 누가 지시했고 누가 폭행했다고 밝히지는 않았지만, 분명한 진전이었다. 의문사 1기와 2기의 판정에도 굴하지 않고 길 위에서 30여 년을 보낸 박명선의 승리였다. 박명선은 그동안 인권위원회, 국민고충위원회, 청와대, 국방부, 보안사 등 대한민국의 힘 있는 모든 기관 앞에서 머리를 조아리고 무릎을 꿇었다. 거대한 성벽 앞에서 애끓는 기도를 바쳤다. 그의 작은 심장은 파닥거리고 여린 어깨는 흐느낌에 물결쳤다. 그가 써 내려간 호소문, 진정서, 탄원서는 눈물의 강을 이뤘다. 이런 노력 끝에 이룬 값진 결실이었다.

헌병대 및 208보안부대 관련자들은 의문사위에서 조사받을 때 김용권이 208부대를 방문한 사실은 인정했으나 프락치로 활용하기 위한 시도나 폭행은 전혀 없었다고 했다. 그런데 진상규명위원회에 출석해서는 "김용권이 보안사의 C급 관리대상으로 208부대에 유인됐으며 폭행을 당하고 수배자 검거에 협력하라는 강요를 받았다"라고 인정했다.

당시 6군단 헌병대 수사과장이었던 최경식은 "망인이 관찰대상 C급으로 분류되어 면담과 회유를 통해 학생운동 계보, 동료의 소재 등에 대해 심문받았다"라는 취지로 진술했다. 208보안부대 보안계장이었던 황의갑은 "보안사령부 차원에서 학생운동권 주요 수배자 검거를 위해 많은 지시를 내렸고 휘하 보안부대에서는 엄청난 실적 부담을 느꼈다"라고 당시 분위기를 밝혔다.

그러나 잘못을 인정하면서도 모든 책임을 추 상사 한 명에게 덮어씌우는 모양새였다. 황 계장은 추 상사가 "골수 운동권 친척이 있는데 이놈을 회유시켜서 활용해야겠다"라고 말한 적이 있다고 증언했다. 대공계장이나 군수계장도 "추 상사가 사령부의 지시도 없이 자신의 소관도 아닌 대공계 일을 했고 방첩의 방자도 모르면서 일을 저질렀다"라고 군사망조사위에서 진술했다. 다른 208부대원도 '추 상사가 폭력적이다, 아부가 심하고 한 건 올려서 위에 잘 보이려고 안달이었다'라는 내용으로 진술한다.

이들은 2002년과 2004년 의문사위 1, 2기에서 조사를 받을 때는 현역 신분이었으나 군사망조사위 조사 때는 전역한 상태여서 이제라도 진실을 말할 필요를 느꼈다며 진술 번복 이유를 설명했다. 그런데 추 상사는 어떤 연유에서인지 1986년 8월 3일 사건 이후 김용권이 우울증으로 입원하기 한 달 전 수도통합병원에 입원한다. 1987년 2월 20일 김용권이 사망했을 당시에도 입원 상태여서 헌병대는 박명선의 진정에도 불구하고 '조사 불가'로 결정한 바 있었다. 군사망조사위가 2019년 출범해 김용권의 죽음을 조사할 때는 이미 추 상사가 사망한 상태였다. 결국 당시 208

보안부대 관련자는 모든 책임을 죽은 추 상사에게 덮어씌우는 쪽으로 입을 맞춘 게 아닌지 의구심이 들게 된다.

그럼에도 군사망조사위의 조사 결과는 많은 한계가 있으나 박명선에게 큰 힘이 되었다. 이보다 앞서 김용권은 2008년에는 민보상위에서 민주화운동 관련 사망으로 인정받고 2018년 6월 29일에는 국방부 중앙전공사상심사위원회에서 순직3형 결정을 받았다.

김용권은 실제로 학생운동에 열심이었다. 그는 83학번으로 서울대 경영대에 입학한 뒤 세계문화연구회에 들어간다. 1984년에는 경영대 학생회 학회에 가입해 임철봉, 김영규, 김진권, 공영운과 함께 열심히 활동했다. 1984년 하반기 들어서는 한층 더 노력했는데 9월에는 청계피복노조 합법성 쟁취대회에, 10월에는 가리봉 오거리에서 열린 노동악법 개정 및 노조탄압 반대 거리 시위에 참여한다. 1985년 초 학생운동권은 다가올 총선에 대비 '민주총선쟁취학생연합'을 꾸리는데 김용권은 이 연합회의 일원으로 "군의 정치개입 중단, 노동악법 개정"을 내걸고 1월 16일 신한민주당사 점거 농성에 들어간다. 이 농성으로 김용권은 임철봉과 함께 구로서로 연행돼 구류 10일을 받고 학교에서도 근신 처분 10일을 받는다. 이후 김용권의 고민은 깊어진다. 선배는 1984년 말부터 1985년이 되면 세계문화연구회의 회장을 맡으라고 권유했다. 서울대 교무처에서는 근신 조치 이후 입대를 강요했다.

구류 이후에 어머니는 졸업 후 '용권이 네가 집안을 살려야 한다'는 말을 자주 했다. 막내동생도 대학 입학을 눈앞에 두고 있던 터여서 도저히 학비를 감당할 수 없는 상황이었다. 김용권은 이런 상황에서 학생운동을 잠시 보류하고 군에 다녀오기로 했다. 그것이 다시 돌아올 수 없는 길이 되었지만.

## 남은 숙제들

군사망조사위의 결정을 받아들고 박명선은 팔십이 넘은 몸으로 다시 뛰기 시작했다. 2023년 4월에 제2기 진실화해위에 진실규명을 요청했다. 2024년 9월 24일, 진실화해위는 '김용권 의문사 사건'의 진실규명을 의결했다. 진실화해위는 보안사가 김용권에게 프락치 활동을 강요하고 구타 등 가혹 행위를 일삼아 견디기 힘든 정신적 충격과 신체적 고통을 주었으며 그로 인해 죽음을 선택했다고 인정했다. 그리고 "국가(국방부)가 병역의 의무를 악용해 중대한 인권을 침해"했으니 사망한 김용권과 유가족에게 사과하라고 권고했다. 늦었지만 국가의 책임을 인정한 값진 결론이었다.

남은 일은 보안사라고 뭉뚱그리는 게 아니라 보안사의 누가, 어떻게 김용권을 죽음에 이르게 했는지를 밝히고 책임을 묻는 일이다. 추 상사 혼자 저지른 일이라는 208부대원의 '변명'을 그대로 받아들일 수 없기 때문이다. 김용권은 보안부대에서 조사받을 때 추 상사 뒤로 상관 두 사람이 버티고 있었다고 분명히 증언한 바 있다. 당시 6군단 헌병대는 박종철의 죽음 이후 전개된 정세를 고려해 208보안부대의 상급부대인 1008보안부대까지 조사하려 했다. 하지만 6군단 헌병대장은 중령이고 1008보안부 대장은 대령인 상황, 안 그래도 하늘을 찌르는 보안사의 위세인데 쉽지 않았다. 심지어 보안사는 6군단 헌병대 이승환 수사관을 보안사 서빙고분실로 끌고 가 208보안부대에 대한 수사 상황을 캐물었다. 보안사는 수사를 방해하고 은폐 공작을 했다. 그러나 진실을 완전히 덮을 수는 없는 법. 1988년 5공특위 청문회에 대응하기 위해 보안사가 만든 내부 문건에서 "유가족의 끈질긴 해명 요구 시 심적 변화 가능성이 있다"는 판단 아래 추 상사를 '향후 문제 야기 인물'로 적시한 사실이 최근 드러났다. 또 박명선의 집요한 정보공개청구 노력으로 6군단 헌병대가 1987년 6월경 국군수도통합병원신경정신과 위생병의 입회하에 추 상사를 조사한 사실이 밝혀졌다. 이때 추 상사의 진술 내용은 현 국군방첩사령부의 거부로 공개되지 않고 있다.

 서울대에 있는 용권이 나무에 막걸리 세 잔을 붓고 박명선이 정릉으로 돌아온 건 해넘이가 북한산 비봉을 넘어갈 때였다. 11평짜리 임대 아파트, 20년 전에 보증금 200만 원을 내고 입주했다. 복도식 아파트고 대개 노인이 거주하는 곳이라 문을 반쯤 열어놓고 지낸다. 아들을 잃은 뒤부터 신경성 위궤양이 심해져 박명선의 식사량은 계속 줄어들었다. 요즘은 밥을 거의 삼키지 못하고 산양유 가루에 요구르트를 타 마시고 고구마를 조금 먹는 정도다.

연배 비슷한 이웃이 먹을거리를 챙겨주지만, 삼키는 게 쉽지 않다. 박명선이 현관에 다다르니 북한산 비탈을 내려온 바람이 어깨를 어루만진다. 고마운 북한산의 볕과 바람이다.

정릉에 와서 박명선은 된장을 쒀 팔았다. 자식들은 말렸지만 손을 놀려서 뭐 하겠는가? 용권이를 잃은 아픔에 빠지지 않으려고 부지런히 몸을 움직였다. 북한산의 햇빛과 기운을 잘 받게 복도에서 된장을 쒔다. 마침맞게 익으면 주먹만 한 젓갈통에 담아 동네 미장원을 돌아다녔다. "맛있다. 고향 어머니 맛이다"라는 칭찬을 듣는 게 돈 몇 푼 받는 것보다 즐거웠다.

이곳에서 이별도 겪었다. 남편은 아들의 죽음을 접하고 충격으로 반신불수가 되었다. 3개월 때론 6개월이나 입원한 적도 있었다. 결국 남편은 용권이를 만나러 먼 길을 떠났다. 남편이 떠나기 전 아들 둘이 일주일마다 돌아가면서 오랫동안 아버지 목욕을 시켰으니 고마울 뿐이다.

박명선은 집으로 들어가 옷을 벗고, 침대에 걸터앉았다. 현관에서 안방까지는 고작 대여섯 걸음이다. 그는 침대 머리맡에 있는 아들 사진을 물끄러미 바라본다. 군복을 입고 카투사 막사의 자기 방에서 찍은 모습, 밝고 싱그럽다. 한때는 서랍 속에 있었다. 용권이의 동생은 어느 날 핀잔 아닌 핀잔을 늘어놓았다.

"엄마, 이제 형도 그만 편히 쉬게 형 사진을 고이 싸서 서랍장에 넣으세요. 엄마도 이젠 형 그늘에서 벗어나시고요."

그 말을 듣고 박명선은 한동안 깊게 고민했다. 결혼한 녀석이 아내와 함께 집에 다녀갈라치면 꼭 마주해야 하는 형의 사진, 며느리로선 보지도 못한 시아주버니의 사진이다. 헤아려보니 퍽이나 불편했겠다는 생각이 들었다. 박명선은 마음을 다잡고 아들의 사진을 보자기에 싸 고이 벽장 안에 들였다. 딸의 생각은 달랐다. "큰오빠는 엄마 말벗 해주는 걸 좋아할 거야. 다시 꺼내놔, 그게 엄마 마음도 편하잖아." 그날로 박명선은 다시 사진을 꺼내 머리맡에 놓았다.

박명선은 아들 사진을 물끄러미 보다 품에 안고 지그시 눈을 감았다. 그의 눈앞에 또렷하게 한 장면이 펼쳐진다.

영등포의 작은 집, 방은 두 개뿐이다. 큰 방에 아들 세 놈의 책상을 들여놓고 딸은 작은 방에서 함께 지냈다. 늦은 밤 도서관에서 용권이가 돌아오면 프라이팬에서 부침개가 노릇노릇 익는다. 용권이와 둘째, 셋째의 젓가락질이 바쁘다. 입안 가득 밀어 넣는 삼형제, 박명선은 코카콜라를 컵마다 그득 따라준다. 녀석들의 볼이 미어터진다.

그새 해가 졌는지 사진을 품은 박명선의 작은 어깨 위에 어둠이 깃들고 북한산 먼 골짜기에서 소쩍새의 울음이 끊어질 듯 이어진다.

7장

# 부당한 죽음의 속박은
# 사라지지 않는다

— 최우혁 —

1966년 3월 4일 서울 출생
1984년 3월 서울대 서양학과 입학, 학생운동 중 수 차례의 구류
1986년 5월 20일 학내 시위 도중 최루탄을 맞아 전치 10주의 부상
1987년 4월 23일 입대
1987년 9월 8일 의문사

어둠을 찢는 벨 소리에 최봉규는 놀라서 깼다. 창가에는 어둠이 묻어 있고 방 안은 어스름했다. 잠결에 전화를 받은 아내 강연임의 음성은 높았다.

"네!? 뭐라고요, 어디, 무슨 병원이요?"

수화기를 내려놓으며 아내는 말했다. "우혁이가 좀 다쳤는가 봅니다." 의정부에서 동두천 가다 보면 있는 덕정병원이라 합니다. 떨리는 목소리가 방 안의 어스름을 쫓아냈다. 최봉규와 아내는 서둘렀다. 1987년 4월 28일 입대해 육군 제20사단 7327부대 정보과에서 근무하던 막내가 '입원했다'는 소식에 황망했다. 아내는 조바심 속에서도 "잘 먹어야 낫는다"며 부침개를 준비했다. 아현동 집에서 택시로 수유리 시외버스정류장까지 내달려 동두천행 버스에 올랐다. 8시나 되었을까, 창문으로 비껴드는 햇살 사이로 막내 우혁이의 얼굴이 가득하다. 혹시 '총기사고'는 아닐까? 유격훈련을 하다가 팔을 다쳐 깁스한 게 엊그제였는데 이게 무슨 일이람, 마음이 콩콩댄다. 동두천 길로 접어들자 4차선 도로에는 군용트럭이 일으킨 흙먼지가 어지러웠다. 아내는 불안한 마음을 달래려는지 사뭇 눈을 감고 있다. 최봉규도 초조한 마음을 달래려 담배 한 개비를 꺼내 들었다. 몇 모금이나 빨았을까 저 멀리 덕정병원이 눈앞에 어른거린다. 그는 별일 없기를 기도하며 부침개를 가슴에 품은 아내와 버스에서 내렸다.

## 시신이 된 아들을 만나다

　병원 정문으로 다가가니 소령 계급의 장교 하나와 보안대 상사, 정보과 선임하사관이 기다리고 있었다. 최봉규는 이들에게 이끌려 병원 앞 지하 다방으로 내려갔다. 9월 8일, 여름 더위가 남아 있어서 실내는 후덥지근했다. 보안대와 헌병대에서 사건을 조사 중이라며 이들은 "최 이병이 누나하고 다정하게 지냈다면서요? 아버님은 무슨 일을 하고 계십니까?"라며 애먼 얘기를 늘어놓았다. 심드렁한 대화가 몇 토막 오갔을 때 소령은 갑자기 "형들에게 연락을 취해야 할 것 같은데요"라고 말했다.

　최봉규는 가슴이 철렁했다. 동두천으로 오는 내내 큰 사고면 어쩌나 불안했는데 우혁이의 큰형 종순과 작은형 인휴에게까지 연락해야 한다면 많이 다쳤다는 얘기 아닌가. 아내의 표정도 눈에 띄게 침울해졌다. 다방 전화를 빌려 큰아들에게 연락을 마쳤을 때 우혁이의 직속 상관이라는 대위가 나타나 "뭐라고 위로의 말씀을 드려야 할지 모르겠습니다"라고 인사를 했다. 최봉규는 '위로'라는 말에 가슴이 또 한 번 내려앉았다. 대위 역시 상황을 제대로 설명해주지 않았다. 최봉규는 속이 더 타들어 가 진땀을 훔쳐내며 보리차를 거푸 마셨다. 잠시 후 병사 한 명이 내려와 조사가 끝났다고 알렸다. 그제야 최봉규는 아내와 다방을 나섰다. 숨을 길게 들이쉬고. 병원 정문을 통과해 몇 걸음 걸었을 때 소령은 갑자기 뒤돌아서서 "다 끝났습니다"라고 말했다. 최봉규는 순간

멍했다. 아침 햇살은 오간 데 없고 시커먼 장막이 눈 앞을 가렸다. 소령이 가리키는 슬레이트 지붕의 외딴 건물을 향해 내달리는데 물속에서 허우적대는 듯 발이 땅에 닿지 않았다. 부침개를 꼭 안고 있는 아내도 종종걸음을 내딛는데 제자리만 맴돌았다. 아내의 뺨에 눈물인지 땀인지 하얀 물방울이 아침 햇살을 튕겨내고 있었다. 조화가 서 있는 창고 같은 건물 안에 들어섰을 때 향불 연기 두어 줄기가 가냘프게 일렁였다. 그 뒤에 놓여 있는 아들 우혁이의 영정! 최봉규와 아내는 놀라 걸음을 멈췄다. 아내는 "이것이 웬일이야, 세상에 이게 무슨 일이란 말이여…" 하며 비명을 질렀다.

최봉규도 다리에 힘이 빠져 주저앉았다. 건물 한구석에 홑이불과 담요에 덮여 있는 무언가가 눈에 들어왔다. 최봉규는 기다시피 다가가 '아닐 거야 아닐 거야' 하며 담요를 들췄다. 매정하게도 막내 우혁이었다. 군복이 불에 탄 듯 여기저기 검은 구멍이 있고 머리카락이 그을린 상태였다. 다리는 달걀처럼 오므렸고 가슴에 올려진 왼쪽 손등이 붉었다. 최봉규는 담요를 덮었다. 가슴이 터질 듯 답답하고 실내에 퍼지는 향내가 역겨워 구역질이 올라왔다.

영정을 끌어안은 아내의 울음소리는 더 커졌다. 어찌 마음이 찢어지지 않을까? 1984년 서울대 서양사학과에 입학한 우혁이는 경제법학회에 들어가 사회과학 공부를 하면서 학생운동에 발을 디뎠다. 아내는 친구를 집으로 데려와 밤늦게까지 열띤 얘기를 나누고 "전두환은 광주 학살 원흉이야"라고 분노를 터트리는 아들을 걱정했다. 아내는 "우혁아, 아무래도 군대 다녀와야 쓰겠다"라며 입대를 권했다. 막내는 엄마의 말을 한 귀로 흘리고 학년이 올라갈수록 더 열성이었다. 강의는 뒷전, 시위를 쫓아다니기에 바빴고 관악경찰서에 뻔질나게 드나들었다. 1986년 인천 5·3항쟁에 참가한 후 며칠 동안 집에 들어오지 못한 적도 있었다. 1986년 5월 20일 문익환 목사의 강연이 서울대 교내에서 있던 날, 학생회관 옥상에서 원예학과 83학번 이동수가 분신하자 흥분한 학생들은 교문을 돌파해 거리 시위에 나가려고 투쟁을 벌였다. 이때 최우혁은 발등에 최루탄을 맞아 10주나 치료를 받았다. 아내의 근심은 더욱 커졌다. 학생과에 연락해 휴학 방법을 문의하고 병무청에 전화해 군대에 빨리 가려면 어떻게 해야 할지 물었다. 엄마에게 약한 아들은 간청을 외면하지 못했다. 그렇게 1987년 4월 7일에 입대한 자식이 불과 반년도 안 되어 싸늘한 주검이 되었으니 아내는 죽음을 제 탓으로 여기며 차가운 시멘트 바닥에서 몸부림쳤다.

## 불타 사라진 유서

정오경 큰아들과 작은아들, 우혁이의 큰형 종순과 작은형 인휴가 도착하고 나서 최봉규는 현장 확인을 위해 길을 나섰다. 헌병대 수사관의 차를 타고 15분 남짓 달려 분신 장소라는 7327부대의 쓰레기 소각장 앞에 섰다. 너른 연병장과 띄엄띄엄 서 있는 블록 건물이 무슨 사막 한가운데 세트장 같았다.

부모님께

　그간 안녕하셨는지요. 밖에 우혁이는 논산서 사주 교육을 마치고 온 이곳에서 앞으로 이 주일을 더 지내야 부모님 가족들을 만날 수 있읍니다. 그간 이십일 가까이 편지 띄우지 않은 일과 앞으로 철원에나 다시 연락할 것에 대해 죄송스럽게 생각합니다. 제 걱정일랑 접어두십시요. 몸 건강히 잘 견디고 있읍니다.

　아버지 요즘은 지내시는데에 불편하신 점은 없는지요. 위장 쓰라린 것은 싹이 내었었는지.

　엄마 혈압은 어떠요. 밤마다 꿈은 많지는 않으시는지요. 큰형 작은형 정형작은누나 자형 모두 잘 있는지요. 누나는 그 계으른 못으로 시집살이나 제대로 하고 있는지. 곧 파리로 떠날 누나기 때문인지 보고 싶은 생각이 간절합니다. 면회할 철원까지는 안 나가고 얼굴이나 보여주고 가면 좋겠읍니다. 제 대신 누나에게 잘 지낸다고 전해 주셨으면 합니다.

　큰형과 김영자 씨 결혼 문제는 어떻게 되었는지요. 작은형은 여전히 변함없는 생활과 잠 속에서 사는지요. 궁금하고 안타까움 조바심이 가득하지만 곧 보게 될 가족들과의 재회와 저보다 더 힘들게 사는 사람들을 생각하며 견디렵니다. 이만 줄이렵니다. 안녕히 계십시요.

　　　　　　　　　　　유원 입사일 막내 우혁이가 올림

추신 학교로 복교하고 군 입대 휴학으로 변경서원 수 있는지 알아봐 주십시요.

315

최우혁이 1987년 4월 입대해 6월에 보낸 편지.
(최우혁기념사업회 제공)

"저기 검게 탄 종이 재가 유서로 추정되는 것입니다."

20사단 헌병대 대장인 김인선 중령은 우혁이가 분신한 곳으로 지목된 땅 앞에 완전히 타버린 종이 한 줌을 가리키면서 말했다. 그는 우혁이가 유서를 태워버렸기에 자살 동기를 알 수 없다고 하면서 옆에 있던 헌병대의 7327부대 파견대장을 향해 목소리를 높였다.

"어이, 정 상사, 그 종이 재는 부서지지 않게 모자에 담게. 약물로 처리하면 내용이 무엇인지 알 수도 있으니까."

헌병대장의 설명을 들으며 최봉규는 기가 막혔다. 아들의 자살을 도저히 받아들일 수 없는데 유서가 불탔다니, 태울 유서라면 왜 썼단 말인가? 바람만 불어도 휙 날아갈 종이 재가 아들의 분신으로부터 10시간 넘었는데 그 모양 그대로 있다는 것도 믿기지 않았다. 아내는 "우리 우혁이가 이런 더러운 곳에서 목숨을 끊을 아이가 아니여" 하면서 다시 몸부림을 쳤다.

아들에겐 어떤 기미도 없었다. 자대에 배치된 7월 이후 아내는 네 번이나 면회를 다녀왔다. 8월 23일이 마지막 면회였고 프랑스로 떠날 외동딸과 같이 갔다. 우혁이는 엄마의 흰머리를 한 올 한 올 뽑아주면서 면회 올 때마다 머리칼을 다듬어주겠다고 했다. 부대 앞 공중전화에서 종종 들려준 목소리에도 침울한 구석이 없었다. 나중에 알게 되었지만 우혁이는 입대를 기다리는 동안 노동현장에 들어가 나름 단련했었다. 그때의 느낌을 환일고등학교 도서부 친구 조재호에게 이렇게 말했다.

"군대 갔다 와서 공장에 들어가야겠어. 몇 달 해보니 생각처럼 어렵지 않더라. 내가 먼저 자리 잡아놓을 테니 마음 놓고 따라 들어와라."

이렇게 군대 이후의 계획도 세우면서 삶의 의지가 충만했다. 마지막 면회 2주 만에 숨지게 되었을 때는 죽음으로 내몰리는 상황이 있었을 것이고 어떻게든 사연을 남겼을 터이다. 어린 시절부터 일기 쓰기가 몸에 배었던 우혁이, 책 읽기를 좋아해 문학전집을 사다 주면 한두 달 내 읽어치우는 막내였기에 최봉규는 '유서를 태워버렸다'라는 헌병대장의 말을 믿을 수 없었다.

1978년 초등학교 졸업식장에서.
그는 어린 시절 일기 쓰기와 책 읽기를 좋아했다. (최우혁기념사업회 제공)

## 분신한 지 몇 분 만에 숨이 끊기다니

헌병대장은 납득하지 못하는 가족 앞에서 부하 장병에게 연설하듯 설명을 이어갔다. "최 이병이 몸에 불을 붙인 시각이 9월 8일 00:50분, 쓰레기 소각장에서 멀지 않은 정문 위병소에서 초병 둘이 알아채고 뛰어갔습니다. 한 명은 철모에 주변 흙탕물을 담아 끼얹고 또 한 명은 야전잠바로 내리치며 불을 껐습니다. 연락을 받고 위생병이 경동맥을 짚었을 때는 이미 숨진 상태였습니다. 덕정병원에서 내린 의사의 진단도 같았습니다."

헌병대장의 말을 들을수록 최봉규의 의혹은 깊어졌다. 휘발유 900ml를 몸에 끼얹었다? 휘발유는 어떻게 구했을지도 의문이거니와 막걸리 한 통보다 조금 많은 정도여서 상반신 일부만 적셨을 것이다. 병원에서 본 아들은 다리까지, 온몸이 고르게 탄 모습이었다. 또 피부의 색깔이 다소 붉었으나 살갗이 오그라들지도 비틀리지도 않았다. 물집도 없었다. 이들 말처럼 3도 화상이면 살갗이 뒤틀려 피부 신경이 망가질 정도인데 우혁이 몸은 약간 그을렸다는 느낌 정도였다.

우혁이의 학교 선배 김세진이 신림사거리에서 시너를 끼얹고 분신했을 때 3도 화상이라고 했다. 온몸이 형체를 알 수 없을 정도로 중상이었는데도 일주일이나 사투를 벌이다 숨지지 않았나. 위생병이 달려왔을 때 이미 우혁이가 숨졌다면 분신 후 불과 몇 분 만에 숨을 거뒀다는 얘기다. 유서를 태웠다는 얘기도 그렇지만 당최 이해할 수 없었다.

헌병대장은 설명을 마치고 7327부대장인 육사 24기 권중원 대령 방으로 최봉규와 가족을 안내했다. 연병장 가득 파리한 햇빛이 쏟아졌다. 큰아들과 작은아들은 무너져 내리는 아내를 부축했다. 권 대령은 위로의 인사를 하더니 "사망 몇 시간 전 최 이병은 우측 손목을 사무용 칼로 자해했습니다. 아마도 이 방법으로 안 되니 2차 수단으로 분신을 택한 것 같습니다"라고 말했다. 분신 앞뒤 상황을 면밀하게 조사했다는 인상을 주려 애쓰는 분위기였다. 권 대령이 말을 마치자, 헌병대장은 부검을 해 정확한 사인을 가리자고 요청했다. 그러면서 유품을 건네겠다며 헌병대 파견대 사무실로 최봉규를 이끌었다.

사병들이 가져온 유품은 뒤죽박죽이었다. 우혁이 시계는 마지막 면회 때 누나가 사다 준 전자식이었는데 엉뚱하게도 기계식을 두 개나 가져왔다. 군번줄도 우혁이 것이 아닌 다른 사병의 것을 가져왔다. 두 개의 훈련 수첩은 우혁이 글씨가 담긴 걸 보아 제대로 가져온 것 같은데 한 개의 수첩은 거의 뜯겨 있어 내용을 알 수 없었다.

헌병대장은 유품을 건넨 후 최초 목격자인 정문 초병 김유석 상병을 불렀다. 그는 김 상병에게 "(최 이병이) 장승처럼 서서 타고 있더란 말이지"라고 물었고 김 상병은 '네'라고 대답했다. "흙탕물을 끼얹어서 끄고 그다음은 어떻게 했나?" 이어지는 헌병대장의 질문에 그는 "'뭐해! 굴러, 굴러!' 하니까 좌로 한 번 우로 한

번 굴렀습니다"라고 답했다.

최봉규는 이런 문답을 보면서 의구심이 더 커졌다. 사람이 어찌 불 속에서 발버둥치지 않고 '장승처럼 서서' 탈 수 있단 말인가? 몸이 타들어 가다 선임이 말하니까 좌로 한 번 우로 한 번 굴렀다는 설명은 정말 황당했다. 잠시 전 현장을 봤을 때도 흙탕물이 고여 있던 흔적은 없었다. 김 상병은 헌병대장이 유도하는 듯한 물음에 짧게 대답하곤 서둘러 자리를 빠져나갔다. 또 다른 목격자는 아예 부르지도 않았다. 유서가 없고, 짧은 시간에 숨진 점 등 의문점을 생각하면 자살이라고 수긍할 수 없음에도 헌병대장은 초병과 문답을 마치자 부검을 할지 말지 확답을 달라고 독촉했다. 상황을 빨리 매듭지으려고 서두르는 모습이었다.

## 어쩔 수 없이 받아들인 부검

최봉규는 두 아들에게 우혁이의 빈소를 지키게 하고 밤늦게 집으로 올라갔다. 친척과 우혁이 학교에 연락을 취할 작정이었다. 9월 9일 새벽부터 최봉규는 전화를 돌렸다. 서양사학과 학과장실, 집에 남아 있는 우혁이 친구의 연락처 여기저기로. 최봉규가 부대에서 보낸 차로 덕정병원에 왔을 땐 정오 무렵이었다. 점심시간이 지나자, 헌병대장은 부검을 위해 집도의가 대기하고 있다며 무더운 날씨에 시신이 상할 수 있으니 서둘러야 한다고 압박했다.

어떻게 연락을 받았는지 재야 인사 계훈제 선생, 경원대에서 분신한 송광영의 어머니, 그 외 민가협 회원이 찾아왔다. 오후 2시가 넘어서면서 우혁이의 학교 친구까지 모여들었다. 계훈제 선생은 "변호사가 입회하지 않으면 절대 부검을 하지 말라"고 당부했다. 우혁이의 친구들도 "우혁이가 자살했을 리 없습니다. 그동안 보안사의 녹화공작으로 죽은 사례가 많습니다"라며 부검을 늦추라고 했다.

헌병대장과 7327부대장은 상황 변화에 당황해 병원 출입을 통제하기 시작했다. 그리고 "냉동실이 없어 시신이 썩을 수 있고, 집도의는 지금 아니면 다음 일정을 잡을 수 없다"라며 최봉규에게 계속 부검을 재촉했다. 최봉규는 어쩔 수 없이 받아들였다.

부검은 9월 9일 오후 4시에 진행되었다. 최봉규는 산부인과 의사인 친구, 아들 최종순, 처조카, 우혁이 친구 용석이와 함께 부검장으로 들어갔다. 이기범이라는 대위가 우혁이의 군복을 벗기고 가슴에 칼을 대는 순간 최봉규는 몸을 가눌 수 없었다. 휘청대는 몸, 땅이 꺼지고 암흑 속으로 빨려 들어가는 느낌이었다. 누군가의 손에 이끌려 밖으로 나왔다. 두 시간이 지났을까, 군검찰관은 "기관지와 폐에 그을음이 가득한 걸로 보아 질식 및 쇼크사가 분명합니다"라고 말했다. 최봉규는 허탈했다. 부검 때문에 '모든 의문'이 묻힐 것 같았다. 헌병대장이 강력하게 부검을 주장한 이유를 알 것 같았다. 최봉규는 무기력하게 부검에 동의한 자신을 책망하며 가슴을 치고 머리를 움켜쥐었다.

원하지 않은 부검이었지만 뜻하지 않게 발견된 사실도 있었다. 우혁이의 위 속에 오직 밤톨만 한 크기의 물덩이밖에 없었고 심지어 장 속까지 비어 있었다. 최소 하루나 이틀을 굶었다는 얘기가 된다. 단체로 밥을 먹는 군대에서 한 명만 단식하는 게 될 법이나 한 얘긴가? 의혹은 더욱 깊어지는데 부검을 마치자마자 군은 최봉규에게 "부대 내에 많은 사무가 있는데 최 이병 사건으로 모든 게 늦어지고 있습니다"라며 장례를 재촉했다.

### 장례도 뜻대로 치르지 못하고

3일장이면 9월 10일은 장례식을 치러야 하는 날. 최봉규는 우혁이의 친구들과 병원 앞 식당에서 긴한 얘기를 나누었다. 친구들은 부검은 막을 수 없었지만, 장례는 학생장으로 치르자고 간곡히 제안했다. "우혁이의 죽음이 사회문제화되지 않으면 또 다른 청년이 우혁이 꼴을 당합니다. 우혁이 죽음을 '개죽음'으로 만들지 않아야 합니다."

최봉규는 전두환정권이 자행한 강제징집으로 숨진 청년의 사례를 어느 정도 알고 있었고 이틀 동안 군의 태도를 보며 그냥 넘길 문제가 아니라는 걸 뼈저리게 느꼈기에 친구들의 제안을 고맙게 받아들였다.

하지만 우혁이의 죽음이 학교에 제대로 알려지지 않은 상태에서 학생장이 제대로 치러질까 염려되었다. 또 최봉규나 나머지 가족도 마음의 준비가 없었다. 두 아들은 꼬박 밤을 새우며 부검 때문에 헌병대와 신경전을 벌이느라 초췌한 상태였다. 아내는 살아있는 두 아들마저 탈이 나겠다며 이만저만 걱정이 아니었다. 이런 상태에서 학생장을 하는 건 아무래도 무리였다. 또 군에서 학생장 계획을 알게 되면 시신을 순순히 내줄 리도 없을 것이기에 가족장으로 하되 선산으로 가면서 학교에 들러 노제를 치르는 것으로 우혁이 친구들과 의견을 모았다.

최봉규는 9월 10일 아침, 우혁이를 선산에 묻을 테니 시신을 일단 의정부병원 영안실로 옮기겠다고 말했다. 7327부대장 권 대령은 "딱 잘라서 말씀드리는데 시신은 내어드릴 수 없습니다. 군인은 사망했어도 군인 신분인 만큼 군 장례식으로 해야 합니다"라며 거부했다. 사고 당일 "화장을 원하신다면 그렇게 해드리고 매장을 원하신다면 시신을 내어드리겠다"라고 한 얘기를 뒤집었다.

최봉규는 "내 자식의 주검조차 마음대로 못 한단 말인가?"라며 따져 물었지만 권 대령은 요지부동이었다. "군에 귀속되어 있다, 군 장례식이어야 한다"는 말만 되풀이했다. 그러면서 "가까운 운경공원묘지에 좋은 자리를 준비했고 비용까지 치렀다"라고 덧붙였다(보안사가 최우혁의 죽음을 접한 서울대생이 학생장을 준비하는 등 동태가 심상치 않다는 보고를 받고 7327부대에 시신을 내어주지 말라는 지침을 내린 것으로 보인다). 최봉규는 부대장의 반대에 가로막혀 이렇게도 저렇게도 할 수 없었다. 그는 가족을 불러 모았다. 큰아들은 "군의 도움을 받지 말자"라고 하면서도 아버지의 결정에 따르겠다고 했다. 이종누나는 임시 매장을 한 셈으로 치고 나중에 선산으로 옮기자고 했다. 아내는 눈에 띄게 수척해진 두 아들을 보며 "산 놈마저 잡겠다"며 안절부절못했다.

최봉규는 깊은 고민에 빠졌다. 그의 눈앞에 그을린 막내의 몸, 메스에 베어지고 다시 꿰맨 아들의 몸뚱이가 어른거렸다. 최봉규는 천천히 "그들이 하자는 대로 하자"라고 나지막이 말했다. 이때 가족 옆에서 엿듣던 중령 하나가 수신호를 보냈는지 눈 깜빡할 새 영구차가 들어왔다. 흰 장갑을 낀 군인이 관을 옮겼다. 최봉규가 직접 말하지 않았는데도 그들은 밀고 나갔다. 영현실 앞에 학생들이 있었지만 최봉규가 이를 멍하니 지켜보니 어찌하지를 못했다. 그때 점심을 먹고 돌아온 김세진의 아버지가 운구차에 관이 실리는 것을 보고 큰 소리로 항의했다. 박종철의 아버지 박정기도 운구차를 가로막고 나섰다. 그들의 외침이 최봉규의 가슴을 때렸다. 최봉규는 누군가의 손에 이끌려 운구차 뒤에 있는 군용버스에 올랐다. 운구차가 병원 정문 옆을 지날 때 어느새 나와서 모였는지 친구들이 〈임을 위한 행진곡〉을 불렀다. 노래 한 구절 한 구절을 따라 최봉규는 자식의 죽음 앞에 무기력한 아비라고 자신을 탓하며 굵은 눈물을 떨궜다.

## 유가족의 싸움

최봉규는 사고 다음 날부터 보안대가 우혁이 죽음에 어른거림을 느꼈다. 전두환정권은 녹화공작이 들통나자 대국민사과를 하며 그만두겠다고 했지만, 선도업무라고 이름만 바꿔 똑같은 짓을 계속하고 있었다. 우혁이가 입대할 때 내심 걱정했으나 시위를 주동한 것도 아니고 확실한 전과(?)가 있는 것도 아니어서 괜찮으려니 생각했다.

우혁이가 숨진 다음 날인 9월 9일 늦은 밤, 우혁이가 속한 20사단의 보안대장이 부대장인 권 대령과 함께 빈소에 나타났다. 그는 "제가 최 이병(최우혁)을 여단장에게 추천해서 정보과에서 쓰도록 하였습니다"라며 묻지도 않은 말을 늘어놓았다. 무심결에 넘겼는데 보안대에서 우혁이를 주시하고 부대장과 우혁이 보직 등에 대해 세세히 상의했다는 얘기였다. 그는 또 친척 앞에서 "(최 이병은) 가정이 불우한 것을 비관하여 자살한 것이 아닌가 추정해 본다"라고 말했다. 논산훈련소에서 우혁이가 생활기록부에 그렇게 작성했기 때문이라고 덧붙였다. 군에서 생활기록부를 쓴다고? 당시는 경황이 없었으나 보안대가 우혁이를 심문해 학생운동에 대한 자술서를 받고 가정환경까지 캐물었다는 의미로 해석할 수 있었다. 아내한테는 우혁이에게 "너 잘해야지, 잘못하면 전방으로 갈 수도 형무소로도 갈 수 있다는 말까지 했다"라고 떠들었다.

의혹은 끝이 없었다. 헌병파견대 사무실에서 우혁이 유품을 받을 때 한쪽 구석에 똥이 지려 있는 팬티가 있었다. 당시는 그게 왜 거기에 있고 누구 것인지 캐묻지 못했다. 그뿐인가, 끝까지 시신을 내주지 않은 것도 모자라 장례식날 운경공원묘지에 인근 예비군 부대의 병력까지 동원해 보초를 세우고 삼우제에 갔을 때도 묘소를 지키고 있었다. 우혁이가 정녕 자살했다면 이런 행동은 이해할 수 없는 것이었다. 1990년 10월 4일, 윤석양 일병이 폭로한 보안사의 민간인 사찰 명단에 우혁이 이름이 담겨 있다는 것을 알면서 의문이 어느 정도 해소되었다.

최봉규는 이미 1988년부터 '죽음의 진실'을 밝히지 못했다고 자책하면서 유가협 일에 나선 터였다. 그는 윤석양의 양심선언을 계기로 한층 더 발 벗고 나섰다. 최봉규는 유가협에 나가 총무를 맡고 살림을 알뜰히 꾸려 '총무 아버지'라는 애칭을 얻었다. 그리고 자식을 잃은 다른 부모와 함께 '의문사지회'를 만들었다. 머리가 희끗하고 어깨도 처져가는 육순이 넘은 나이들이지만 '자식의 죽음, 그 진실을 밝히는 싸움'이면 어디든 마다하지 않았다. 자식 잃은 부모는 호랑이보다 무섭다고 하지 않던가? 최봉규와 의문사지회의 부모는 농성장만 지키는 게 아니었다. 민주화운동과 연대하는 곳이면 어디든 달려갔다. 최봉규는 1989년 명동성당 들머리에서 백골단에 맞아 이마가 깨지기도 했다.

최봉규는 1993년부터 '의문사 전면 재조사 촉구 서명운동'에 나섰고 칠순을 바라보는 1998년 11월 4일부터 422일 동안 국회 앞에서 '의문사진상규명특별법' 제정을 요구하며 천막농성을 했다. 스티로폼에 종이 상자를 얹고 이불을 얼기설기 깔아놓은 바닥에서 잠을 청하고, 밥은 불어 터진 짜장면이나 편의점 도시락으로 때웠다.

어쩌다 옷을 갈아입으려 집에 들어가면 아내 강연임의 목소리가 들리는 듯했다. "이녁에게 큰 짐 지우고 나만 먼저 가서 미안하다"는 물기 많은 음성이었다. 최봉규는 아내의 음성을 감싸며 "우혁이 한 풀고 나도 당신 곁으로, 우혁이 곁으로 갈 터이니 조금만 기다려달라"라고 대답했다.

아내가 떠난 날은 1991년 2월 19일, 몹시 추웠다. 마포경찰서의 연락을 받고, 화곡동에 있는 성모병원 영안실로 달려갔다. 싸늘하게 식은 아내가 하얀 천에 뒤덮여 있었다. 우혁이의 죽음 이후 아내는 거의 넋을 잃었다. 군대를 가라고 성화를 부린 자신이 귀한 아들을 죽였다고 가슴을 치고 또 쳤다. 입버릇처럼 불덩이를 뒤집어 쓰고 죽겠다고 말했다. 아내의 혈압은 높아졌고 끝내 안압으로 한쪽 눈의 시력을 잃었다. 1989년에는 뇌졸중으로 쓰러지고 말았다. 실어증, 기억상실, 신경쇠약, 정신이상이 닥쳤다. 외출하면 집을 못 찾아 골목길을 헤매기 일쑤였다. 최봉규는 아들, 며느리와 함께 거리를 헤매 어느 담장 밑에서 떨고 있는 아내를 발견하고 당신 탓이 아니라고 꼭 끌어안았다. 함께 살아서 우혁이 한을 풀자고 되뇌면 아내는 슬픈 눈망울로 고개를 끄덕거렸다. 하지만 아내는 당산철교에서 차가운 물살에 몸을 던졌다. 아들은 불구덩이에서 아내는 얼음 같은 겨울 강물에서 숨을 거뒀다.

아내의 빈자리는 컸다. 결혼한 큰아들 내외가 아내가 떠난 후에는 더욱 정성으로 챙기지만, 아내가 없는 집은 쓸쓸한 들판이었다. 최봉규는 주저앉고 싶을 때가 많았다. 하지만 용기를 냈다. 막내의 얼굴을 떠올리며 무너지는 마음, 꺾이는 다리를 곧추세워 '동지'가 기다리는 국회 앞 농성장으로 향했다. 박종철의 아버지 박정기, 이한열의 어머니 배은심, 전태일의 어머니 이소선 여사가 자리를 지키고 있었다.

최봉규와 많은 유가족의 노력으로 의문사진상규명특별법은 1999년 12월 30일 국회 문턱을 넘었다. 특별법에 따라 출범한 의문사위는 2004년, 최우혁의 죽음이 '공권력에 의한 사망'이라고 공식 인정했다. 최우혁은 2008년 8월 27일 서울대에서 "재학 중 민주화운동에 참여하고 자신을 희생한 공로"를 기리는 명예 졸업장을 받았다. 최봉규는 서울대 인문대 옆 '민주화의 길'에 서 있는 최우혁의 추모비를 찾아 졸업장을 전했다. 2010년에는 민보상위에서 민주화운동 관련자로 인정받고 보상도 받았다. 2014년에는 아들을 운경공원묘지에서 마석의 모란공원으로 옮겼다. 친구 김치하와 황인욱이 중심이 되어 만든 최우혁기념사업회는 오래전부터 우혁이 묘를 이장하고 싶어 했다. 특히 우혁이가 입관할 때 입은 군복을 벗기고 싶었다. 이런 여러 가지 일을 마치고 최봉규는 폐암으로 투병을 하다 2016년 2월 10일 86세에 숨을 거뒀다. 그는 우혁이의 죽음을 놓고 이렇게 다짐했었다.

"나는 이제 네가 죽은 것에 대해서는 그리 슬퍼하지 않으련다. 부디 나에게 힘을 주어 너의 비참한 죽음을 알리게 하고, 너와 같은 뜨거운 피를 가진 청년들이 죽어 자빠지게 만드는 부조리에 대항하여 싸울 수 있는 용기를 주기 바란다. 어쩌면 이제부터는 너와 나 사이에 가로놓인 차가운 강은 없어도 좋을 법하구나."
그는 이 다짐대로 살았고 마침내 아들 곁인 모란공원에 묻혔다.

## 아버지를 이어 큰형이 이어받다

최우혁의 큰 형 최종순은 1957년생, 내일모레면 칠순을 바라보는 나이다. 그는 매주 서울 충무로에 있는 진실화해위 앞에서 강녹진 동지와 시위를 벌인다. 동생 최우혁의 죽음에 보안사, 지금의 방첩사가 져야 할 책임을 분명하게 밝혀달라고 요구하고 있다. 거의 열 살 차이가 나는 막내를 잃은 지 40여 년 가까이 되지만 그의 가슴에 우혁이는 여전히 살아있다. 동생이 사고를 당한 날 아침, 광화문에 있는 회사에서 막 업무를 시작할 때였다. "우혁이가 병원에 입원했는데 군에서 형도 있어야 한다니 빨리 와라"라는 아버지의 전화를 받고 그는 동두천으로 내달렸다. 형까지 오라고 했으면 상태가 심각할 것 같아 가는 내내 마음이 타들어갔다. 뛰어 들어간 창고 한쪽에 동생은 싸늘하게 누워 있었다. 믿을 수 없었다. 2주 전 면회에서 봤던 동생, 엄마와 아빠에게 다정다감했던 녀석의 미소를 볼 수 없다니.

최종순은 슬픔에 겨워할 새가 없었다. 군에서는 아버지에게 부검을 압박했고, 우혁이의 시신을 내어줄 수 없다고 했다. 그는 어린 동생을 두 번 죽일 수 없기에 부검을 반대했다. 그렇게 하면 진실이 밝혀질 수 없다고 생각했다. 그들이 마련한 묘지에 동생을 묻을 수 없어서 이틀 밤을 새우며 동생 인휴하고 의정부와 동두천 일대 공원묘지를 뒤지기도 했다. 결국 군의 압박을 못 이겨 동생을 운경공원묘지에 묻었다. 군인의 날카로운 눈초리를 받으며 하관을 하고 동생의 관에 흙을 부었다. 그는 눈물을 훔치며 하늘로 주먹을 날렸다. 무심히 지나가는 구름 떼, 무덤 위를 맴도는 종달새에 욕지기를 내뱉었다. 무너지는 어머니를 일으키고 흐느끼는 아버지의 어깨를 어루만졌다. 그래도 묘지를 떠나올 때는 세월이 흐르면 동생이 남긴 아픔은 무뎌질 줄 알았다.

아니었다. 우혁이의 죽음은 날카로운 칼이 되어 가족을 후벼팠다. 어머니가 사라진 날, 집안이 뒤집혔다. 최종순은 아내와 함께 어머니를 찾는 유인물을 만들어 버스 정거장마다 지하철역마다 부치고 다녔다. 회사에 출근하면 대표의 배려로 회사 차량을 빌려 서울 시내 모든 영안실과 응급실을 뒤졌다. 시신은 그날 마포경찰서에서 인양했으나 신원 확인이 늦어져 2주 만에 연락을 받았다. 동생의 무덤에 함께 묻고 싶었던 아픔이 어머니의 죽음으로 되살아났다. 그는 아버지 최봉규가 2016년 숨지며 남긴 미완의 싸움을 이어받았다.

2002년 10월 의문사위 1기는 2년 기한의 활동을 종료하며 보안사가 "학생운동 경력이 있는 최우혁을 관찰 대상자로 정하여 관찰 또는 관리하였을 것으로 판단된다"라면서도 "최우혁에 대한 구체적인 관찰의 방법 및 정도는 확인이 어렵다"고 했다. 의문사위에 참고인으로 나온 220보안대원은 운동권 출신 병사를 '산비둘기'로 부르며 그들의 동향을 살피는 문서를 만들었다고 인정했지만, 최우혁의 관리에 대해선 "기억나지 않는다, 내 담당이 아니었다"라며 진술을 거부했다. 강제수사권이 없는 의문사위는 결국 조사를 멈추고 '진상규명 불능'이라고 보고서를 냈다.

최봉규와 최종순은 받아들일 수 없었다. 의문사위의 활동 연장을 요구하고, 재조사를 부르짖었다. 유가협 동지와 팻말을 들고 국회 앞으로, 청와대로 행진했다. 이런 노력 덕분에 의문사위 2기가 출발하였고 최우혁의 죽음은 재조사에 올랐다.

마침내 2기는 '진상규명 불가능'이라는 1기의 결론을 폐기했다. "최우혁을 담당했던 220보안부대가 우혁이가 사망하던 1987년에도 녹화사업과 유사한 공작을 벌였고 (최우혁이) 60여단 파견 보안반에 자주 불려 갔으며, 최우혁에 관한 보안사의 카드가 존재한 것으로 미루어 군 생활에서 심리적 압박감을 가졌을 것으로 보인다"라며 위법한 공권력의 행사로 인한 사망이고 민주화운동 관련자라고 결론을 내렸다.

하지만 보안사의 어느 누가 어떤 지시를 내렸는지 밝히지 못했다. 보안사의 후신인 기무사가 철저히 비협조적으로 굴며 자료를 제공하지 않았기 때문이다. 의문사위 조사위원이 경복궁 민속박물관 맞은편에 있던 기무사를 방문했을 때 겨우 쪽문으로 출입이 허용되었다. 담당 장교는 권총을 찬 채로 조사위원을 맞으며 "윤석양 이병 사건 때 모두 없앴다. 우리 모가지가 날아가게 생겼는데 기록을 남겨뒀겠냐"며 "제출할 자료가 없다"라고 맞섰다. 윤석양 이병의 폭로 이후 보안사는 겉으로는 대국민 사과를 하고 민간인 사찰을 하지 않겠다고 했지만, 내부 교육에서는 "윤석양 때문에 보안사 힘이 엄청나게 약해졌다, 그는 배신자다"라며 비난을 서슴지 않았다. 보안사, 기무사, 그 후의 방첩대까지 모두 자신들의 죄과에 대해 진정으로 반성하는 모습을 보이지 않고 있다.

결국 의문사위는 반쪽의 진실밖에 밝히지 못했다. 최종순은 남겨진 진실을 밝혀달라고 2020년 12월 10일 재출범한 진실화해위에 요구하고 있다. 우혁이 죽음에 "보안사의 누가 어떻게 지시를 내리고 실행했는지 밝히고 책임을 물어달라"는 것이다.

최종순은 생계를 위해 일터에 다니면서도 일주일에 며칠씩 시간을 낸다. 매주 월요일은 진실화해위 앞에서 1인 시위를 하고 한 달에 한 번 강녹진의 의문사진상규명위 대표로서 진실화해위의 각성을 촉구하는 집회를 연다. 진실화해위에 진실규명을 신청한 지 벌써 2년이 넘었지만, 아무런 진전이 없는 상태이기 때문이다. 또 경찰청, 방첩사령부, 국정원을 찾아다니며 "의문사와 관련한 보안문서를 공개하라"고 시위를 벌인다. 그는 이 싸움은 끝이 없고 달걀로 바위를 치는 싸움이라고 말한다. 그러나 최종순은 바위를 깨트리지는 못해도 흔적만은 남기겠다는 각오로 오늘도 거리에 서 있다.

## "사건이 나를 놓아주지 않는다"

1953년 11월 28일 새벽 2시 30분, 미국 육군의 생물학전 연구원 프랭크 올슨이 뉴욕의 스태틀러호텔 1018A호에서 1층으로 추락해 죽는 사고가 일어났다. CIA는 유족에게 "떨어졌거나 뛰어내린 자살이다"라고 경위를 설명했다.

그의 아들 에릭 올슨은 어느 날 아버지가 갑자기 사라진 사건에 갇혀 어린 시절과 청소년 시절을 보냈다. 특히 "떨어졌거나 뛰어내렸다"라는 의미를 해독하기 위해 많은 날을 고민한다.

사건의 첫 번째 실마리는 20여 년이 지난 1975년, CIA의 불법 활동을 폭로한 '록펠러위원회 보고서'를 통해 드러났다. CIA가 시민을 상대로 LSD 약물을 이용한 세뇌·최면 실험을 자행했으며, 아버지 역시 그 실험 대상이었다는 것이다. 에릭 올슨과 유가족은 "CIA는 아버지의 죽음에 관한 모든 정보를 공개할 것, 또 그 행위가 불법임을 인정하고 재발 방지를 보장할 것, 아울러 경제적인 보상을 할 것" 등을 요구했다. 그 후 포드 대통령은 유족을 백악관으로 초청해 사과하고 75만 달러를 보상했다. 에릭은 이로써 사건이 일단락되길 바랐다. 또 보상금으로 사업을 시작하려던 여동생 부부가 비행기 사고로 숨지는 비극마저 겹치자, 그는 사건에서 멀어지기로 결심한다.

하지만 그의 뇌리에는 아버지가 묵었던 그곳에서 과연 어떤 일이 있었을까 하는 의문이 떠나지 않았다. 아버지와 한 방에 투숙한 로버트 레쉬브룩(그는 CIA와 생물학전 연구소 간의 연락을 담당했다)은 동료가 죽어 아수라장인 상태에서 경찰이 수색을 위해 방에 들어왔을 때 태연히 변기에 앉아 있었다. 또 어디론가 전화를 걸어 "그는 사라졌어요"라고 말했다. 대통령의 사과 역시 책임자 처벌이 없는 공허한 약속에 불과했다.

결국 어머니가 돌아가신 후, 에릭은 아버지 죽음의 그림자를 본격적으로 파헤치기 시작한다. 1994년, 그는 아버지의 시신을 발굴해 부검을 의뢰했다. 법의학자 제임스 스타스는 "추락 전 둔기로 머리를 맞은 흔적이 있다"라는, 명백한 살인을 암시하는 결과를 내놓았다. 이후 에릭은 CIA의 '암살 지침' 비밀문서를 발견한다. 문서에는 "23m 이상 높이에서 떨어뜨리고, 그 전에 머리를 강타해 기절시키는 게 효과적"이라는, 아버지의 죽음과 놀랍도록 일치하는 내용이 담겨 있었다. 또한 아버지의 상관이 쿠바의 카스트로 암살을 주도한 인물이었고, 아버지가 "포로에게 약을 먹이고 조사하는 CIA의 극비 프로그램"(아티초크 프로젝트)에 양심의 가책을 느껴 CIA에 '위험인물'이 되었다는 증언도 확보했다.

모든 증거는 '자살'이 아닌 '계획된 암살'을 가리켰다. 에릭은 국가를 상대로 소송에 나섰지만, 수사는 "근거가 없다"는 이유로 중단되고 소송 역시 기각됐다. 거대한 권력의 벽 앞에서 그의 싸움은 좌절되었다. 그는 평생을 바친 이 싸움을 회고하며 프랭크 올슨의 죽음을 추적한 다큐멘터리 〈어느 세균학자의 죽음〉에서 이렇게 말한다.

"난 이 사건을 놨는데, 사건이 나를 놓아주지 않았습니다. 아버지를 기억하려다 나 자신을 완전히 잃어버렸습니다. 아버지를 사랑했기에 희생도 무한했지요. 답을 찾으면 될 줄 알았지만, 그 여정에서 나를 잊어버렸습니다."

최우혁의 죽음에 대한 진상을 찾는 여정은 어떠한가? 어머니 강연임의 죽음, 그리고 아버지 최봉규의 싸움 뒤에 형 최종순이 그 길을 이어가고 있다. 이 가족의 노력으로 죽음의 진실은 어느 정도 손에 잡힐 듯하다. 하지만 에릭 올슨의 말처럼 최봉규와 강연임, 최종순으로 이어지는 이들 가족의 삶은 어디에 있던 걸까? 1987년 9월 8일 최우혁이 숨진 날부터 그들은 넓고 거친 바다에 내몰렸다. 겨울 바다는 거칠었고 밤바다는 어둠만 가득했다. 망망대해, 그 어디에도 닻을 내릴 수도, 잠시 머물 만한 항구도 없었다. 최우혁의 죽음 뒤에 드리운 검은 그림자를 찾기 위해 끝없이 나아가야만 하고 돌아올 곳 없는 항해였다.

# 2부

1부에서 7명의 젊은이가 숨진 사연을 소개했다. 진실화해위 2기는 2022년 11월 박정희정권부터 전두환, 노태우정권까지 2921명이 강제징집되었고 2388명이 사상개조와 프락치 강요를 당했다고 발표했다. 많은 질문을 하게 된다. 이 만행은 어떻게 이루어졌는가? 누가 책임을 져야 하나? 이 사건을 무어라 불러야 하고 숨진 청년과 후유증에 시달리는 사람을 진정 위로할 수 있는 길은 무엇일까? 그 모색을 2부에서 다룬다.

제노사이드에 버금가는 국가폭력

1장

# 군대라는 이름의 수용소

광주민주화운동 이듬해인 1981년, 김문수는 서울시립대 경상계열에 입학해 민족문화연구회에 들어간다. 사회문제에 관심을 가지고 공부하는 동아리였다. 김문수는 2학년이던 1982년 10월 7일, 영등포산업선교회에서 열린 '원풍모방 기도회'에 참석한다. 전두환이 한국노총의 민주화를 추진하던 원풍노조를 깨트리려고 혈안이던 때였다. 구사대를 동원해 노조 간부에게 주먹을 휘두르고 조합 간부 8명을 구속하는가 하면 무려 500명이 넘는 조합원을 해고했다. 김문수는 기도회 당일 경찰이 주변을 에워싸 들어가 보지도 못하고 영등포경찰서로 연행되어 유치장에 갇힌다.

그는 소지품에서 『독립무장투쟁사』란 책자가 나왔다고 포승으로 묶이고 얼굴에 보자기를 쓴 채 어딘가로 끌려갔다. 김문수는 기도회 참석을 누구에게 지시받았냐고 추궁당하며 여러 날 매타작에 시달렸다. 망가진 몸을 추스를 새도 없이 그는 10월 12일 전경차에 실려 어디론가 끌려간다. 도착해보니 춘천에 있는 103보충대였다. 그는 "뭐 아픈 데 없냐?" 같은 몇 가지 질문을 끝으로 인제군 서화면에 있는 12사단 신병교육대로 들어갔다. 가족에게 전화조차 못 했으니, 김문수의 집에서는 아들이 실종되었다고 경찰에 신고하는 소동이 벌어졌다. 김문수는 이때를 돌아보며 "자신이 군대로 납치되었다"라고 말한다. 김문수만 당한 일이 아니다. 연세대 사회사업과 81학번 김형보는 1학년이던 1981년 11월 25일, 학내 시위에 참가했다가 서대문경찰서로 잡혀갔다. 그는 주동자가 아닌 단순 가담자였음에도 불구하고 사흘 뒤인 11월 28

일, 101보충대를 거쳐 5사단 신병교육대로 들어가게 된다. 놀랍지 않은가? 김문수나 김형보는 기도회에 참석하거나 학내 시위에 호응한 정도인데 본인 의사와 상관없이, 신체검사도 없이, 보호자인 부모에게 연락도 안 해주고 군대로 끌고 가다니.

대한민국 청년 남성에게 입대는 아주 중요한 문제다. 자기 인생의 시간표가 걸려 있기 때문이다. 헌법 제39조는 "누구든지 병역의무의 이행으로 인하여 불이익한 처우를 받지 아니한다"라고 못 박고 있다. 또 병역법에는 병역판정검사를 받고 입영 여부를 결정한다고 되어 있다. 그러나 김문수나 김형보는 헌법과 병역법이 정한 권리와 절차를 보장받지 못했다. 모든 과정이 생략되었다. 두 사람만 겪은 유별난 경험이 아니다. 진실화해위 2기가 2022년 11월 22일 진실규명을 결정하며 밝힌 피해자는 모두 2921명이다.[41] 박정희부터 전두환, 노태우 정권 시기를 망라해 집계한 숫자다. 모두 불법, 무법이 난무하는 가운데 군대로 끌려갔다. 어떻게 수십 년에 걸쳐 이런 만행이 저질러졌을까? 그것도 국가기관에 의해서 태연하게.

## 전두환의 직접 지시

5공 시기에 가장 극심하게 이루어진 강제징집은 전두환의 직접 지시에서 비롯되었다. 1981년 4월 2일, 전두환은 주영복 국방부장관에게 "소요 관련 학생을 전방부대에 입영토록 하라"고 지시한다.[42] 지침은 곧바로 방경운 병무처장에게 전달되었다. 4월 6일에는, 국방부 인사국장, 육군본부 충원국장, 문교부 대학국장 등이 실무회의를 갖고 "특수학적변동자 최전방부대 배치"라는 지침을 재확인한다. 전두환정권은 제적이나 구속에 더해 학생운동을 탄압하는 새로운 전술을 결정한 것이다. 주영복은 몇 개월의 준비를 거쳐 11월 2일 「소요 관련 대학생 특별조치(안)」을 확정하고 이를 육군본부 예하 부대에 내려보낸다.[43] 나이, 신체검사 실시, 신체 상태 등 어떤 것도 고려하지 말고 징집을 집행하라는 내용이었다. 전두환은 육사를 나왔고 오랜 기간 군대에 있으면서 왜 병역법을 깡그리 무시하고 많은 학생을 납치하듯 군대로 끌고 가라고 지시한 걸까?

1980년 가을이 되면서 광주 학살의 충격으로 숨죽였던 민중운동은 태세를 정비하고 꿈틀대기 시작했다. 학생운동이 가장 먼저 앞장섰다. 학내에 경찰이 상주하고 학생 지도에 교수책임제가 도입되는 등 캠퍼스 분위기는 숨 막혔으나 9월 8일 경희대, 10월 8일 한신대, 11월 6일 성균관대에서 학내 시위가 일어났다. "살인마 전두환을 처단하자"라는 구호가 터져 나왔다. 1981년 들어서 학생운동은 한 걸음 더 성장해 재야운동과 교회운동을 이끌면서 반전두환투쟁을 주도한다. 1980년부터 1983년 말까지 제적된 학생이 무려 1376명이나 되었다. 구속 학생은 1980년에 508명, 1981년에 242명, 1983년에는 308명에 이르렀다.[44] 학생운동의 변방이던 시립대도 1983년이면 전 학년의 10%가량이 조직되어 동원령이 내려지면 수백 명이 모일 정도였다고 한다. 대학마다 운동조직이 눈에 띄게 성장하고 투쟁의 열정이 넘실댔다. 제적과 구속을 두려워하지 않았다. 전두환은 학생운동을 보며 두려움과 위기감을 가졌고 새로운 탄압 전술로 '강제징집'을 고안한 것이다.

## 무법천지, 탈법천지

전두환의 지시와 주영복의 특별조치에 따라 진행된 강제징집은 불법과 무법이 판을 친 만행이었다. 김문수와 김형보의 사례에서 보듯, 신체검사조차 없이 군대로 끌고 갔다. 당시 병역법에는 병역 의무 대상자에게 징병검사 통지서를 전달해야 하며, 현역으로 판정받으면 입영 통지서를 보내게 되어 있었다. 소집되고서도, 현역 복무가 가능한지 보충대에서 정밀검사를 받아야 한다. 성균관대 유학과 81학번 조병희는 1982년 11월 3일 '학생의 날' 시위에 참여했다가 동대문서로 연행된다. 그는 '입대지원서'를 쓰라고 강요받아, 신체검사 없이 3일 만에 '현지입대' 형식으로 103보충대에 들어간다.[45] 강제징집 대상자는 신체검사를 받더라도 병무청 직원이 "이놈 데모하는 악질입니다. 반드시 현역으로 보내야 합니다"라고 군의관에게 압력을 넣었다. 1983년 2월에 입대한 서울대 국사학과 80학번 정승교 같은 경우는 아예 사람은 들어가지 않고 서류만 들어갔다가 나왔다. 신체검사 시행 여부를 불문하고 끌고 가라는 주영복의 지침대로였다. 주영복은 현재 몸 상태도 개의치 말라고 지시했다. 고려대 인문대 81학번 진현철은 1983년 5월 축제 때 벌어진 시위의 동원책으로 찍혀 군대로 끌려간다. 그는 키가 159cm에 몸무게가 43kg이고 시력도 마이너스 4.3이었다. 현역 입영 기준인 키 160cm, 몸무게 45kg에 미달했으나 신검에서 키가 161cm, 체중 48kg, 시력은 0.1로 조작되었다. 성균관대 국문과 81학번 박경식은 1983년 4월 1일 학생운동 일제검속 때 붙잡혔다. 그는 동대문경찰서를 거쳐 101보충대로 간다. 문제는 그의 키가 155cm이고 몸무게가 43kg였다는 사실이다. 군의관이 용기 있게 귀향 조치 결정을 내렸으나 경찰은 부모에게 입대동의서를 억지로 받아내 결국 28사단 82연대에 배치된다. 이는 한두 사례가 아니다. 연세대 79학번 황언구는 1981년 1학기에 신체검사를 받는다. 이때, 고도근시여서 현역이 불가능하다는 판정이 내려졌다. 그는 11월 25일 학내 시위에서 연행되어 28일 101보충대로 끌려갔다. 보충대에서 형식상으로나마 신체검사를 받을 때 황언구는 이미 보충역으로 판정받았다고 호소했다. 군의관이 현장 책임자에게 보고했으나 "열외 없다. 전원 훈련소로 간다"고 해 현역으로 입영되고 말았다.

신체 상태만 몰라라 한 게 아니다. 앞선 박경식은 1983년에 끌려갔는데, 그는 1964년생이어서 당시 만 스무 살이 안 됐다. 몸 상태, 나이 모두가 현역 기준에 미달이었으나 아랑곳하지 않았다.

박경식만이 아니다. 경북대 수의학과 82학번 조종주도 스무 살이 안 된 나이에 군대로 끌려갔다. 그는 1983년 초여름 풍물을 배우고 돌아오던 길에 검문에 걸려 대구 북부서로 연행된다. 일주일 정도 조사를 받고 풀려났으나 경찰의 감시선상에 오르게 되었다. 얼마 지나지 않은 1983년 8월 22일, 담당 형사가 학교 앞에서 잠깐 보자고 해 조종주는 무심코 나갔다가 그대로 대구 50사단으로 끌려갔다. 목사인 아버지가 어머니와 남해에서 열린 세미나에 참석한지라 집에서는 연행 사실을 몰랐다. 행방불명된 줄 알고 실종신고까지 한 부모는 군에서 보낸 옷가지가 도착한 이후에야 자초지종을 알게 되었다. 미성년자이건 아니건 상관없이 끌고 가라는 게 전두환과 주영복의 지침이었다.

## 총동원된 국가기관

### 경찰은 호송부대였다

강제징집 과정에서 국방부를 포함 문교부와 병무청 등 모든 정부 조직이 전두환의 명령에 따라 일사불란하게 움직였다. 내무부와 경찰이 선봉을 맡았다. 대구대 물리학과 80학번 황병윤은 1983년 여름 남덕유산으로 간 MT에서 돌아오다가 대구남부경찰서 직원에게 검문을 당했다.[46] 그는 동산성결교회에서 야학 활동을 할 때 경찰의 정보망에 걸렸고 경찰은 키워서 잡아먹겠다는 심산으로 늘 미행을 했던 것이다. 결국 그는 8월 1일 체포되어 8월 23일까지 조사받고 경찰 승용차에 실려 어디론가 끌려갔다. 내려보니 5사단이었다. 경찰은 학생운동가를 잡아서 군대로 끌고 가는 호송부대 노릇을 했는데 대부분 체포영장 없이 집행했다. 군대 가기 전 경찰서에서 조사받는 과정도 구속영장 없이 불법 구금된 채로 이뤄졌다. 이런 사정을 모르고 황병윤의 집에서는 조종주와 김문수의 부모처럼 경찰에 실종신고를 냈으니 기가 막힌 일이었다.

경찰은 정부 수립 후 독재정권의 도구가 되어 폭력을 행사했는데, 1980년의 삼청교육대 사건은 중요한 사례다. 정권을 잡은 군부는 삼청교육대를 만들고 '사회정화'를 명분으로 계엄포고 제13호에 따라 약 4만 명을 군부대에 감금해 폭행하고 강제노동을 시켰다. 교육 대상자는 "재범 우려자, 불건전한 생활을 영위하는 자" 등으로 제대로 된 기준이 없었다. 체포와 수용 과정은 계엄 포고를 내세워 영장 없이 이뤄졌다.[47] 이때 국보위에서 경찰에 내린 지시는 최소 2만 명을 붙잡으라는 거였는데 일선 경찰서에서 실적 경쟁을 하느라 6만 명까지 늘어났다고 한다. 인권이 무시된 집행이었다.

경찰은 한국전이 끝난 후 반공주의를 등에 업고 대공 업무에 집중했다. 이는 박정희, 전두환 정권을 거치면서 더욱 강화되었다. 정보 업무를 빙자해 도·감청, 조작, 고문 등 범죄집단과 다를 바 없는 행위를 자행했다. 악명 높았던 남영동 대공분실이 1979년에 설치되었고 제5공화국 들어서 전국 200개 경찰서 중 102개 경찰서에 대공과가 만들어질 정도로 경찰국가는 절정을 향했다. 이런 경찰이 불법으로 '문제' 학생을 잡아 군대로 직접 데려가는 업무는 어찌 보면 '순한' 일이었다. 합법의 모양새를 갖추려고 연행한 학생을 윽박질러 입영지원서를 쓰게 하고 국방부가 지정한 부대로 직접 호송해 지원서를 제출했다. 그리고 호송 명단을 문교부나 대학에 통보해 해당 대학이 휴학으로 처리하게 했다. 1983년 10월 12일 서대문경찰서가 연세대에 발송한 '비위 학생 통보'를 보면 "행정학과 82학번 한종록과 법학과 82학번 나채우가 1983년 9월 29일 유인물 살포 준비로 검거되어 1983년 10월 5일 군 입대 조치하였으니 학사 업무에 참고할 것"이라 통보하고 있다. 선 학적 변동 후 입대가 아니라 선 입대 후 학적 변동 조치가 뒤따랐다.

### '빨갱이' 색출에 앞장선 검찰

검찰도 경찰 못지않게 움직였다. 1983년 4월 8일 대검 공안부는 각 지방검찰청에 '학원사범 처리 기준'을 내려보낸다. 학원사범을 A, B, C, D 등급으로 나눠 시위 주동자나 유인물을 3회 이상 뿌린 사람은 A급으로 분류, 구속하라는 지침이었다. 또 유인물 단순 배포자나 시위에 앞장선 사람은 B급으로 판정해 군대로 보내되 입영 대상이 아닐 때는 A급으로 처리하거나 C급으로 분류해 즉결심판에 넘기라고 했다. 여기에 C급이라도 필요한 경우는 군대로 보내라고 '유의사항'이 적혀 있다. 입영 조치는 형법 어디에도 없는 조항이니, 명색이 사법정의를 시행하는 검찰이 지시해서는 안 되는 일이었다. 이 조치는 전두환이 권력을 움켜쥔 이래 줄곧 시행되었다.

전두환은 1980년 9월 1일 제11대 대통령에 취임한 후 계엄포고 제10호 위반으로 구속돼 있던 학생들을 군대에 보내기로 작정했다.[48] 검찰은 즉시 구속 학생을 석방해 이에 화답했다. 우리나라 검찰은 이승만에서 노태우까지 이어지는 독재체제에서 구속기소나 감호소 수감 등을 결정하는 권한을 마음대로 휘둘렀다. 검찰은 보안사나 경찰, 안기부의 고문과 조작 또한 묵인했다. 70~80년대 민주화운동가나 간첩으로 몰린 재일동포 유학생은 수사기관에서 검찰로 넘어와 한 가닥 희망을 걸고 검사에게 고문 사실을 알렸지만, 검찰은 외려 '만들어진 피의자'를 수사기관으로 돌려보내거나 검찰청 내에서 직접 고문해 도장을 찍게끔 했다. '인혁당 재건위 사건'으로 대법원 판결 하루 만에 숨진 도예종이 남긴 항소이유서가 있다. 여기에 검사 조서 작성 시 4월 20~25일까지 철야 조사를 하고 311호실에서 4~5일에 걸쳐 고문당했다고 쓰여 있다. 도예종은 검찰로 넘어오기 전 중앙정보부에서 여러 차례 졸도할 정도로 고문받았는데 검찰이 다시 만신창이로 만든 것이다. 대공 업무를 담당하는 공안검사는 엘리트로 인정되어 승진이 보장되었다. 윤석열은 2020년 3월 19일 서래마을에서 대검 부장단과 식사하면서 "검찰 역사는 빨갱이 색출의 역사였다"고 말했다.[49] 정권의 하수인이 되어 탄압에 앞장섰던, 검찰의 치부를 실토한 셈이다. 이런 DNA를 지닌 검찰에게 '입영 조치'가

형법에 있느냐 없느냐는 사소한 문제였다.

### 전두환의 행동대가 된 보직교수

경찰과 검찰만이 아니라 문교부와 대학 당국, 스승이라 불린 교수 또한 전두환의 행동대였다. 1981년 6월, 서울대 4학년이던 윤원영은 서울시경 옥인동 대공분실에서 '화양감리교회 야학' 사건으로 조사받게 된다. 경찰의 강요로 윤원영은 '입대지원서'인지 '동의서'인지를 쓰고 나왔다. 학교로 돌아온 그를 부학생처장이 불러서 "서류를 작성했으니 군대에 가야 한다"라고 압박했다. 윤원영은 부처장이 자리를 비웠을 때 억지로 쓴 서류를 찢어버렸다. 덕분에 그는 강제징집을 면했다. 서울대 부학생처장은 이미 작성된 서류를 경찰로부터 넘겨받아 집행에 나선 경우인데 이보다 더 참담한 사례가 있다. 1981년 성균관대 어문계열에 입학한 이용성은 동아리 '휴머니스트'에 들어가 활동했다. 그는 녹화공작이 극성을 부리던 1983년 4월 19일, 혜화동의 이모 집으로 찾아온 부학생처장을 따라 동대문경찰서로 간다.[50] 정권은 1983년 4월 1일을 전후해 시위 주동 예상자를 예비 검속해 강제입영시킨다는 방침을 세운 터였다.[51] 이용성을 찾아온 보직교수는 "너 경찰이 찾으니까 내가 데려다줄게. 별일은 없겠지, 아무튼 타봐"라고 했고 그는 교수를 믿었다. 경찰서에 도착하자 교수는 가버렸다. 이용성은 동대문경찰서 지하실에서 하룻밤을 자고 다음 날 경찰차를 타고 103보충대로 향했다. 이용성은 입대동의서를 쓰지도 않고 휴학 처리도 안 된 상태에서 입대한 것이다. 윤원영이나 이용성의 예에서 보듯 보직교수는 강제징집의 모집책처럼 움직였다.

물론 엄혹한 시절이다. 당시 안기부는 교수의 성향에 따라 A~D로 등급을 매기고, 문제 교수를 순화시킨다며 공작하고 일부 교수를 프락치로 활용했다. 국립대는 시국선언에 참여한 교수에게 불이익을 주었다. 대학 당국의 배후에는 문교부가 있었다. 박정희정권은 1971년 문교부에 학사담당관실을 설치해 정보기관과 관계기관 대책회의를 열고 학사 행정에 개입했다. 중앙정보부를 비롯해 수사기관이 상주하는 '상담지도관실'을 대학마다 만들게 했다.[52] 각 대학은 문교부 지침에 장단을 맞췄다. 1971년 10월 15일 위수령이 발령된 날, 문교부는 모든 대학에 '학원질서 확립에 대한 특별지시'를 내려보내서 10월 17일 12시까지 보고하라고 채근했다. 서울대는 득달같이 학생자치단체의 기능을 정지시키고 '학원질서 파괴'를 이유로 17명을 제명했다. 전두환정권 시절도 마찬가지였다. 학사담당관실은 1981년에 교육정책실로 개편되었는데 교수 재임용과 문제 학생 지도라는 업무를 담당하며 수시로 각 대학에 협조공문을 보냈다.

이런 압박이 있었다 해도 보직교수들이 직접 강제징집에 협력한 점은 부끄럽기 짝이 없는 일이다. 1983년 1월 27일 서울대 학생처가 문교부 교육정책실 제2조정관실에서 받은 협조문에는 "민족문화연구회 회원 5명이 관악경찰서에서 수사받았으며, 이 중 4명에 대해 금일 중으로 학적 변동 통보를 처리해달라"는 내용이 있다. "1월 28일 08시 45분 103보충대로 출발"이라는 추가 메모도 적혀 있다.[53] 서울대는 충실히 따랐다. 나라의 백년대계를 담당한다는 교육부와 대학 당국은 정권에 머리를 조아리고 강제징집을 집행하는 수족처럼 움직였을 뿐이다.

### 강제로 휴학을 시키는 지도휴학제

문교부와 대학 당국이 강제징집을 뒷받침하기 위해 휘두른 무기가 지도휴학제도였다. 당시 병역법 제22조에 따르면 초급대학·실업고등전문학교 재학생은 22세까지, 4년제 대학 재학생은 24세까지 징병검사를 연기할 수 있었다. 이 조항은 휴학하면 효력이 없어져 징병 절차가 개시된다. 지도휴학제는 이 점을 악용했다. 강제징집을 손쉽게 하려고 박정희는 1978년 12월 19일 학교장이 휴학을 지시할 수 있게 교육법 시행령을 개정했다. 이에 발맞춰 충남대는 1979년 3월, 학칙 제26조에 "지도상 불가피하다고 판단될 때에는 총장은 직접 휴학을 명할 수 있다"라는 조항을 만들었다. 서울대도 1979년 9월 학칙을 개정하고 실제 22명을 지도휴학시킨다. 지도휴학제는 박정희가 죽고 1980년 3월 시행령 개정을 통해 없어졌다. 그런데 1980년 5월 27일 발족한 국가보위비상대책위원회는 '학원정상화 방침'을 수립하며, 총·학장이 권고휴학 혹은 지도휴학을 시킬 수 있는 징계권을 되살렸다. 총·학장의 징계권이 되살아나면서 경찰이 유치장에서 바로 군대로 보낸 다음 명단을 학교에 통보해 지도휴학 처리를 하게 했다.

이때도 각 대학 당국은 학적부에 '지도휴학'이라고 쓰지 않고 '군 입대휴학'이나 '장기휴학' 등으로 써 마치 학생 본인의 뜻에 따라 입대가 이뤄진 양 꾸몄다.

몇몇 사례를 보자. 김종채는 서울대 사회학과에 들어가 농업경제학회에서 활동했다. 70년대 말 유신반대 시위를 한 그는 1980년 무림 사건으로 안기부에서 수사를 받았다. 김종채는 석방되고서 1981년 1월 23일 군대로 끌려갔다. 학교는 김종채를 휴학 처리해 정상 절차를 밟은 입대로 꾸몄다. 흥사단 아카데미 활동을 한 서강대 정학구는 1981년 3월 새 학기가 시작된 후 치안본부 대공수사단으로 끌려가 입대를 강요받았다. 학교는 경찰과 손발을 맞춰 그를 권고휴학 처리했다. 한신대 신학과 이승정의 사례도 있다. 그가 구속되자 학교는 유기정학 처분을 내린다. 문교부가 제적하라고 압력을 넣자 학교는 이에 따랐고 이승정은 1980년 9월 4일 강제징집되었다. 모두 총·학장의 징계권이 부당하게 사용된 경우다.

진실화해위 2기에서 강제징집 사건을 조사할 때 방첩사나 국정원 같은 정보수사기관은 일정한 수준에서 협조했다. 반면 교육부나 각 대학은 우리와는 전혀 상관이 없다는 태도였다. 문교부가 각 대학으로 학사담당관을 보내 문제 학생의 징계를 촉구하고 명단을 작성해 보안사에 넘긴 행위는 범죄였다. 무게로 보면 정보수사기관보다 결코 가볍지 않다. 하지만 교육부는 진실화해위 2기가 1차에서 5차까지 진실규명을 결정하며 사과 권고를 했으나 귓등으로 들었다. 각 대학도 마찬가지다. 서울대, 연세대, 고려대, 성균관대처럼 학생운동이 활발했던 대학은 강제징집자가 수백 명에 이르고 의문사를 당한 학생도 있었다. 그러나 어떤 대학도 이 공작에 협조한 죄과를 사과하지 않았다. 기껏 숨진 학생에게 명예졸업장만 주었을 뿐이다.

강제징집은 정부 차원에서 진행된 대규모 공작이었다. 국방부와 경찰, 검찰, 문교부와 대학 당국이 모두 팔 걷어붙이고 한 꼭지씩을 맡아 움직였다. 전두환정권은 자신들에게 저항하는 대학생들을 무조건 군대에 감금하여 제압하려 했다. 연행과 징집 과정에서 불법이 판을 쳤다. 신체검사도 생략하고, 몸무게가 45kg이 안 되고 고도 근시여도 끌고 갔다. 나이가 징집 연령인 만 20세에 못 미쳐도 신경 쓰지 않았다. 강제징집이라는 이 신박한 탄압 전술은 전두환의 머리에서 나왔을까. 아니다. 그는 박정희에게 배웠다.

## 최초의 대규모 강제징집, 1971년의 위수령

박정희는 1971년 10월 15일, 서울 전역에 위수령을 발동하고 '학원 질서 확립을 위한 특별명령'을 발표한다.[54] 대학가에서 3선개헌 반대와 학원 병영화 반대 투쟁이 들불처럼 일어났기 때문이다. 박정희는 서울대를 포함한 7개 대학에 군 병력을 투입하고 8개 대학에 휴업령을 내렸다. 전국 23개 대학에서 1889명이 연행되어 173명이 제적되거나 강제 입영을 당했다. 공포 자체였다. 1971년 10월 26일 국방부는 문교부로부터 제적 학생 명단을 통보받고 26일과 28일에 각 30명, 41명을 용산역에 모이게 하여 군대로 끌고 갔다. 최초로 이루어진 대규모 강제징집이었다.[55]

몇 가지 사례를 보자. 1968년도에 서울대 문리대에 입학한 심지연은 2학년 때 대학신문 기자가 된다. 그는 1969년 박정희의 3선개헌 시도에 맞서 학내투쟁에 앞장서고 3학년 2학기부터는 교지 편집장을 맡았다. 심지연이 4학년 2학기에 다니던 때, 위수령이 터졌다. 학교가 문을 닫아 그는 명동 대성빌딩에서 열리는 장을병, 안병욱 선생의 강연회를 통해 동지와 연락을 꾀했다. 당일 심지연은 명동 입구에 다다랐으나 삼엄한 검문을 뚫지 못하고 붙잡힌다. 그는 동대문경찰서를 거쳐 중앙정보부로 끌려가 문리대가 발행한 지하신문 '전야'에 관한 조사를 받으며 두들겨 맞는다. 사나흘 뒤, 심지연은 간단한 신체검사 후에 현역 입영 판정을 받았다. 그는 용산역에서 논산행 열차에 실렸다.

연세대 정치외교학과 69학번 김건만은 3학년 때 한국문제연구회 회장을 맡아 3선개헌 반대 투쟁에 나선다. 그는 위수령 직전 남산으로 끌려가 23일까지 열흘간 모진 고문을 당했다. 26일자로 징집영장이 나왔는데 입대 전날에야 남산에서 풀려나 집에서 하룻밤을 잤다. 중앙정보부가 그의 옆에 서대문서 형사를 딸려 보냈다고 한다.

그런데 1971년의 위수령 이전에도 강제징집은 무시로 있었다. 은밀하게 진행되어 알려지지 않았을 뿐이다. 이철은 1969년 서울대 사회학과에 들어간다. 그해 1학기에 3선개헌 반대시위는 치열했다. 이철은 시위를 주도해 방학 중에 제적을 당하자, 2학기인 9월 초 교양과정부 도서관 점거를 시도한다. 농성은 사복경찰과 대학 직원에게 금세 진압되고 그는 청량리경찰서로 연행되었다. 3일 정도 조사받고 이철은 서울역에서 열차에 실려 부산서부경찰서로 이송된다. 여기서 며칠 묵은 후 그는 경상남도 함안에 있는 39사단 교육연대로 끌려갔다. 호송한 경찰은 연대장에게 "이 친구 데려왔다"라고 했고 연대장은 "수고했다"라고 답을 했다. 이철은 서울에서 부산을 거쳐 함안에 있는 군대로 납치된 셈이다. 체포영장도 구속영장도 없는 불법 연행과 불법 구금이었다. 박정희정권 시절에는 이런 일이 한일회담 반대 시위 때부터 그가 10·26으로 숨지는 날까지 수시로 있었다. 유신헌법 선포 후 긴급조치가 마구 발동되던 시기도 강제징집이 횡행했다.[56] 긴급조치 제9호 선포 이전까지 총 495명이 제적 등 징계 조치를 당했고, 긴급조치 제9호 이후에는 제적 학생 수가 317명이었다. 이들 앞에는 군대가 기다리고 있었다.

## 전두환이 완성시킨 강제징집

　박정희, 전두환을 거쳐 노태우 정권까지 이어진 강제징집은 시기별로 차이가 있었다. 박정희정권이 한일수교·3선개헌·학교 병영화·유신헌법 등 이슈에 따라 벌어진 시위에 대응하며 군대로 끌고 갔다면, 전두환정권은 강제징집을 제도처럼 운용했다. 보안사에 의해 간첩으로 몰렸던 재일동포 김병진은 강압 때문에 보안사 수사과의 내근계에서 2년간 통역과 일본 상황에 대한 조사 업무를 한다. 김병진은 강제 근무가 끝난 후 일본으로 돌아가 수기 『보안사』를 썼는데 여기 귀중한 증언이 있다. 대공학(방첩 이론) 교관이던 서의남 소령이 1979년 당시 전두환 보안사령관 앞에서 발표할 기회가 있었다. 전두환은 1979년 3월 5일 '소장' 계급으로 중장 보직인 보안사령관이 되었다. 그는 허화평, 허삼수, 이학봉으로 참모진을 꾸리고 '시국 수습 방안 연구'까지 시키며 기세를 올리고 있었다. 장소는 경기도의 산속에 자리한 보안사 교육부대, 전두환이 앞줄에 앉은 강당에서 서의남은 '학생운동 대응 방침'을 정리해 브리핑했다. 요지는 "신입생을 전방 입소시키고 군사훈련을 강화하며 문제 학생은 강제징집해 군대에서 순화 작업을 한다"라는 것이었다. 전두환은 발표를 듣고 크게 칭찬했다고 한다. 서의남은 전두환의 신임을 받아 중령으로 진급해서 505부대로 가게 된다. 서의남은 대공처에 심사과가 신설될 때 보안사령부에 들어와 프락치 강요 공작의 책임자가 되었다. 결국 전두환이 1981년 4월 2일에 내린 "소요 학생을 전방 입영토록 하라"는 지시는 박정희정권 때의 경험에 근거해 서의남이 고안한 방안을 1981년 정세에 맞게 시행한 것이다.

### 이중처벌로도 활용되다

강제징집 문제에서 짚어야 할 중요한 점 중 하나는 징역을 마치고 나온 학생을 다시 군대로 끌고 가는, 이중처벌을 했다는 사실이다. 박정희의 유신헌법 공포 이후 긴급조치 9호 위반으로 구속된 사람이 1387명이나 되었다. 박정희는 학생들이 형을 살고 나와서 복학하면 학생운동이 더 활발해질 것을 우려해 3년 미만의 형을 복역한 사람은 다시 군대로 끌고 갔다. 서울대 교육학과 송병춘은 3학년이던 1975년 김상진 추모제를 주도하여 서울 남부서에서 20~30일간 뭇매를 맞고 구속되었다. 그는 1977년 6월 만기출소하는데 감옥에서 나오기도 전에 입영 영장이 발부되었다. 송병춘은 33개월의 복무를 마치고 1980년 3월에 만기제대한다. 1975년 서울대 인문대에 입학한 반병률의 사례도 있다. 그는 1977년 도서관 점거 농성과 11월 11일 투쟁을 주도해 1년 징역형을 받았다. 1978년 12월에 출소하고 나서 몇 달 후인 1979년 3월에 그는 징집영장을 받았다. 병역법 시행령에 따르면 6개월 이상 형을 산 형사범은 군복무를 면제한다는 조항이 있기 때문에 송병춘과 반병률은 입대할 수 없는 경우였다. 이때 박정희정권이 시국사범을 병무사범에 준해 처리한다는 술수를 부렸다. 병무사범은 병역을 기피해 형사처벌을 받은 사람을 말하는데, 이 경우는 6개월 이상 감옥에 있어도 다시 군대에 가야 한다. 이중처벌 대상자는 병역문제대책위원회를 구성하고 "병역의무를 정치적으로 악용하지 말 것"을 요구했다. 1980년 '서울의 봄' 이후에는 병역법 시행령이 제대로 지켜졌으나 1984년 5월 이후에 전두환은 박정희의 뒤를 따랐다. 1988년 8월까지 집시법 위반자의 경우 실형 3년 이하는 모두 징집했다. 만기출소하거나 집행유예로 풀려나도 양심수 앞에는 군대가 기다렸다.

## 병영 안에서의 고통

억지로 휴학을 당해 군대에 끌려간 학생을 군에서는 '특수학적변동자(이하 특변자)' 또는 'ASP(Anti-Goverment Student Power)'라고 불렀다. 병적기록부에 붉은 도장을 찍어 집중 감시를 받았다. 아예 입영통지서에 'ASP'라고 찍힌 경우도 있었다. 국방부과거사위에 따르면 ASP라는 표식을 붙이고 관리 계획을 수립한 때가 1971년이다. 위수령 발동으로 인한 집단 강제 입영 조치가 계기였다.

느닷없이 군대로 끌려간 특변자의 생활은 힘겨웠다. 경희대 토목공학과 78학번 윤종천은 면목동에 있는 동일교회에서 야학 활동을 했다. YH무역 노동자가 학생이었다. 그는 YH무역 노동자가 신민당사 농성에 들어가자 실상을 알리려 학내에 유인물을 뿌린다. 윤종천은 이 사건으로 제적되고 성동구치소에 갇혔다가 '서울의 봄'을 맞아 복학했다. 5·17비상계엄 이후 '전과'가 있던 그는 김대중 내란음모 사건에 엮여 계엄합수부에서 38일간이나 수사받고 서대문구치소에 수감된다. 군사법원은 당시 미성년자이던 그에게 '군대를 가라'고 공소를 취하한다. 곧바로 영장이 나왔으나 윤종천은 입대를 거부했다. 4개월에 걸친 도피 끝에 결국 보안대에 잡혀 끌려간 곳이 김해 공병부대, 거기서도 시련이 이어진다. 이등병 시절, 부대 당직사령이 초소마다 순찰할 때 한 곳이 비어 있었다. 윤종천의 선임이 있어야 할 자리였다. 그런데 중대장과 선임이 짜고 초소 근무 명령 문서를 바꿔 윤종천이 이탈한 것으로 만들었다. 그는 헌병대로 끌려갔고 감방 생활을 하게 된다. 윤종천은 사회에서 두 번, 군대에서 한 번의 감옥을 경험한 것이다.

이런 차별 대우는 모든 특변자가 겪었다. 한국외대 영어과 81학번인 공병호는 대학 1학년 때, 11월 9~13일까지 군사훈련을 받으러 문무대에 들어갔다. 입소한 날, 그는 연병장에서 스크럼을 짜고 군사훈련 반대 시위를 했다. 입소 3일째 되는 날, 유격훈련 받던 친구가 쓰러지자, 공병호는 훈련 강도를 줄여달라며 두 번째로 시위했다. 퇴소 이후 사달이 났다. 겨울방학을 맞았을 때 집으로 우편물이 날아왔고 문무대 시위를 이유로 제적한다는 내용이 적혀 있었다. 공병호는 당시 만 18세 5개월이어서 징병 연령도 아니었다. 그는 1982년 2월 15일 부산지방병무청으로부터 출석 통지를 받고 신체검사도 받지 않은 채 1982년 2월 19일에 입소한다. 공병호는 강원도 양구에 있는 21사단에 배치되었는데 선임에게 신고식을 당했다. "너 사회에서 뭐 하다 왔어"라고 물어 "학교 다니다 왔습니다"라고 대답하니 "데모하다 왔구나" 하면서 구타했다. 이런 손찌검은 너무나 흔했다. 특변자는 보직 배치도 불이익을 당했다. 긴급조치 위반으로 1976년에 강제징집된 서울대의 유진권은 신병교육대 수료 후 보충대에 지원했다. 처음에는 받아들여졌으나 이후 알 수 없는 이유로 거절되고 소총수로 복무했다. 행정병으로 배치되었다가 화기소대 탄약수로 바뀌고 다시 중대 본부에서 보급병이 되는 등 보직 뺑뺑이를 당한 경우도 많았다. 병영은 특변자를 혹독하게 조리돌렸다.

내무반이나 일상 근무에서 은밀하게 이루어진 차별 말고 대놓고 한 차별이 있었다. 학생군사교육실시령 제9조에 따르면 재학 중에 교련 교육을 받았을 때 최대 6개월까지 복무기간이 단축된다.[57] 특변자는 여기서 예외였는데 서울대 외교학과 69학번 이원섭이 좋은 사례다. 그는 3선개헌 반대 및 학원병영화 반대투쟁에 앞장서다 10월 15일 위수령이 떨어지자 제적당해 최전방 부대에 배치되었다. 이원섭은 일등병 시절 유신헌법 찬반투표가 반공개로 진행되는 것에 항의하다 위험에 빠진다. 우여곡절 끝에 1974년 6월 제대해 3학년 2학기에 다니던 어느 날 '재입영통지서'를 받는다. "교련교육을 반대한 학생에게 단축 혜택을 준 것은 잘못이니 다시 들어와 2개월을 채워라. 불응하면 군 기피자로 처벌된다"는 무시무시한 내용이었다. 1~2학년 때 그는 교련과목을 충실히 들었건만 군은 치졸하게 행동했다. 이원섭은 같은 처지인 서울대 정치학과 김경두, 경영학과 김승호와 함께 신문사를 돌며 상황을 알렸다. 1974년 10월 31일 자 《한국일보》 사회면에는 이들의 사연이 5단 기사로 실렸고 이튿날에는 모든 신문이 소식을 전했다. 여론이 악화되자 군은 재입영 조치를 취소했다.[58] 이원섭은 워낙 사연이 황당해 언론의 힘으로 구제되었으나 그렇지 못한 경우가 부지기수였다.

연세대학교 기계공학 77학번인 이준희는 1980년에 4학년이었다. 그는 공대 학생회장으로서 '서울의 봄'을 맞아 열심히 활동하다 수배된다. 이준희는 부모님의 설득과 경찰의 압박에 8월 말 자수해 9월 4일 강제징집되어 7사단에 배치되었다. 당시 병역 기간이 33개월인데 그는 3학년까지 교련교육을 받아 6개월을 제해야 한다. 그는 27개월 만기가 될 즈음 중대 본부에서 제대 날짜가 적힌 특명을 받았다. 그런데 며칠 후 보안대가 찾아오더니 "너는 학교에서 제적당했으니까 병역 혜택이 없다"고 통보했다. 이준희는 그 후 충무로에 있는 사령부 직속 '진양분실'로 끌려가 프락치 공작까지 당했다.

## 전역 후에도 계속된 감시와 차별

강제징집되었다 전역한 학생은 제대 후에도 정보기관의 사찰을 받았다. 역시 보안사가 주도한다.[59] 각 대학에 파견한 보안사 요원은 제대한 학생의 동향을 파악했다. 친구와 나눈 대화며, 심지어는 집의 약도까지 '전력자원 카드'에 기록했다. 앞서 재입영 통지를 받았던 이원섭은 1975년《조선일보》공채에 응시한다. 이 무렵 신문사 사주는 1974년 가을에 있었던《동아일보》기자의 '자유언론실천' 운동에 놀라 대학의 추천을 받은 지원자 중에서만 신입 기자를 선발했다. 이원섭이 응시할 때《조선일보》는 아직 공채 방식을 유지하고 있었다. 그는 필기, 작문, 면접을 거쳐 취재 기자 8명의 최종 합격자 명단에 이름이 오른다. 인사 담당자가 바뀌는 과정에서 중앙정보부나 경찰에 해야 할 신원조회를 빼먹은 덕분이었다. 그런데 보안사 등 여기저기서 합격을 취소하라는 전화가 걸려왔다. 임원이 "잘 교화해서 쓰겠다"라고 정보기관과 타협해 사태는 가까스로 수습되었다.

이원섭은《조선일보》가 '독립언론사' 행세를 할 때였고 기관과 협의를 할 힘이 있었으니 망정이지 피해를 보는 경우가 많았다. 서울대 사범대 77학번인 박동익은 1978년 6월 12일 시위를 구경하던 중 가담자로 몰려 잡혀갔다. 그는 긴급조치 9호 위반으로 영등포구치소에서 10개월 형을 살게 된다. 만기 출소하자 그에게 입영명령서가 나왔다. 송병춘과 반병률처럼 이중처벌을 당한 것이다. 박동익은 101보충대를 거쳐 25사단 포병대대로 가게 된다. 그의 고난은 제대 후에도 이어진다. 1985년 8월 졸업을 했으나 발령이 나지 않았다. 박동익은 사범대학 학장을 한 정원식을 찾아가 부탁했다. 그는 1988년 문교부장관이 된 후 국무총리까지 하게 되는 실력자였으나 박동익의 간청에 "내가 무슨 힘이 있나"라며 외면했다고 한다. 박동익은 1987년 6월 항쟁이 일어난 후, 민주화운동으로 발령을 받지 못한 예비교사와 함께 농성해 1987년 9월에서야 잠실중학교로 가게 된다. 그 사이 EMI라는 입시학원에서 강사를 하며 생계를 꾸렸는데 이를 지켜보던 아버지가 화병을 삭이지 못하고 56세 나이에 세상을 떴다고 한다.

보안사의 「특수학변자 관리 및 운용계획보고」를 보면, '전역자 관리 및 운용 지침'이 있다. 제대 2일 전 연고지 보안부대와 협조, 관련 서류를 넘기고 해당 보안부대는 월 2회 이상, 대상자를 접촉하라는 내용이다. 억지로 군대에 끌고 간 것도 모자라 제대 후에도 동향을 감시하고 취업까지 막았다. 보안사는 한 번 뻗은 마수를 좀체 거두지 않았다.

2장

# 고문과 전향 강요, 그리고 의문사

전두환의 강제징집 지시에 따라 1980년부터 1983년까지 군대에 끌려가는 학생 수가 급증한다. 보안사가 만든 특변자의 존안자료를 분석해보면 1980년 9월 2일부터 1983년 12월 26일까지 입대자가 1331명이고 1984년 1월 1일부터 1989년 10월 14일까지 1004명이다.[60] 1981년 9월 무렵이면 이미 특변자가 600명이나 병영 안에 있었다. 군대 분위기가 술렁일 수밖에 없었다.

저항은 다양하게 나타났는데 먼저 탈영이었다. 앞서 6사단으로 끌려간 조종주는 졸지에 끌려가 당황했으나 틈틈이 탈영 기회를 엿보고 있었다. 그는 첫 휴가를 얻어 나가자마자 여자친구와 큰누나에게 연락해 진주에 있는 백련암으로 숨어든다. 조종주는 일주일이 지나 아버지의 도움으로 거창에 있는 농가로 은신처를 옮겼다. 헌병대는 어디 갔는지 흔적도 안 보이고 북으로 간 모양이라며 조종주의 어머니를 협박하고 누나에게 찝쩍대기까지 했다. 어찌어찌 은신처를 알고 찾아온 어머니는 거의 숨을 못 쉬며 조종주의 손을 잡았고 결국 그는 어머니를 살리기 위해 귀대를 결심한다. 조종주는 6사단 헌병대로 끌려가 사단 영창 15일 처분을 받았다. 보름 동안 하루도 거르지 않고 매타작을 당하고 팔굽혀펴기를 300개씩이나 했다. 엄밀히 말하면 휴가 후 미복귀이지만 강제징집에 대한 분명한 저항이었다.

경희대 사학과 80학번 윤병기는 3학년 때인 1982년, 분교 반대 시위를 주도해 무기정학을 받고 28사단에 배치되었다. 윤병기는 신병교육대에 있을 때 함께 입소한 성균관대 81학번 박경식과

화장실 뒤에서 4·19 기념식을 가졌다. 이처럼 특변자는 웅크린 가운데 저항의 계기를 찾으려 했다. 화장실 낙서, 탈영, 군대 내 세미나까지 다양하게 시도했다.

## 프락치 공작 시작되다

대폭 늘어난 특변자로 병영이 술렁이자, 이들을 제대로 관리하는 게 보안사의 숙제가 되었다. 보안사가 전두환에게 대면 보고를 할 때도 이 문제가 언급되었다. "강제징집자가 많아지면서 병영 분위기가 나빠지고 있다"라는 이야기가 나오자 전두환은 당시 대공처장인 최경조에게 "야 임마 똑바로 해"라고 강하게 나무랐다. 한편 1980년 9월 4일 강제징집된 특변자는 1983년 상반기에만 100여 명이 제대할 예정이었다. 이들이 제대해 학생운동에 합류하면 큰 불쏘시개가 될지도 몰랐다. 전두환과 보안사로선 이래저래 특별한 대책이 필요했다. 특변자의 사상을 개조해 병영 분위기를 다 잡고 제대 후 학생운동에 복귀하지 않도록 해야 했다. 복귀를 차단하는 것만이 아니라 고양되는 학생운동을 제압하기 위해 정권의 협조자, 즉 프락치로 만들어야 했다.

전두환의 질책 이후 보안사는 바빠졌다. 박준병의 지휘 아래 강제징집과는 별도로 사상을 개조하고 프락치로 활동하게 하는 이른바 '녹화사업' 계획을 수립한다. 이것이 1982년 5월 17일에 작성된 '좌경의식화 불순분자 대상 대공활동 지침'으로 나타났다. 강제징집된 병사를 프락치로 만들어 학생운동을 공격한다는 방안이었다.[61] 보안사는 1982년 9월 6일 대공처 산하에 '녹화사업' 전담 조직 심사과를 신설하고 505부대에서 서의남을 불러올려 책임자로 앉혔다. 인원을 배정하고 과천과 충무로에 공작을 위한 분실도 설치했다.[62] 11월 17일에는 '특수학적변동자 심사 및 순화 계획'을 수립한다. 심사는 어떤 조직에서, 어느 정도 수준으로 활동했는지 파악하는 것이다. 순화는 사상을 개조시켜 체제와 정권에 순응케 하는 과정이다. 심사와 순화를 마치면 활용, 즉 자신이 속했던 조직을 향해 프락치 활동을 하게끔 한다. 1인당 예산도 책정되었으니 심사비 5000원, 순화비 5000원, 활용비가 1만 원이었다. '소요 빈번 대학'을 먼저 하되 전원 심사해서 A급은 사령부에서 맡고 기타 대상은 관할 부대별로 실시하기로 했다. 심사가 완료되면 '심사 결과 보고'를, 활용 후에는 매월 30일까지 '결과 보고'를 해야 한다.

1983년 2월 4일에는 더욱 다듬어진 녹화공작 시행 지침이 나오는데, 서울대 메아리회, 연세대 기독학생회, 고려대 경제철학회, 성균관대 심산연구회, 전남대 사회조사연구반이 목표로 선정되었다. 보안사는 1983년 1월, 이 작업을 전담할 심사장교 1기 11명을 확보해 사령부와 주요 사단 보안부대에 배치한다. 녹화공작 실시 초기에는 대공처 요원이 별도로 교육받고 심사·순화 업무를 담당했는데, 서의남의 건의로 전문 심사장교를 선발하게 됐다. 서의남은 2001년 11월 의문사위에서 "특변자를 교육하는 인원이 상사, 중사, 군무원인데 능력이 부족했다. 지식이 있고 특변자와 선후배 관계가 되는 초급장교로, 77이나 78학번 정도가 좋을 거라 생각해 심사장교 선발을 건의했다"라고 진술했다.

실제 심사장교는 (보안사에서 판단할 때) 학생운동이 활발한 대학의 인문계열 전공자, 서클 활동 유경험자, 좌익 이론 숙지자로 선발이 되었다. 이들은 몇 차례 교육을 받고 '단독임무 가능자'로 판단된 A급 장교는 심사 대상자가 20명 이상 있는 사단에 배치되었다. 심사장교는 일선에서 특변자를 심사해 학생운동의 모든 정보를 이 잡듯이 캐물었다. 보안사는 각 대학 학군단에서 올라온 첩보, 대학마다 상주하는 보안사 요원의 보고를 더해 대학별 조직도를 그렸다. 그리고 문제 학생의 명단을 작성해 등급을 매기고 공격계획을 세웠다. 1기 심사장교 주창남은 사령부 지도계에서 하루 3~4건 1년에 1000여 명의 심사보고서를 취합했다고 증언했으니, 공작이 얼마나 맹렬하게 이뤄졌는지 알 수 있다.[63] 학생운동을 타깃으로 한 이 작업은 보안사의 직무에서 벗어난 민간인 사찰이기에 애초부터 불법이다. 보안사는 본래 군 및 군과 관련이 있는 첩보의 수집과 처리만을 다뤄야 한다. 그렇지만 보안사는 무시했다. 전두환의 특명이 있었고 수많은 조작 간첩을 만든 이력이 있었기에 이 정도는 아무 일도 아니라고 여겼다. 병영 분위기도 일신하며 공작을 통해 특변자를 제압하고 학생운동을 파괴할 정보와 프락치까지 확보하게 되니 보안사로선 꿩 먹고 알

먹는 과정, 포기할 수 없는 공작이었다.

## 녹화공작의 피해

보안사의 녹화공작을 겪은 피해자는 많은 증언을 남겼다. 충북대에서 국제문화연구회 활동을 하다 포고령 위반으로 1981년 5월에 입대한 김재수가 겪은 심사, 순화 과정은 이랬다.

"서울에서 온 장교로부터 광주민주화운동과 관련하여 서술하고 토론하고 사상 전향을 강요받았어요. 또한 『민중과 지식인』을 읽고 이에 대하여 토론하고 그랬는데, 제가 뜻을 굽히지 않는 등 2주간 교육에도 변함이 없자 다시 2주를 연장했어요. 그 사람들이 쓰라는 대로 썼을 뿐입니다. 당시 보안대에서는 쓰라고 하면 써야 되는 것이죠."

이렇듯 심사, 순화 과정은 사상을 개조하는, 전향을 강요하는 과정이었다. 누군가의 사상을 개조한다는 것은 그를 노예로 만드는 행위와 다를 바 없다. 민주주의 사회라면 누군가의 자유의지, 꿈, 상상력을 가로막아서는 안된다. 사상의 자유는 증오하는 사상의 자유마저도 보장하는 게 근본정신이다. 하지만 군부파시즘 아래 대한민국 현실은 달랐다. 헌법이 보장하는 양심의 자유는 죽은 문구였다. 녹화공작의 대상이 된 학생들은 개조를 강요받았다. 자술서와 반성문이 보안대의 사상검열을 통과해도 끝난 게 아니었다. 또 다른 고통이 기다렸다. 전향을 했으니 연사로 활동하라고 요구했다. 계명대에서 《계명논단》을 만들다 1981년에 입대한 김석호는 "웅변대회 나가라고 해서 1등 시켜놓고 그걸 이용해서 땅굴 견학시키고 대대마다 돌면서 그 소감을 토대로 다시 웅변시키고… 나만 찍어서 웅변대회를 나가는 공작을 한 것에 좌절감을 느꼈다"라며 가슴 아픈 기억을 말했다.[64]

이는 유신 이후 좌익수형수[65]를 대상으로 이뤄진 전향 공작과 유사했다. 1973년 8월 법무부 예규 제108호로 좌익수형수 전향공작 전담반 운영지침이 시달된 후 전국 교도소에서 일제히 전향공작이 시행되었다. 이때 자행된 고문의 참상은 이루 말할 수 없었다. 옷을 벗겨 바닥에 눕힌 다음 바늘로 등을 마구 찌르거나 추운 겨울에 팬티만 입힌 채 떨게 하거나 0.75평의 방에 열 명이 넘는 사람을 밀어 넣는 등 상상 이상이었다. 고문을 못 이겨 전향서를 써도 끝나지 않았다. 앞서 김석호처럼 증명해야 했다. 전향 성명을 동료 앞에서 모든 재소자가 듣도록 스피커로 말해야 했다. 이 과정이 죽음보다 괴로웠다고 좌익수형수는 말한다.

군에서 반공교육을 할 때 특변자의 강연은 효과만점이었다. 마치 북의 공작원이 '귀순 기자회견'을 하는 양이었다. 반공 선전의 도구가 된 특변자는 평생 씻을 수 없는 상처를 지니게 되었다.

'강전치' 공작에서 특변자가 겪은 고통은 이 외에도 많다. 강원대 임학과 81학번 최정관은, 1982년 4월 같은 동아리 회원이 성조기를 불태우는 투쟁을 감행해 휴학당하고 신체검사를 받는다. 그는 특변자임에도 일반 입대자와 함께 검사를 받았다. 정상적인 신체검사가 진행되었고 몸무게가 43~44kg 정도여서 최정관은 면제 판정을 받았다. 그런데 누군가 달려와 면제라 찍힌 부분을 칼로 긁어내고 현역 도장을 찍었다. 최정관은 그날 밤, 술을 마시고 춘천시 중앙로에 있는 파출소에 가서 난장판을 만들었다. 이게 먹혔는지 그는 동해시에 있는 해병대의 방위가 되었다. 최정관은 그런 연유로 사단 보안대가 아닌 일명 영동공사, 속초에서 울진까지를 관리하는 107지역보안대에서 녹화공작을 받았다. 그는 고작 1년 정도 학생운동을 했고 성조기 소각 사건으로 강원대 운동권이 쑥대밭이 된 상태라 넘길 정보도 없었다. 109지역보안대는 처음으로 강제징집자를 받게 된 터라 어찌할 줄을 몰라 그저 패기만 했다. 때로는 전기고문판에 올려놓고 겁을 주고 M-16에 대검을 꽂아 목을 겨눈 상태로 자라고 요구했다. 최정관은 1983년 6월 27일부터 7월 9일까지 2주 동안 고통을 겪었다. 조사 후반에는 KBS에서 방송하던 이산가족 생방송을 보고 감상문을 써야 했다. 반성문과 협조 각서까지 쓰고서야 그는 악마의 소굴을 빠져나왔다. 그는 지금도 대검이 목에 닿은 상태에서 잠을 자야 했던 서늘함에 악몽을 꾸곤 한다. 최정관은 학내 조직 기밀을 별로 알지 못한 경우지만, 알고 있는 바가 많은 이들은 프락치 강요를 받을 때 더욱 큰 고통을 겪었다.

## 고문이 자행된 진양분실과 과천분실

고려대 사회학과 80학번 양창욱은 4학년이던 1983년 3월 7일 성북서의 일제검속으로 22사단으로 끌려간다. 이때 1983년 7월 2일에 숨진 김두황도 함께 징집되었다. 양창욱은 김두황이 의문사한 지 두 달여 지난 9월에 사단 보안대를 거쳐 사령부 직속 과천분실로 연행된다. 그를 기다리고 있던 인물은 심사장교 권오경이었다.[66] 양창욱은 『전환시대의 논리』를 포함해 그동안 학습한 모든 책을 써내고 고려대 학생운동 체계도를 그려야 했다. 끊임없이 "너는 쥐도 새도 모르게 죽을 수 있어"라는 협박을 당했다. 심사를 마치고 나서 양창욱은 태극기 앞에서 충성 맹세를 하라고 요구받았다. "여기서 알게 된 사실을 말하면 국가 1급기밀 누설죄로 엄벌을 받겠다"라는 각서까지 써야 했다. 끝이 아니었다. 양창욱은 진양분실로 옮겨졌다. 여기서 만난 인물이 박준현. 그는 양창욱에게 프락치 활동을 지시했다. "80학번 한선모가 뭐를 하고 있는지, 학회장 모임의 구성이 어떻게 달라졌는지" 파악해 오라는 요구였다. 양창욱이 강제징집 전 고대학생 운동의 지도부 위치였기에 더 가혹했다.

한국도 가입한 제네바협정에 따르면 전쟁 포로에게도 심리전이나 사상개조를 해서는 안 된다. 더더욱 자기가 속했던 공동체를 향해 적대행위를 강요하는 건 엄금한다. 전쟁 시에도 이 원칙을 지키는 게 인류가 합의한 약속이다. 그런데 보안사는 일상 시기에 자국민인 어린 학생을 상대로 프락치 활동을 하라고 압박했다. 진실화해위 2기 조사에 따르면 강제징집 대상자가 2921명이었고 거의 모든 특변자가 프락치 강요 공작의 대상이었다. 심지어는 여성과 군대 밖 민간인에게도 프락치 활동을 요구했다. 성균관대 사회심리계열에 81학번으로 입학한 신희정은 3학년 학기 초 강의실에 들어가다 보안사 요원한테 붙잡힌다. 그는 진양분실로 끌려가 2박 3일 동안 아방타방 문건에 대한 조사를 받았다. 풀려날 때 담당 수사관은 장학금을 줄 터이니 학교 동향에 대해 보고하라고 요청한다. 신희정은 거부했다. 진실화해위는 민간인이 27명이나 공작 대상이었다고 밝혔다.

## 철저한 감시체제를 구축하다

보안사는 특변자의 심사, 순화, 프락치 활동 강요 과정을 개인별 '존안자료' 안에 기록했다. 진실화해위 2기가 국가기록원으로부터 제출받은 개인별 존안자료는 2388명에 이르고 분량은 10만 쪽이 넘는다.[67] 존안자료에는 특수학적변동자 카드가 있다. 일종의 신상명세서다. 인적사항, 학력과 경력, 가족관계, 재산 내역 등이 적혀 있다. 또 "좌경의식을 가지게 된 동기와 활동 사항, 프락치 활동을 시킨 과정"이 적혀 있다. 경우에 따라서는 전역 후에 활용한 결과까지 담겼다.

존안자료는 박정희 때 시작한 전력자원 카드[68] 혹은 ASP 카드를 이어받은 것인데 거슬러 올라가면 일제 강점기 독립운동가에 대한 사찰 기록과 맞닿아 있다. 일제는 1931년 조선총독부 내훈 1호에 근거해 독립운동가를 요주의 인물과 요시찰 인물로 구분했으며, 임시정부 요인에 대해서는 1925년부터 요시찰인 명부를 작성해 관리했다.[69] 또한 보호관찰령과 예방구금령을 통해 출소한 사상범과 독립운동가를 감시하고 수시로 형무소에 가두었다.

해방 직후 잠시 중단되었던 사찰은 미군정이 경무부를 창설하고 일제 경찰을 중용하면서 부활했다. 아니 이전보다 강화되었다. 이승만 정부는 사찰 대상에 이념의 문제를 넘어 반정부 인사까지 포함시켰다. 6·25 전쟁 전 김해경찰서가 작성한 자료에 '미검거 보도연맹원 명부'와 함께 '중간파 회색분자 명부'까지 있었다. '사찰공화국'이 되었음을 보여주는 징표다. 사찰의 정점에는 특무부대가 있었고, 박정희 시대에는 방첩부대와 보안부대가 그 역할을 이어받았다. 결국 존안자료는 일제의 요시찰인 명부를 이어받은 것이며, 보안사는 일제 특별고등경찰의 후예가 된 셈이다.

군 내에서는 '대공설문'이라는 또 다른 감시 제도가 있었다. 보안사는 군에 구축한 감시 체계를 활용해 일상감시를 하였다. 예컨대 사단에는 중령이 지휘하는 보안부대를, 연대에는 대위가 반장을 맡는 보안반을 두었다. GOP 연대의 대대급에는 하사 계급의 주재관을, 중대 이하에는 정보원(망원)을 배치하여 문제 사병을 촘촘히 사찰했다.

내무반에서는 틈틈이 대공설문이 진행되었다. 군 안팎에서 보고 들은 다른 사람의 대공 혐의점을 기재하는 시간이었다. 반공주의 체제 하에서는 자신의 결백을 증명하기 위해 타인을 공격하고, 다른 사람의 사소한 특이점도 신고해야만 했다.

이는 여순항쟁 직후 피의 학살이 벌어질 때 활개 쳤던 '손가락총'을 연상시킨다. 1948년 10월 26일, 진압군은 여수 주민을 여러 곳에 모아놓고 생존 경찰관과 우익 인사로 구성된 심사요원이 손가락으로 지목만 하면 즉결 처분했다.[70] 대공 설문은 바로 이 '손가락총'을 '볼펜총'으로 대체하는 것과 다름없었다. 누군가를 지목하고 그의 말과 행동을 고발하라는 압박이었다. 이로 인해 보안대로 연행된 사람이 적지 않다. A씨가 그런 경우인데, 그는 1982년 대학 졸업 후 입대했다가 어느 날 보안부대로 끌려갔다. 입대 전 술자리에서 한 이야기가 원인이었다. 누군가가 군에서 진행된 대공 설문에 그 내용을 써냈고, 보안대는 "너 이런 말 했잖아"라며 그를 반공법 위반으로 옭아매 징역을 살게 했다.

이처럼 보안대는 전 군에 촘촘하게 그물을 펼쳤다. 오래전 얘기이나 서울시는 통장, 반장에게 상여금을 지급하고, 반상회 소집 권한을 주었다. 1976년 5월 31일 기준으로 반상회 참석율이 78.4%였다고 한다. 반상회는 반공교육의 장이고 특이동향 주민을 감시하는 장치로 기능했다. 모두가 모두를 감시하는 체계가 박정희정권 말에 구축되었다. 민간 사회가 이럴진대 군이야 더 할 말 있겠는가? 특변자의 처지는 더 고달팠으니 감시, 사상개조에 프락치 강요까지 이중삼중의 굴레 아래 살았다.

## 아군을 대상으로 한 고문

　보안사는 학생운동권 출신 병사를 적군으로 취급했다. '좌경의식을 품고서 북과 연계된' 우리 안의 괴이한 존재, 죽여야 할 죽여도 되는 존재로 바라봤다. 우리 헌법은 국민의 기본권을 보장한다. 대한민국 국민은 누구라도, 어떤 사상을 가지고 있더라도 영장 없이 연행되거나 갇히지 않아야 한다. 하지만 당시는 국가보안법이 헌법 위에 있었고, 보안사는 국가 위로 기구로 특변자 위에 군림했다. 헌법의 기본권은 철저히 외면당했다. 불법 연행이 판을 쳤다. 보안사는 특변자가 수락해 임의동행했다고 주장하나 거짓이다. 동행을 거부할 수 있다고 알려줘야 하나 특변자 누구도 설명을 듣지 못했고 연행 이유 또한 들은 적이 없다. 수사를 받을 때는 진술거부권은 물론 변호사의 도움을 받을 수 있어야 하지만 보안사는 모두 무시했다. 국가보안법을 인정하더라도 경찰과 안기부가 수사할 일이었으니 보안사는 직권을 남용했다. 애초에 '녹화사업' 자체가 위헌, 위법이니 과정에서도 불법과 탈법이 난무했다. 가장 심각한 종류가 보안사령부와 사단 보안부대 차원에서 저지른 고문이었다.
　1979년 서울대 사회계열에 입학한 정재홍은 후진국경제연구회에 가입, 학내 서클활동을 하면서 서울제일교회에 다녔다. 그는 광주 학살을 알리는 스티커를 부착하다가 계엄포고령 위반으로 구속되었으나 기소유예로 석방된다. 하지만 1981년 5월 무림 사건으로 강제징집되었다. 8사단에 있던 그는 제대 말년인 1983년 어느 날 지프차에 실려 안대를 쓴 채 서울 어떤 아파트로 끌려간다.[71]

"들어가니 완전히 지옥이었죠. 명찰과 계급장이 없는 군복으로 갈아입히고 허리띠를 풀은 상태에서 폭력이 시작되었죠. 무조건 때렸어요. 얼차려 주고 주먹으로 가슴과 배를 때리고 발로 차는 등 엄청 맞았습니다. 그다음부터 진술서를 썼죠. 오전에 쓰면 오후에 검사하러 들어오고, 저녁이면 그다음 날 오전에 검사하러 들어왔어요. 하루에 두 번씩 검사를 하는데 매 맞는 시간입니다. 자기들이 아는 내용이 없거나 새로운 사실이 없으면 정신봉이라고 새겨진 팔각 형태의 몽둥이로 온몸을 때렸습니다. 몽둥이 찜질이죠. 엉덩이만 때린 것이 아닙니다. 등부터 발바닥까지 온몸에 멍이 들 정도였어요."

사단 보안대, 과천분실, 진양분실 어디서건 매타작은 기본이었다. 보안사가 심사장교 제도를 운용하면서부터는 심사장교는 어르고 군무원이나 사관급 수사관이 매타작을 하는 방식으로 교묘해졌다. 웅변대회 1등을 하고서 전방 부대를 돌았던 김석호도 많은 고통을 당했다.

"뺨 때리는 것은 기본이었고요. 목에다 총을 들이대고 죽여버린다고 했어요. 그러면서 '우리는 사고 처리하면 끝난다'라고 했습니다. 둘째 날은 대검을 제 목덜미에 들이댔습니다. 모가지 따버린다고 했어요. 하지도 않은 일을 했다고 하면서 그렇게 쓰라고 하는데 정말 죽고 싶었습니다. 지금도 대검이 제 목에 닿았을 때의 느낌이 섬뜩합니다."

증언을 모아보면 단순 구타를 넘어선 경우가 많다. 전북대 재학 중에 계엄포고 제10호 위반으로 수배되었다가 검거된 김형근은 1980년 9월 4일 강제징집된다. 그는 제대 말년인 1983년 2월 4일부터 한 달간 보안부대에서 온갖 고문을 당했다. 고인이 된 김형근을 대신해 부인이 전한 피해 사실이다.

"형근 씨가 저에게 얘기해주길 군 복무 도중 보안대에 끌려가 3개월가량 지하실에서 조사를 받았는데, 매일 맞는 것은 일도 아니었고요, 발가벗긴 채 조사를 받았다고 합니다. 맞기만 맞은 것이 아니라 물고문을 당하였고, 특히 그곳의 하수도 구멍은 사람 머리가 들어갈 정도로 컸는데, 발가벗긴 상태에서 하수도에 형근 씨의 머리를 집어넣고 '너 이대로 하수도에 처박으면 아무도 몰라 이 새끼야'라고 하는 등 엄청난 공포가 있었다고 합니다. 지하실 바닥을 발가벗겨진 상태에서 기어다녔고요. 어떻게 해서든 살아남아야겠다는 생각밖에 없었다고 합니다."[72]

혹독한 고통을 겪은 김형근은 무릎이 틀어지는 후유증을 겪었고 늘 불안한 상태로 평생 고생했다. 서울시립대 경영학과 84학번 차기율의 사례도 끔찍하다. 그는 1986년 9월에 강집되어 12월 17일 보안사 서빙고실로 끌려갔다. 차기율은 서울시립대 민민투 위원장인 김승배의 소재를 불라고 24일간이나 고문받았다. 그가 진실화해위에서 2023년 11월 17일에 남긴 진술이다.

"두 번째 날인가 전기고문을 당했습니다. 육중한 의자에 앉히고 엄지손가락에 코일을 감더라구요. 물을 확 끼얹고 그때 정확하게는 모르지만 이렇게 돌리는 것 같았어요. 그때마다 고통을 느껴서 한 번, 두 번 기절을 했었던 걸로…"

세상에 고문을 이길 수 있는 사람은 없다. 조지 오웰의 소설 『1984』에서 주인공 윈스턴 스미스는 줄리아와 사랑을 하고 같이 반체제 활동을 하다 체포된다. 윈스턴은 101호실에서, 자신이 가장 무서워하는 쥐를 이용한 고문을 당한다. 그는 고통을 못 이겨 "나 말고 줄리아에게 해"라고 외치고 만다. 윈스턴은 겉으로는 평화를 얻었으나 진정한 평화는 아니었다. 두 사람의 사랑은 파탄 났고 그에게는 굴종의 삶만 남았다. 고문은 자존감을 짓밟고 굴

욕 속에 살아가라고 요구한다. 무릎을 꿇고 노예처럼 살기를 원한다. 구타나 잠 안 재우기는 물론이고 물고문·전기고문까지 동원한 만행, 동행거부권이니 묵비권이니 국민의 기본권은 보안사 앞에서 한가한 소리였다. 이런 강요와 고문 속에서 청춘들이 죽음에 내몰렸다.

## 9명이 숨지다

강녹진은 강제징집으로 숨진 청년을 정성희, 이윤성, 이진래, 최온순, 김두황, 한영현, 한희철, 김용권, 최우혁 등 9명으로 파악하고 있다.[73] 1부에서 서술했지만 몇몇 사례를 압축해서 다시 살펴보자.

연세대 81학번인 정성희는 1학년 2학기인 11월 25일 벌어진 학내 시위에서 연행되었다. 그는 만 20세도 안 된 상태에서 신체검사 없이 5사단으로 끌려갔다. 정성희는 1982년 7월 23일 전방 철책선 5통문 근처의 26초소에서 숨진 채 발견된다. 205보안부대에서 프락치 강요를 받고 괴로워하던 중이었다.

성균관대 사학과 81학번인 이윤성은 1982년 11월 3일, '학생의 날' 거리시위에서 붙잡혀 11월 6일 5사단으로 끌려갔다. 2대 독자이고 부친이 예순을 넘어 보충역 판정이 나와야 함에도, 구속되지 않으려면 군대 가라고 협박당했다. 그로부터 6개월이 지난 1983년 5월 4일 새벽 3시경, 이윤성은 205보안부대의 테니스장에서 숨진 모습으로 발견되었다.

이렇게 주검이 된 청춘들이 모두 9명에 이르건만 군 헌병대는 의문사를 대부분 '자살'로 발표했다. 설령 스스로 목숨을 끊었다 할지라도 일상적인 감시와 괴롭힘, 보안부대의 불법 수사에서 비롯되었다. 죽음의 비극은 제대 후 군대 밖에서도 이어졌다. 고문의 후유증 때문이었다.

서문에도 소개했지만, 서울대학교 사회계열에 81학번으로 입학한 박석중은 3학년 들어 학도호국단에서 부학생장을 맡았다. 그는 11월 학내 경찰 철수를 요구하며 시위를 주도하다 관악경찰서로 끌려가 강제징집되었는데, 군에서도 강제징집자 모임을 모색하다 헌병대로 연행되어 심한 고문을 받았다. 제대 후 박석중은 고문 후유증으로 생긴 디스크와 악성임파종으로 투병하며 고통스럽게 살다가 2004년 42살에 숨지고 말았다. 경북대 역사교육과 80학번 권순형도 안타까운 사례다. 그는 광주민주화운동을 알리는 투쟁을 하다 1981년 4월 강제징집을 당했다. 1983년 6월 그는 의병 제대할 정도로 보안대에서 고문을 당했다. 제대 후 오랜 시간 권순형은 정신병에 시달린다. 결혼도 못 하고 직장도 가질 수 없었다. 그는 2018년 월세 10만 원짜리 자취방에서 숨을 거두고 1~2주 후에 발견되었다. 정부 차원에서 강제징집자를 모두 조사한다면 알려지지 않은 죽음이 더 드러나리라 본다.

고문과 괴롭힘에서 살아남은 생존자도 트라우마에 시달렸다.

연세대 행정학과 83학번 김용신은 언더 활동을 하다 1986년 12월 입대했다. 그는 1987년 2월 하순 건대 항쟁의 배후로 지목되어 22사단 보안부대로 연행되었다가 송파 대공분실로 끌려간다. 김용신은 여기서 전기고문과 엘리베이터고문까지 당했다. 엘리베이터고문은 보안사의 가장 악명높은 고문인데 김병진의 『보안사』에 상세한 묘사가 있다. 철제의자에 앉힌 다음 버튼을 누르면 의자는 그 자리에서 1~2층 깊이의 지하로 내려간다. 아래에서는 물이 찰랑대는 소리가 들린다. 이때 수사관은 묶인 사람에게 "이 방 아래로 한강이 흐른다. 너 하나 죽여서 강물에 던지면 아무도 모른다"라고 겁을 준다. 극심한 공포를 느낄 수밖에 없다고 한다. 김용신은 만신창이가 되어 자대로 돌아왔는데 기다린 건 선임의 돌림매였다. 그는 환청과 환시에 시달렸다. 어찌어찌 제대하고 정신과 치료를 받았으나 세 번이나 자살을 시도했다. 앞서 차기율도 제대 후에 이명의 고통을 겪었고 언제부턴가 찾아온 폐쇄공포증이 항상 곁에 머물렀다. 그는 오랫동안 신경안정제를 복용해야 했다.

## 국가안보라는 이름 아래의 폭력

12·3 내란 사태 때 '강전치' 공작을 겪은 이들 중에는 과거의 기억이 떠올라 고통을 겪은 사람들도 여럿이 있었다. 군대에서 탈영했던 조종주는 계엄 소식을 듣고서 공포에 휩싸였다고 한다. 전

두환 시절에 남은 상흔이 폭발하듯 튀어나와, 한 번 올라간 혈압은 아무리 약을 써도 내려가지 않았다. 평상심을 회복한 건 2025년 4월 4일, 헌법재판소에서 윤석열 파면이 확정된 이후부터였다.

적지 않은 사망자가 발생하고 수십 년이 지난 지금까지 특변자가 트라우마에 고통받고 있지만, 이에 대한 조사는 이루어지지 않았다. 진실화해위 2기가 관련된 정부 부처의 사과를 권고했으나 보안사의 후신인 방첩사는 꿈적하지 않았다. 그동안 의문사위, 국방부과거위, 진실화해위에 출석한 보안부대 관계자는 한결같이 고문 사실을 부정했다. "국가안보를 위해 정당한 일을 했다"라고 억지 주장을 늘어놓았다.

보안사, 기무사, 방첩사로 이어지는 한국의 보안, 방첩 부대는 태생부터가 반인권범죄에 맞닿아 있다. 현 방첩사의 출발점은 1949년 10월 17일 육군본부 정보국 내에 설치된 방첩과다. 이 방첩과는 여순항쟁이 사그라든 뒤 1949년 이른바 '숙군' 작업을 주도했으며, 1950년 남북 사이에 전면전이 일어나자 '보도연맹원 및 적색분자 처리를 포함한 후방지역 방첩'이라는 명분으로 민간인 학살에 앞장섰다.

방첩과 충북지구 파견대는 6월 29일 청주형무소 재소자와 예비검속된 보도연맹원의 학살을 지휘했고, 7월 9일에는 충남지구 파견대 산하 공주 분견대가 공주형무소의 재소자 학살을 이끌었다. 대구, 청도, 영천 등 전국 어디에서나 같은 식의 학살이 있었다.

방첩과는 1950년 10월, 육군본부 직할인 특무부대로 격상되었고, 1951년 5월 김창룡이 부대장으로 부임하면서 이승만정권의 핵심 보위부대로 자리 잡았다. 특무부대의 역할은 1952년 이승만의 재선 과정에서 노골적으로 드러난다. 당시 이승만은 임기 만료가 다가오자 국회의 간접선거로는 재선이 불가능하다고 보고 대통령 직선제 개헌안을 제출했으나 부결되고 말았다.

이때 김창룡의 특무부대가 '부산 금정산 공비 위장 사건'을 일으킨다. 대구형무소 재소자 7명에게 인민군 군복을 입혀 금정산에 나타나게 한 후 전원 사살하는 공작이었다. 이 음모가 실행되자마자 이승만은 5월 25일 경남, 전남, 전북에 비상계엄을 선포했고, 영남지구 계엄사령관 원용덕은 국회의원 40명이 탄 출근 버스를 헌병대로 연행해 의원들을 협박했다. 결국 이승만은 직선제 개헌을 관철했고, 8월 5일 선거에서 재선에 성공했다. 이승만 자신이 주도한 친위 쿠데타였다.

현 방첩사의 기원인 특무부대는 이처럼 민간인 학살과 독재정권의 전위부대라는 유전자를 아로새기며 출발했다. 박정희, 전두환 정권을 거쳐 오늘에 이르기까지 보안사, 기무사, 안보지원사령부를 거쳐 방첩사로 이름만 바꿨을 뿐 본질은 변하지 않았다. 12·3 내란을 겪고 보니, 이승만·원용덕·김창룡 라인과 윤석열·김용현·여인형으로 이어지는 라인, 심지어 그 친위 쿠데타 방식까지 너무나 흡사하지 않은가. 반인도적, 반헌법적 범죄도 국가안보라는 명목으로 정당화하고 제대로 처벌받은 역사도 없기에, 방첩사는 수많은 청년의 죽음 앞에서도 반성하지 않고 지난 잘못을 외면하고 있는 것이다.

## 가족까지 이어지는 고통

안타깝게도 청년의 죽음은 또 다른 죽음으로 이어졌다. 자식이 굶주리면 뼈를 깎아서라도 먹이는 게 부모 마음 아닌가. 자식의 죽음을 접할 때 더구나 의문사라면 그 상심이 얼마나 크겠는가? 김두황은 1983년 3월 군대로 끌려가고 불과 3개월 만인 1983년 6월 18일, 마루뼈가 두 쪽 나고 뇌가 거의 날아간 참혹한 모습으로 발견된다. 22사단이 경계하는 강원도 고성 해안가, 간첩 침투로를 감시하는 초소에서였다. 김두황의 부친은 김두황이 죽은 뒤 살아갈 희망을 잃어버렸다. 1년 남짓 지났을 때 집 안에서 창밖을 보다 허깨비처럼 쓰러져 보름 동안 병상에 누웠다가 숨졌다. 서울대 서양사학과 84학번 최우혁은 경제법학회에서 활동하면서 학생운동에 뛰어들었고 관악서를 뻔질나게 드나들었다. 그는 담당교수와 관악서의 압력, 어머니의 간청에 휴학하고 입대한다. 최우혁은 1987년 9월 8일 20사단 7327부대의 영내에서 '분신자살했다'고 발표되었다. 그가 숨지자 어머니 강연임은 자신이 "군대를 가라고 등 떠밀어" 아들이 숨졌다고 자책하다 한강에 몸을 던졌다. 죽음이 또 다른 죽음을 부르는 비극이었다.

## '선도'라는 이름으로 계속된 공작

전두환정권이 모든 정부 조직을 동원하고 보안사가 앞장서 저지른 이 범죄는 오랫동안 진상이 밝혀지지 않았다. 군 깊숙한 곳에서 벌어진 일이고 모든 정보를 꼭꼭 감춰 전모를 파헤치기가 쉽지 않았던 탓이다. 하지만 이 범죄가 마냥 숨겨질 수만은 없었다. 특히 1983년도에만 이윤성, 김두황, 한희철이 전방 5사단에서 잇따라 숨지면서 이야기는 분분하게 퍼져나갔다. 또 강제징집되었다가 제대한 학생이 학교별로 복학생대책위를 구성해서 목소리를 냈고 종교단체도 이에 가세했다. 1983년 12월 천주교정의평화위원회 사무실에서 가톨릭학생회가 한희철을 살려내라고 농성을 벌였다. 1984년 2월 20일 기독교회관에서는 제적 학생 140여 명이 모여 '강제징집 철폐'를 외치며 정성희, 이윤성, 한희철 등 군 의문사 사건의 진상규명을 강력히 요구했다. 마침내 '의문사'가 이슈로 떠올랐다.

학교가 개학하면서 열기는 더 뜨거워진다. 1984년 전두환이 이른바 '학원자율화 조치'를 시행해 캠퍼스에 싸움의 공간이 열린 터였다. 고대에서는 고려대 자율화추진위원회가 4월 17일 '고 김두황 학우 추모식'을 연다. 2000여 명의 학생이 민주광장에 모여 김두황의 영정과 관을 앞세우고 교문 돌파 투쟁을 벌였다. 성균관대에서는 1984년 5월 4일 이윤성 사망 1주기를 맞아 진상규명을 요구하며 정문 앞에서 싸움을 전개했다.[74]

이런 흐름에 더해 민주한국당의 김병오 의원이 국회에서 강제징집되고 나서 숨진 여섯 명의 문제를 제기하고 나섰다. 천주원 병무청장은 3월 15일 국회에서 입영은 당사자가 결정하는 것이니 보복이나 처벌이 아니라며 '강제징집'이라는 용어를 부정했다. 윤성민 국방부장관도 6월 26일 국회 본회의에서 "군은 학적변동 입영자에 대해 소위 '녹화사업'을 시킨 일도 없으며 할 수도 없다"라고 목소리를 높였다.

하지만 1981년부터 1983년까지 누적된 특변자가 1116명이고 1983년도에만 560명에 이르렀다. 1984년 6월에는 민주화운동청년연합과 한국기독학생회총연맹 등 8개 단체가 모여 강제징집문제대책위원회를 결성했다. 여론은 갈수록 뜨거워지고 투쟁의 불길은 사그러들지 않았다.[75] 결국 전두환정권은 학적 변동 학생에 대해서도 최소한의 절차를 거친 후 입영하게끔 방침을 바꿨다. 보안사도 이에 따라 1984년 12월 19일 대공처 심사과를 2년 만에 해체한다. 심사과 직원은 정보처 5과 및 예하 보안부대로 전속되었다. 강제징집을 뒷받침하던 지도휴학제도 1984년 7월 18일 고려대를 시작으로 폐지되어 나간다.

하지만 눈 가리고 아웅이었다. 1984년 9월 22일 개정된 병역법 시행령에는 "특변자에게는 징병검사 통지기간을 단축할 수 있고 징집순서도 바꿀 수 있다"라고 명시해 편법으로 강제징집이 가능한 조건을 만들어놓았다. 심사과를 폐지할 때 '미심사자'가 247명이나 있다고 하며 보안사는 정보과 1계로 심사과 업무를 인계

한다. 이는 여러 문서를 통해 알 수 있다. 1985년 1월 28일 보안사 정보처는 '선도업무 활동 지침'을 전군에 내려보낸다. 2월 1일에는 조금 더 구체화한 '85 선도업무 활동 지침'을 하달하면서 속내를 숨기지 않았다. "업무보안 노출 등으로 문제화되고 있어 지침을 재검토 보완"하는 것이라며 녹화사업이 정치 쟁점으로 부각되어 명칭을 바꿨다고 시인한다. 녹화를 선도로, 특변자를 선도 대상자, 심사·순화는 선도로, 좌경의식화 사병은 관심 대상자로 용어만 분칠했다.

선도업무의 피해는 녹화공작을 진행할 때와 다를 바 없었다. 1부 김용권 편에서 다룬 그의 사연을 짧게 상기해보자. 서울대 경영대 83학번이던 김용권은 관악경찰서 형사의 등쌀에 시달리고 부모의 애원도 있어 1985년 1월 18일 자진 입대한다. 김용권은 208보안부대에서 서울대 민민투와 김용권이 활동하던 세계문화연구회 출신의 여러 수배자를 잡는 데 협조하라고 고초를 당했다. 특히 남영동 대공분실 수사관이 박종철로부터 캐내려던, 81학번 박종운과 82학번 정경현의 행방을 알고자 했다. 김용권이 거부하니 돌아온 건 매타작이었다. 김용권은 풀려난 후 정신병을 앓다가 1987년 2월 20일 높이 1.25m 안팎인 2층 침대에 목을 건 사체로 발견된다. 20사단에서 근무하던 서울대 최우혁이 숨진 시기도 1987년이니 208보안부대만의 일탈 행위라고 말할 수 없다.[76]

1984년 말에 형식상 녹화공작을 폐지했을지 모르나, 선도라는 이름으로 공작은 계속되었다. 1980년대 중후반 정세는 요동

쳤다. 학원자율화 조치 이후 대부분의 대학에서 총학생회가 부활하고 학생운동의 동원 능력은 더욱 커졌다. 1984년 11월 민정당사 점거 투쟁, 1985년 5월 미문화원 점거 투쟁은 대학 간 연대 투쟁 능력을 보여줬고 반미, 반핵, 민중 해방 등 우리 사회의 근본적인 변혁을 요구하기 이르렀다. 이에 비례해 탄압은 더욱 거칠어졌다. 학생운동의 지도조직 민추위의 간부인 서울대생 우종원이 경부선 철로 변에서 변사체로 발견된 게 1985년 10월 11일이다. 박종철이 남영동 대공분실에서 숨진 게 1987년 1월이다. 1989년에는 수배 중이던 중앙대의 이내창과 노동자 이재호가 의문사했다. 이런 정세에서 보안사는 공작을 포기할 리 없었다. 선도에 이어 1989년 이후에도 '청미', '마파람', '921' 등으로 이름을 바꿔가며 1996년까지 공작을 계속했다.[77]

3장

가해자는
누구인가

1984년에 벌어진 각 대학의 강제징집 진상규명 투쟁은 여러 갈래의 유가족 투쟁을 하나로 모으는 원동력이 되었다. 의문사유가족협의회는 출범 이래 한순간도 투쟁을 멈추지 않았다. 의문사유가족협의회는 1988년 10월 17일 결성되자마자 기독교회관에서 135일간 농성하며 진상 규명을 촉구했다. 투쟁의 분수령은 1998년 11월부터 1999년 12월까지 422일 동안 국회 앞에서 이어진 천막 농성이었다. 이들의 절박한 요구에 마침내 김대중 대통령은 1999년 말, 의문사 관련 법 제정을 수용하게 된다. 하지만 당시 한나라당과 자민련의 반발, 보수 관료의 저항을 의식하여 정의보다는 화합에 방점을 둔 의문사진상규명법을 만들게 된다.

### 국가 차원의 강제징집 공작 조사가 시작되다

이런 한계를 안고 출범한 의문사위는 '강전치' 공작 전반보다는 개별 의문사 사건에 초점을 두어 정성희, 이윤성, 한영현, 한희철, 김두황, 최온순 사건을 집중 조사했다.[78] 이 중 정성희, 이윤성, 한영현, 한희철은 민주화운동 관련 사망이며 공권력의 위법한 사용으로 죽음에 이르렀다는 판정을 내렸다. 김두황과 최온순의 경우는 안타깝게도 진실규명 불능이라는 결정이 나왔다.

의문사위는 사건의 전모를 밝히지는 못했으나 광범위한 관련자의 진술을 받았다. 사건이 발생한 지 20년이 되지 않은 시점이라 가해자 및 참고인이 대부분 살아있어 생생한 증언을 모았다. 서의남이 "전체 관련자 5000여 명의 존안 자료를 생산했고, 철제 캐비닛 17개 분량이었으며, 이를 (후임자에게) 인수인계했다"고 증언한 것도 이때였다.

의문사위에 이어 2005년 발족한 국방부과거사위는 녹화사업과 선도업무 관련 문서를 많이 확보했다. 보안사와 그 뒤를 이은 기무사가 국방부 소속이어서 확보가 용이했다. 이때 존안자료도 샘플 차원에서 일부 분석을 했다. 국방부과거사위의 조사 결과는 사건 전모를 파악할 수 있는 디딤돌이 되었고 '강제징집'이라는 용어도 공식화된다.

강전치 공작의 전모가 생생히 밝혀진 건 진실화해위 2기를 통해서다. 2기 활동 전에 출범한 강녹진은 널리 피해자를 모았다. 이들 중 일부인 482명이 1~5차에 걸쳐 진실화해위에 집단으로 진실규명 신청을 했다. 진실화해위는 신청자의 생생한 진술을 받고 군사안보지원사령부가 국가기록원으로 이관한 2388명의 존안자료를 확보했다.[79] 이런 노력 끝에. 진실화해위는 2022년 12월 15일 1차 결정서에서 이 사건이 "인간의 존엄과 가치를 침해한 총체적인 인권유린이다"라고 판단했다. "국방부·행정안전부·경찰청·교육부·병무청과 각 대학은 중대한 인권침해에 대해 사과해야 한다. 또한 국가는 재발 방지와 피해를 어루만지는 조치를 해야 한다"라고 결정했다. 의문사위의 결정을 뒤집어 김두황의 죽음에 대해서도 진실규명 결정을 내렸고 이윤성, 한희철에 대해선 의문사위의 결정을 재확인했다. 의문사위에 신청하지 않았으나 진실화해위 2기에 신청한 김용권에 대해서도 진실규명을 결정했다. 하지만 이진래, 최우혁, 정성희, 최온순에 대해선 진실규명이 보류되어 3기를 기약해야 하는 상황이다.

## 가해자는 누구인가

지금까지 조사와 증언으로 확인된 '강전치' 사건의 핵심 가해자는 박준병, 최경조, 서의남과 일선 보안부대장 그리고 심사장교단으로 볼 수 있다. 박준병은 노태우의 후임으로 1981년 7월 14일 보안사령관이 되어 '강전치' 공작을 지휘했다. 그는 1984년 7월 6일까지 보안사령관을 맡았는데 그의 재임 기간 이윤성, 김두황, 한영현, 한희철이 사망했다. 5사단의 이윤성이 1983년 5월 4일 205보안부대 내에서 숨졌을 때도 보안사는 녹화공작을 멈추지 않았다. 1983년 5월 중 보안부대별 심사 인원을 보면 사령부 2명, 107부대 1명, 227부대 3명 등 모두 32명이다.[80] 서울대 요업공학과 78학번 양점식은 계엄포고령 위반으로 1981년 4월 21일 입대를 해 1983년 5월 11일 영동공사(107보안부대)로 끌려갔다. 그는 조사실에서 "여기 지하실에서 죽어나간 사람이 많다"라는 얘기에 두려웠다고 한다. 양점식은 이윤성이 죽은 직후 보안부대에서 고문받았으니 박준병의 보안사가 '특변자'의 목숨을 얼마나

가볍게 취급했는지 알 수 있는 사례다.

　사령관 밑에서 실무를 총괄한 책임자는 대공처장 최경조다. 전두환의 대구공고 후배인 그는 1961년 갑종장교로 육군 소위가 된다. 최경조는 1979년 2월 13일 보안사 대공처의 공작과장으로 임명되는데 그 직후인 3월 5일 전두환이 보안사령관으로 취임했다. 그는 든든한 뒷배를 만나게 되어 기뻤을 것이다. 최경조는 전두환의 충복 노릇을 한다. 10·26 직후 점령팀으로 중앙정보부에 파견되었고 광주민주화운동을 진압할 때는 광주·전남 합동수사단 수사국장을 맡아 8000명은 구속되어야 한다고 큰소리쳤다. 그 공로를 인정받아선지 최경조는 1981년 9월 7일부터 1985년 1월 6일까지 보안사의 핵심 요직인 대공처장을 맡았다. '강전치' 사건의 처음부터 중간까지를 총괄했고 이 기간에 정성희부터 한희철까지 6명이 숨졌다.[81]

　최경조 밑에서 집행을 책임진 사람은 서의남이다. 최경조와 서의남은 1980년 5월 계엄사 광주·전남합동수사본부에서 국장과 부국장으로 호흡을 맞췄고 보안사령부에선 대공처장과 심사과장으로 '강전치' 공작을 주도한다. 그는 보안사 대공학 교관 시절인 1979년, 녹화공작의 초안을 작성해 전두환에게 브리핑한 것으로 보인다. 서의남은 수시로 "녹화사업이 국가를 위해서도 전두환 대통령을 위해서도 중요하기에 반드시 성공해야 한다"고 강조했다.[82] 서의남은 의문사위에서 김두황 의문사 사건을 조사받을 때 "83년 3월 말부터 3개월간의 녹화사업 과정이 개인별로 정리된

업무수첩"을 내보이며 무관함을 주장했다. 의문사위는 2002년 8월 20일 서의남에게 업무일지 제출을 요구했으나 그는 따르지 않았다. 서의남은 한술 더 떠 업무일지를 불태운 사진 세 장을 의문사위로 보냈다. 조롱하는 듯한 행동이었다. 의문사위는 8월 30일 강서구 등촌동에 있던 서의남을 찾아갔으나 잠적한 상태였다. 의문사위 조사3과장이었던 박래군은 "우리는 통화내역이나 차적을 조회할 수도 없고, 계좌추적도, 압수수색도 불가능하다"라며, "눈앞에서 역사적인 기록물을 확인해놓고도 입수할 방법이 없다"라고 안타까워했다.[83] 서의남은 녹화공작만이 아니라 종교계를 대상으로 '평화공작'까지 꾸몄다. 교황 요한 바오로 2세가 1984년에 방문하기로 하자, 전두환정권은 종교계에서 민주화 요구가 거세지리라 우려했다. 이때 세운 공작이 바로 평화공작이다. 서의남이 기획하여 전두환에게 결재를 받았는데 종교계에 기획 간첩 사건을 일으켜 교황 방문 전에 저항 움직임을 제압한다는 게 요지였다.

　이 외에 가해자로서 책임을 물어야 할 위치에 있던 사람들이 있다. 가령 5사단의 이윤성이 205보안부대 내에서 숨졌을 때 5사단 헌병대장은 유영채 중령이었다. 당시 그는 이윤성의 사망 시각을 조작했다. 6개월 후 같은 사단의 한희철이 죽었을 땐 보안사의 고문 사실을 알아차리고도 손영적 수사관에게 더 깊이 파고들지 말라고 만류한다. 그 외에도 한영현이 죽은 7사단, 김두황이 숨진 22사단, 최우혁이 의문사한 20사단의 보안부대장, 사건을 축소 조작해 발표한 해당 사단의 헌병대장들이 있다.

한편, 일선에서 활동한 심사장교가 있다. 이들은 사령부 직속 진양분실과 과천분실 그리고 사단별 보안부대에서 직접 순화, 활용 업무를 했으니 책임이 크다. 심사장교 중 23명의 명단을 2022년 '서울의 소리' 방송에서 공개한 바 있다.[84] 고려대 출신 심사장교였던 석락희는 의문사위와 진실화해위에서 양심에 따라 진술해 '강전치' 사건의 전모가 드러나는 데 이바지했다. 이와 달리 대부분의 심사장교는 과거에 대해 입을 닫고 있다. 심사장교 중에는 제대 후 언론사 보도본부장, 기초자치단체장이 되는 등 출세 가도를 달린 사람이 많다. 이들이 과거를 반성하고 양심선언을 한다면 공작의 전모를 밝히는 데 도움이 될 것이다. 이들의 결단을 바란다.

4장

제노사이드에 버금가는
국가폭력

진실화해위 2기는 2022년 11월 '강전치' 공작을 "신체의 자유, 자기결정권, 사상과 양심의 자유를 총체적으로 유린한 사건"으로 규정했다. 의미가 있는 판단이며 결정이다. 그러나 '충분한가? 철저한가?'를 물으면 쉽게 대답할 수 없다. 진실화해위는 삼청교육대나 형제복지원 사건도 인권유린이라고 결정했다. 틀리지는 않으나 세 사건 모두 인권유린으로만 설명하면 각각이 지닌 본질이 제대로 드러나지 않을 수 있다. 특히 '강전치' 공작은 국가권력이 치밀하게 저항 세력을 공격한 사건이어서 엄밀한 자리매김이 필요하다. 진실화해위의 판단을 따르면 대안은 인권 감수성을 키우고 정보·수사 부처 공무원에게 인권 교육을 하는 것이 된다. 그렇게만 하면 '강전치' 공작 같은 일이 다시 일어나지 않을까? 문제의 실상에 맞는 이름을 제대로 붙일 때 진정한 해법을 찾을 수 있다.

## 정치적 반대 세력에 대한 집단살해

나는 '강제징집, 전향·프락치 강요' 공작이 '제노사이드에 버금가는 국가폭력이며 반인도범죄'라고 바라본다. 우리 사회는 제노사이드, 즉 집단살해죄를 북아메리카에서 자행된 원주민 학살이나 일본제국주의의 난징대학살처럼 많은 목숨을 잃은 경우만 해당한다고 여기고 있다. 이는 잘못된 이해다. 1948년 UN 총회에서 나치의 홀로코스트를 규탄하면서 제노사이드협약이 체결되었다. 이때 제노사이드를 집단구성원을 살해하는 것만이 아니라 "중대한 신체적·정신적 위해를 가하는 것, 의도된 생활조건을 집단에게 고의로 부과하는 것" 등으로 폭넓게 정의했다. 2002년 출범한 국제형사재판소도 이 정의를 이어받고 있다. 우리나라는 1951년 1월에 제노사이드협약을 비준하고 2002년 11월에는 국제형사재판소에 가입했다.

협약 내용과 재판소의 정의를 '강전치' 공작에 대입해보자. 우선, '집단구성원'의 문제는 이론의 여지가 없다. '강전치' 공작은 국방의 의무를 내세워 징집했으나 병력 확보에는 아무 관심이 없었다. 실제 목적은 학생운동의 지도부를 솎아내는 것이었다. 박정희정권 시절 긴급조치 때문에 모두 숨죽일 때, 전두환의 광주 학살에 세상이 움츠러들 때 학생운동만이 떨쳐 일어났다. 2·8독립선언·광주학생의거·4·19혁명을 계승한 청년 학생이 선봉에 서자 교회, 시민, 재야가 움직였다. 박정희, 전두환, 노태우로 이어지는 군부독재는 학생운동을 증오하면서 두려워했다. 강력한 저항 세력인 학생운동 집단을 절멸하고 싶었다. 전두환이 "모두 전방으로 끌고 가라"고 한 지시는 이 점을 뚜렷하게 보여준다. 제노사이드는 전쟁범죄나 반인도범죄와 달리 '특정 집단'을 향한 범죄다. 나치는 유대인만이 아니라 동성애자, 장애인도 절멸 대상으로 삼았다. 파시즘이 가는 길에 조금이라도 장애가 되는 '집단'이라면 거침없이 박해를 가했다. 박정희와 전두환도 그랬다. '특정 집단'을 절멸하려는 것이 제노사이드라면 '강전치' 공작은 이에 부합한다.

두 번째, 대학생들은 심각한 신체적 정신적 위해를 당했고 피해자가 매우 많았다. 진실화해위 2기가 밝힌 강제징집자의 수는 2921명이다. 녹화공작 피해자는 2388명이었다. 이 숫자가 전부가 아니다. 서의남이 의문사위에 나와서 5000여 명의 관련자 카드가 있다고 증언한 사실을 기억해야 한다. 이 중 죽음에 내몰린 사람이 군의문사특별위원회의 집계에 따르면 18명에 이른다. 유족 또한 상심 끝에 병사하거나 스스로 목숨을 끊은 경우가 있다. 죽음이 죽음을 불렀다. 후유증으로 제대 후에 숨진 박석중이나 권순형, 트라우마에 시달리는 사람은 조사조차 안 되었다. 끌려간 특변자 수천 명은 구금시설이나 마찬가지인 군대에 갇혔다. 높다란 담장과 철조망으로 둘러싸인 병영 내 내무반은 이중, 삼중의 감옥이었다. 보안부대와 소속대의 지휘계통, 내무반에 심어진 망원에 의해 촘촘하게 감시받았으니 실험실의 생쥐였다. '의도된 생활조건을 집단에게 고의로 부과하는 것'과 '신체적 정신적 위해를 가하는 것'이 집단살해 범죄의 중요 요건이라고 볼 때 강전치 공작은 여기에 어긋나지 않는다.

세 번째, 수십 년에 걸쳐 정부조직이 하나가 되어 범죄를 저질렀다는 점이다. 해방 후 한반도 남쪽에서 일어난 제주, 여순, 광주의 학살은 짧은 시간 군대에 의해 저질러졌다. '강전치' 공작은 박정희가 3선개헌을 꾀하던 1960년대 말부터 노태우정권 이후인 1990년대까지 최소한 20년 이상 자행되었다. 국방부, 병무청, 치안본부에다가 문교부까지 한통속이 되어 일사불란하게 움직였다. "어차피 가야 할 군대"라는 논리로 해당 학생의 저항 의지를 꺾고 부모와 주변의 분노도 누그러뜨렸다. 보안사는 핵심 실행기관으로 기획과 집행을 맡았다. 경찰은 행동대가 되어 학생을 납치해 군대로 끌고 갔다. 문교부와 각 대학은 대상 학생 명단을 짜서 보안사에 바치고 휴학처리를 해 자연스러운 입대인 양 꾸몄다. 엄청난 범죄임에도 정부 어떤 부서에서도 고위직 그 누구도 저항한 사례가 없다. 히틀러가 유대인 학살의 '최종해결책'을 지시했을 때 나치의 모든 조직이 동원되어 체포, 이송, 가스실 감금, 사체처리를 한 양상과 다를 바 없었다. '강전치' 공작은 모든 정부 조직이 일사불란하게 불순한 동기를 갖고 움직인 범죄다. 제노사이드는 권력의 의도와 계획이 있었는지를 중요하게 따진다. 수많은 지시 문건, 정부 조직의 일사불란함은 이를 입증하고 있지 않은가?

위의 세 가지 점에 비춰볼 때 '강전치' 공작은 '제노사이드'의 성격이 충분하다고 볼 수 있다. 다만 제노사이드협약 제2조에서는 집단을 '국민, 종교, 민족, 인종' 네 부류로 한정한다. 정치적 저항 세력은 보호집단 범주에 들어가지 않는다. 이는 모순이다. 아르헨티나의 '더러운 전쟁'이나 캄보디아의 킬링필드처럼 많은 집단살해가 정치 집단을 겨냥해 일어난 것에 비춰보면 제2조는 시급히 수정되어야 하고 국제형사재판소의 정의도 확장되어야 한다. 이런 제약 때문에 나는 '버금가는' 혹은 '못지않은'이라는 수식어를 쓸 수밖에 없었다.

한편 '강전치' 공작은 국제형사재판소에서 정의하는 반인도범죄에는 정확히 해당한다. 재판소 출범의 근거가 된 '로마 규정'은 반인도범죄에 해당되는 항목을 자세하게 예시한다. 가해자가 민간인에게 전면적·체계적인 공격을 벌이면서 발생한 살인, 구금, 고문, 성노예, 강제이송 등이 여기에 해당한다. 녹화공작에서 9명의 청년이 죽음에 내몰렸고 수천 명이 사상개조와 폭행을 당했다. 물고문과 전기고문까지 받았다. 심지어는 전쟁 중에 포로로 잡힌 적군에게도 해서는 안 될 프락치 행위까지 강요했다. 진실화해위에서 밝힌 것처럼 기본권을 침해하고 신체의 자유, 양심의 자유를 유린한 반인도범죄였다.

두 가지 사실을 상기해보자. 1945년 4월, 조선총독부 경무국은 소련이 한반도에 진입할 경우를 상정해, "요시찰인(독립운동가)를 예비검속하고 후방으로 옮길 수 없으면 적당한 방법으로 처치 즉 학살하라"는 극비명령을 내린다. 예비검속이 학살의 전 단계임을 보여주는 지시다. 이는 이승만정부 시절 현실로 나타났다. 이승만은 남로당 등 좌익 단체에서 활동했던 이들을 국민보도연맹에 가입시키고 반공 활동을 시켰다. 6월 25일 전면전이 일어나자 이승만은 보도연맹원에 대한 구금 지시를 내리고, 이들이 인민군에 협조할 수 있다면서 학살을 지시했다. 그 결과 수만이 넘는 이들이 목숨을 잃었다. 특변자도 '불순분자'라면서 병영에 끌려가 사실상 구금된 상태였다. 1981년 당시만 600명이 넘는 인원이 병영에 있었다. 만일 이때 한반도에서 국지전이나 준전시 상황이 벌어졌다면 어찌 되었을까? 그들 모두가 현장에서 바로 처형됐을 수도 있었다. '강전치' 공작은 분명 '학생운동 세력'이라는 '특정 저항집단'을 향한 반인도범죄였다. 제노사이드에 못지않은 국가폭력이었다.

## '강전치' 공작의 뿌리는 '극우반공체제'에 있다

'강전치' 공작에서 주목할 점은, 이 범죄에 극우반공체제의 민낯이 담겨 있다는 점이다. 해방 후 반공주의는 국가종교처럼 받들어졌다. 이승만과 박정희는 반공을 국시로 삼아, 온 나라를 감시 체제로 만들고 호국단과 교련 교육을 통해 학교마저 병영으로 만들었다. 사상의 자유, 양심의 자유가 고개 들 여지가 없었다. 군부 파시즘을 떠받든 장치는 국가보안법과 계엄법, 위수령이었다. 모두 제주와 여순에서 피의 살육을 끝낸 이후 제정되었다. 이승만은 제주항쟁과 여순항쟁을 겪으면서 경찰의 힘만으로는 권력을 계속 유지할 수 없다고 생각했다. 군을 언제든 동원할 수 있어야 했다. 계엄법과 위수령이 필요했다. 1949년 11월 24일 제정 이래 12·3 내란 때까지 계엄령은 17회나 선포되었다.[85] 위수령은 2018년 폐지 때까지 역사의 고비마다 발동되었다.[86] 이승만은 계엄법만 갖고는 안심이 되지 않았다. 1949년 12월 1일 일제의 치안유지법을 잇는 국가보안법을 만들었다. 국보법이 제정되고

1년 만에 무려 11만 8621명이 검거되고 132개 정당과 사회단체가 해산되었다. 이승만은 자신에게 반대하는 모든 세력에게 혐오와 증오를 씌웠다. '국가보안법'과 '계엄법', '특무부대'를 활용해 '반공주의'를 국가종교로 만들어 민주주의와 통일 자주 국가에 대한 열망을 내리눌렀다. 이승만의 뒤를 이어 박정희, 전두환은 반공국가를 절정으로 밀어 올렸다.

반공국가의 토대는 군사주의와 징병제도다. 대한민국 사람은 "신성한 국방의 의무"라는 신화를 가슴에 품고 살았다. 정전협정이 체결된 후 한국의 군대 규모는 60만까지 팽창했다. 군대의 힘이 전 사회를 지배했다. 비대해진 힘이 쿠데타로 나타난 건 어찌 보면 자연스런 일이었다. 더욱이 군을 지배하는 사람이 일본군과 만주군 출신이었다. 박정희, 김창룡, 김종원, 원용덕 등등. 이들은 반공이데올로기에 일본군과 만주군의 잔혹한 병영 문화를 버무려 한국군에 심었다. 한국전쟁의 총성이 멎은 후 70여 년 동안 군대에서 목숨을 잃은 젊은이가 무려 6만 명에 이른다. 베트남전에 파병되어 죽은 병사를 제외한 숫자다. 한 해 천 명 가까이 숨졌다는 얘기다.[87] 2000년대 이후 급격히 줄었으나, 죽음의 원인은 군대 용어로 말하면 대부분 군기 사고다. 병영 내 폭력 문화, 인명 경시가 가장 큰 원인이다. 이 죽음은 대부분 신변을 비관한 자살로 처리되었다. 극우반공체제는 '신성한 국방의 의무'를 다하려던 이 땅의 청년을 돌보지 않았다. 돌볼 마음이 없었다. 더더욱 '강전치' 공작은 병영을 '탄압시설'로 활용했으니 박정희, 전두환이라는 군인은 '신성한 국방의 의무'라는 서사를 스스로 부정했다. 정치군인, 반란군인이 스스로 무덤을 판 셈이다.

'강전치' 공작이나 제주, 여순, 광주에서 벌어진 학살이 되풀이되어서는 안 된다. 답은 하나다. 국가보안법과 군사주의의 굴레를 벗어야 한다. 분단반공국가의 틀을 해체해야 국가폭력은 이 땅에서 숨을 거둘 것이다.

## 가해자 처벌의 가능성은 있는가

수많은 자료와 증언이 가해자를 뚜렷하게 지목하고 있지만 안타깝게도 형사 처벌할 기회는 오래전에 사라졌다. 바로 공소시효라는 장벽 때문이다. 1998년 7월 유엔전권외교회의가 로마에서 열려 국제형사재판소 설립에 관한 국제조약이 탄생했다. 국제형사재판소가 다루는 범죄는 집단살해죄, 반인도범죄, 전쟁범죄, 침략범죄 등 네 가지다. 로마규정 제29조는 "본 재판소의 관할 범죄는 아무리 시간이 흘러도 처벌할 수 있다"라고 분명하게 못 박고 있다. 고문이나 전시 성폭력 같은 반인도범죄에 대해 언제까지나 처벌할 수 있어야 한다는 국제법의 정신, 인류가 쌓아온 양심을 받아들인 것이다. 하지만 국제형사재판소는 제11조 1항에서 로마 규정 발효 이후의 범죄로만 대상을 한정하고 있다. 제국주의 국가의 식민지 시기 범죄까지는 건드리지 않겠다는 것이다.

우리나라가 비준한 이 조약은 이렇듯 소급 적용이 안 되기에 '강전치' 공작이 설사 실질 제노사이드라고 받아들여져도 공소시효라는 벽을 넘어설 수 없다.

5.18진상규명조사위가 활동을 마치면서 정호영과 최세창 등 학살의 혐의가 뚜렷한 사람을 집단살해죄로 2024년 6월 대검에 고발했다. 이때는 1995년 12월에 제정된 '헌정질서 파괴범죄의 공소시효 등에 관한 특례법'에 힘입었다. '헌정질서 파괴범죄'는 외환, 내란, 반란, 이적죄가 해당된다. 전두환·노태우의 책임을 끝까지 묻겠다는 정신으로 만들어진 이 법에는 집단살해에 해당하는 범죄도 시효를 적용하지 않는다고 정하고 있다. 하지만 집단살해죄의 여러 항목 중 '살인'으로만 범위를 제한하고 있다. 이 부분이 걸림돌이다. 의문사위나 진실화해위는 녹화공작 중 숨진 청년들이 살해당했다기보다는 위법한 공권력에 의해 죽음에 이르렀다는 입장이기 때문이다. 특례법을 적용하기가 쉽지 않으리라 본다.

한 가지 가능성은 있다. 이재명은 대선 기간 국가폭력 사건의 공소시효를 폐지한다는 약속을 여러 차례 했다. 검사만이 영장을 청구하는 제도도 손보겠다고 했다. 비록 1심이지만 2025년 7월 26일 법원이 "12·3 비상계엄 선포로 정신적 피해를 입은 시민에게 윤석열이 위자료를 지급해야 한다"라고 판결했다. 새로운 시도이며 놀라운 판결이다. 빛의 혁명으로 내란을 막고 대한민국을 새롭게 개조하는 지금, 집단살해죄, 반인도범죄, 전쟁범죄, 침략범죄만큼은 민·형사 모두 공소시효를 없애는 입법을 꿈꿔본다. 물론 소급 적용을 한다는 문구가 선명하게 담겨 있어야 한다. 빛의 혁명이 거듭되어야 하겠지만.

## '강전치' 공작의 인명사전을 만들자

비록 형사처벌은 장벽에 부딪혔으나 가해자를 역사의 법정에 세우는 일은 가능하다. 바로 '강전치' 공작에 종사하고 관여한 사람의 이름을 기록으로 남기는 것이다. 2009년 11월 8일 『친일인명사전』이 세상에 모습을 보였다. 많은 어려움과 숱한 일화가 있었다. 사전에 이름이 등재되는 것은 민족의 법정, 역사의 법정에서 불도장을 받는 일이다. 해서 수록 예정인 당사자들이 늙은 몸을 이끌고 직접 오거나 자식이 와서 빼달라고 하소연하고 눈물을 흘렸다. 징역이나 압류보다 몇 갑절 고통스러울 수 있음을 알기 때문이었다.

'강전치' 공작은 보안사만이 아닌, 모든 정부조직이 저지른 반인도범죄다. 각 부처의 역할분담은 치밀했다. 진실화해위 3차 결정서에 나와 있는 아래표는 이를 분명히 보여준다.

| 부처별 | 임무 |
|---|---|
| 내무부<br>(치안본부) | - 신병 확보 및 문교부에 통보<br>- 입영 대상자 군부대 호송 인계<br>- 입영지원서 수리, 보호자에게 입영 사실 통보<br>- 신체검사 불합격자 인수 |
| 문교부<br>(대학) | - 내무부의 통보자를 학적변동 조치<br>- 병무청에 명단 및 입영 예정 시기 통보 |
| 병무청 | - 문교부의 통보자를 국방부에 보고<br>- 내무부에 입영 부대 및 일시 통보<br>- 연명부 및 병적카드 작성 및 입영 부대에 인계<br>- 입영 대상자 지원서 접수 |
| 국방부 | - 병무청으로부터 입영 사유 발생 보고 접수 즉시 입영 부대 및 일시 지시<br>- 육군 및 해군 본부에 입영 부대, 인원, 일시 지시<br>- 의무사령관은 입영 부대장 요청시 입영 대상자에 대한 신체검사 수행 |
| 육군본부<br>해군본부 | - 국방부(인사국)로부터 입영 지시 접수 즉시 소정의 절차 완료 후 결과 보고<br>- 신체검사 불합격자 내무부에 인계 |
| 보안사 | - 입영 부대에서 대상자 인수인계시 입회하여 입영 부대장 요청시 필요한 지원 제공<br>- 부대배치 후 대상자 동태 파악 및 배치 부대장에게 필요한 조언 제공 |

「소요 관련 대학생 특별조치 방침」 중 각 부처별 임무

각 부처별로, 큰 역할을 한 사람의 이름을 하나하나 기록해야 한다. 『친일인명사전』은 중요한 길잡이다. 사전 집필위원이며 현재 민족문제연구소이사인 조세열은 2010년 「역사비평」 여름호

에서 이렇게 수록의 기준을 소개했다.

> 편찬위원회는 일제에 대한 적극적인 협력의 범주를 크게 두 가지로 분류했다. 조약 체결 등 매국 행위에 가담한 자나 독립운동을 직접 탄압한 자와 같은 민족 반역자가 한 부류이며 식민통치 기구의 일원으로서 식민지배의 하수인이 된 자나 식민통치와 침략, 전쟁을 미화, 선전한 지식인·문화예술인과 같은 부일 협력자가 다른 한 부류이다. 이 중 민족 반역자 전부와 부일협력자 가운데 일정한 직위 이상인 자, 그 외에 정치적·사회적·도의적 측면에서 책임을 물어야 할 친일 행위가 뚜렷한 자를 사전에 수록할 대상자로 선정했다.

'강전치'의 인명사전도 이 기준을 참고할 수 있다. 보안사령관과 대공처장은 물론이고 주무과인 심사과장, 정보과장도 당연히 등재 대상이다. 아울러 사단보안대의 대장과 수사부서인 대공과장과 운용과장 등도 해당된다. 특히 사망사고가 발생한 5사단, 7사단, 22사단의 보안부대장은 행적을 면밀히 추적해야 한다. 문교부와 대학당국으로 시선을 돌려보면 기록해야 할 위치에 있는 사람이 보안부대 못지않다. 주무 집행부서인 학사담당관실(박정희정권 시기)이나 교육정책담당관실(전두환정권 시기)의 실장은 핵심 책임자다. 이 부서에서 징집리스트를 짜라고 대학을 압박했다. 대학으로 내려오면 가장 많은 강제징집자가 나온 서울대, 연세대,

고려대, 성균관대 그리고 의문사 희생자가 나온 대학을 중요하게 봐야 한다. 각 대학의 총장, 학생처장, 부학생처장은 명단을 작성하고 보안사에 넘긴 장본인이다. 수십 년이 지났으나 이들 대학의 어느 누구도 참회하거나 사과한 적이 없다.

진실화해위 2기는 '강전치' 공작의 전모를 어느 정도 밝혀내는 성과를 거두었지만 가해자의 이름을 발표하는 문제는 외면했다. 진실화해위 2기 내부방침은 범죄기관의 장차관이나 사령관 수준만 공개하고 기타 관련자는 개인정보보호법을 고려해 이름을 가리는 것이었다. 말은 그럴듯하지만 결국 반인도범죄자를 보호하는 방침이다. 시민단체인 민족문제연구소가 온갖 어려움을 이겨내고 『친일인명사전』을 낸 것에 비춰보면 명색이 국가기구인데 나약했다. 가해자를 특정할 수 없다면 기획·집행선상에 누가 있었는지를 밝혀야 한다. 이것이 진실규명이 담긴 과거사 해결이다. 2기 동안 세 명의 위원장이 있었으나 조사 대상자의 보호에만 신경 쓸 뿐 이 장벽을 뛰어넘지 않았다. 3기에서는 이를 극복하기 위해 진실화해위의 기풍이나 제도가 바뀌어야 한다. 진실화해위에만 이를 맡겨둘 수는 없다. 강녹진의 수천여 피해자, 국가폭력 피해범국민연대 같은 시민단체, 학계가 힘을 모아야 한다. '강전치' 공작의 인명사전은 자그마한 책자 수준일 수도 있다. 페이지의 분량이 중요한 게 아니라 진실의 무게가 중요하다.

『친일인명사전』은 일제 강점기의 한반도 전체를 망라한 사전이다. 한홍구 교수가 준비하고 있는 『반헌법행위자열전』은 전후 한반도 남쪽을 아우르는 사전이다. 두 사전이 통사이고 백과사전이라고 한다면 '강전치' 공작의 인명사전은 특정한 반인도범죄를 다루는 전문사전이다. '강전치' 공작의 인명사전과 함께 한국전쟁 전후 민간인 학살과 4·3이나 여순도 인명사전이 나와야 한다. 2024년 12·3 내란에 가담한 '반민주 행위자 열전'도 출판되어야 할 것이다. 일단 기록이 되어 공표되면 호모 사피엔스가 사라지기 전까지 검색대에 오르고 수많은 매체에서 거듭해서 인용되리라. 또 민사배상 소송의 중요한 토대가 될 것이다. 나아가 정보사찰기구의 종사자, 이 땅의 청년에게 서릿발 같은 가르침이 되지 않겠는가.

## 국가폭력의 잘못은 국가에만 있지 않다

2024년 5월 22일 서울중앙지법 민사합의 36부에서 의미 있는 판결이 나왔다. 특변자 박제호 등 7명이 낸 손해배상청구 소송에서 "국가는 3000~8000만 원을 배상하라"고 판결을 내렸다. 잇따른 소송에서도 비슷한 결과가 나오고 있다. 법원은 위자료 산정에서 강제징집 피해를 입은 기간당 월 150만 원, 녹화공작은 월 300만 원을 기준으로 삼고 있다. 부족함은 있으나 환영할 만하다. 이 판결은 특변자가 "인간으로서 존엄과 가치가 짓밟혔고, 보안부대의 '녹화공작'과 '가혹행위'가 있었음"을, 즉 국가폭력과 불법행위를 인정했다는 면에서 의미가 크다. 문제는 가해자가 국가 뒤에 숨어 있다는 점이다. 진실화해위가 밝힌 강제징집 숫자만 2921명이다. 현재 민사소송의 판례를 따라가면 위자료 총액은 수천억대에 이를 것이다. 피해자는 당연히 배상받아야 하나, 국가가 이를 국민의 세금으로 충당하는 게 정당할까?

공무원의 불법과 범죄로 인한 손실을 국민의 피땀으로 해결한다는 건 말이 안 된다. 이근안의 사례는 중요한 본보기다. 전북 김제에서 농사를 짓던 최을호 가족은 1982년 북으로 납치되었다 돌아왔다. 그런데 이근안이 남영동 대공분실에서 40여 일 동안 고문으로 허위자백을 받아내 '김제 가족간첩단 조작 사건'을 만들었다. 그 결과 최을호는 사형을 언도받아 1985년 집행당했고 최을호의 조카 최낙교는 검찰 조사 중 구치소에서 숨졌다. 또 다른 조카 최낙전은 9년을 복역하고 교도소에서 나와 스스로 목숨을 끊었다. 최 씨의 유족은 오랜 세월이 지나 재심을 신청했고 2017년 6월 무죄가 확정되어 국가로부터 116억의 손해배상금을 받았다. 국가는 이 배상금 중 33억 6000만 원을 고문 책임자 이근안에게 물어내라고 소송을 걸었고 2024년 7월 서울중앙지법에서 확정판결이 되었다. 이근안은 형사처벌만이 아니라 경제적으로도 죄의 대가를 치르게 된 셈이다.

이런 판례를 쌓아가면 정보사찰기구의 책임자가 고문과 같은 반인도범죄를 쉽게 저지를 수 없다. 부당한 명령이 내려와도 고민하고 다시 생각할 것이다. 국가가 국가폭력의 피해자에게 민사

배상을 하게 된 경우, 반드시 책임이 있는 공무원에게 구상권을 청구하게끔 법을 만들어야 한다 '국가폭력'을 멈추는 중요한 해법이 되리라 본다.

## 글을 마치며

강제징집, 전향·프락치 강요 공작 문제를 글로 써야겠다고 마음먹은 게 2024년 1월이다. 술자리에서 가까운 친구는 내게 서운함을 드러냈다. "내가 녹화공작 대상이 되어, 1983년에 휴가 나와 어려움을 토로했는데 어째서 기억하지 못하냐?"라는 원망이었다. 나는 며칠 생각에 빠졌다. 친구에게 절실했고, 진지한 분위기에서 얘기를 나눴을 터인데 왜 나는 기억을 못 했을까? 그때 나는 깨달았다. 친구, 선후배가 겪은 강제징집의 아픔을 내가 외면했었다는 사실을. 그동안 국가폭력, 국가보안법의 그늘을 주제로 글을 써왔으면서도 말이다.

친구와 얘기를 나눈 이후 자료를 찾아보았다. 나와 젊은 시절을 같이 한 청춘들이 억울하게 숨진 사실을 새삼 알게 되면서 '너무나 엄청난 범죄였구나'하고 큰 충격을 받았다. 그리고 세상은 '마치 아무 일도 없었던 것처럼 흘러간다'는 생각이 들었다.

문득 이 사건이 우리 민족이 겪은 제노사이드의 연장선상에 있다는 생각이 떠올랐다. 1923년 9월 1일, 도쿄와 요코하마를 휩쓴 진도 7.8의 대지진, 이재민이 수백만 명이나 되었다. 이들의 울부짖음과 고통이 도쿄와 요코하마에 가득할 때, 야마모토 총리와 내각은 이재민 구호보다는 천황 체제의 안전과 수호만을 걱정했다. 이들은 끓어오르는 민중의 분노를 조선인으로 향하게 했다. 조선인 습격설과 각종 유언비어를 앞세워 '계엄령'을 선포했다. 결과는 6661명이나 되는 조선인 학살로 나타났다. 이름하여 간토대학살이다. 고려인 강제이주는 또 어떤가? 1937년 연해주의 우리 동포 17여만 명은 졸지에 중앙아시아로 끌려갔다. 스탈린은 우리 동포의 외모가 일본인과 비슷해 일본 첩자를 가려낼 수 없다는 이유를 내세웠다. 6000여 킬로미터가 넘는 고행길 끝에 도착한 곳은 카자흐스탄 공화국의 우슈토베, 토굴을 파고 움막을 짓고 버텨야 했다. 나라를 잃은 우리 선조는 이렇듯 한반도 안에서 애옥살이를, 바깥에서는 '집단학살'에 내몰렸다.

해방을 맞고도 고통은 계속되었다. 통일 자주 국가를 세우려는 열망은 좌절되었다. 단지 이루지 못한 것만이 아니라, 제주 4·3과 여순 10·19처럼 학살을 겪었다. 단독정부 수립을 반대하는 통일 열망 세력을 향한 만행이었다. 한국전쟁 전후 과정은 어떤가? 대전형무소에서 수천 명의 정치범이 학살되었다. 부산, 마산, 대구에서도 마찬가지였다. 숨진 보도연맹원의 숫자는 제대로 집계조차 안 되고 있다. 1980년 광주는 또 어떤가? 12·12 군사반란, 5·17 내란에 맞선 민중을 토벌하듯 학살했다. 모두 제노사이드며 반인도범죄였다.

돌아보면 전 세계에서 우리 민족처럼 자기 영토 안팎에서 이런 시련을 겪은 공동체가 있을까? 식민지와 분단, 내전을 겪으며 엄청난 집단학살을 당한 공동체가 또 있을까? 아픔의 크기는 누구와 견주어도 모자라지 않으나, 한반도 안팎에서 일어난 비극은 제대로 주목받지 못했다. 왜 그럴까? 우리는 우리 아픔에 대해 제대로 이름을 지어주지 못했다. 불러줄 용기도 없었다. 숨죽이며 귀엣말로 참상을 전하였으나 반란이니, 사태니 나아가면 '사건' 정도로 명명했다. 양민 학살을 민간인 집단학살로 고쳐 부른 게 얼마 되지 않는다. 백여 년이라는 시간이 지났건만 간토대학살이나 고려인 강제 이주의 성격도 분명히 주장하지 못했다.

이제 이름을 올곧게 불러야 한다. 제주와 여순은 항쟁이었고 피 흘림은 학살이었다. '강제징집, 전향·프락치 강요' 공작은 '제노사이드에 버금가는 국가폭력'이고 반인도범죄였다. 2024년 12·3일의 계엄령과 내란은 우리에게 교훈을 준다. 청산하지 못한 과거는 언제든 되풀이될 수 있음을. 이름을 제대로 부르면 원혼이 역사의 수레바퀴로 일어서고, 이름을 제대로 부르면 수많은 사연이 살아나 방파제와 빗장이 된다. 어찌 소홀히 할 수 있겠는가.

1년 반의 글쓰기로 무심했던 친구, 선후배의 아픔에 다소나마 빚 갚음이 되었는지 모르겠다. 막상 글을 마치니 더 큰 과제가 다가온다. 강제징집, 전향·프락치 강요 공작의 수많은 자료와 증언 중 내가 숙독한 양은 백분의 일, 천분의 일에도 못 미친다. 만행의 전모를 제대로 그리는 일은 내게 외면할 수 없는 숙제가 되었다.
'파괴된 청춘', 먼저 간 그대들에게 이 작은 책을 바친다.

# 부록

## 1. 강제징집 주요 일지

| | |
|---|---|
| 1969.7.7 | '3선개헌' 반대 투쟁이 고조되자 휴교령, 이후 시위 주동 학생에게 징집영장 발부. |
| 1970.12.27 | 문교부, 대학 교련교육의 시행요강 발표 |
| 1971.7.1 | 교련 강화 반대 시위 등 관련 강제징집 |
| 1971.2.23 | 국무회의, 교련교육 확대 강화 조치 의결, 학원병영화 반대 투쟁 시작 |
| 1971.10.15 | 두번째 위수령, 문교부는 전국 고등교육 기관장에 학원질서 확립에 대한 특별지시. 1889명 연행, 1797명 훈방. 최초의 대규모 강제징집 |
| 1971.10.26 | 국방부, 문교부로부터 제적 학생 명단을 통보받고 30명 입영 조치 |
| 1971.10.28 | 국방부, 문교부로부터 제적 학생 명단 통보받고 41명 입영 조치 |
| 1974.9.1 | 병무 행정 세부 시행규정 시행. 제72조 "6개월 이상 수형자와 누범자는 입영 대상에서 제외, 단 병무사범은 입영조치한다"고 되어 있음 |
| 1975.7.11 | 긴급조치 위반 수형자는 병무사범에 준해 3년 미만의 형을 복역한 자는 입영 조치하도록 시달 |
| 1977.6.30 | 5사단에서 경북대 의대생 한승효, 박격포 부대로 전출 후 의문사 |
| 1978.12.19 | 교육법 시행령에 지도휴학제 신설 |
| 1979.2 | 병역문제대책위원회 결성 |
| 1979.3.1 | 충남대 학칙 제26조에 "지도상 불가피하다고 판단될 때에는 총장은 직접 휴학을 명할 수 있다"는 조항 신설 |
| 1979.3.5 | 전두환, 보안사령관에 취임 |
| 1979.9.26 | 서울대, 총장이 직권으로 휴학을 명할 수 있는 지도휴학제 신설 |

| | |
|---|---|
| 1980.3.3 | 시행령 개정으로 지도휴학제 삭제 |
| 1980.6.11 | 전국 대학 총·학장회의. 서클 지도교수제 및 총장 직접 징계권 즉 지도휴학제 부활 |
| 1980.7.31 | 국가보위비상대책위원회 학원 정상화 방안 논의 |
| 1980.9.4 | '서울의 봄' 민주화 시위 주도 학생 64명, 강제 집단입영 조치 |
| 1981.1~5 | 무림 사건 강제징집 |
| 1981.4.2 | 전두환, 주영복에 "소요 관련 학생 전방부대에 입영 조치" 지시 |
| 1981.5 | 서울대 농대 체육대회 관련자 강제징집 |
| 1981.6~8 | 전민학련 및 서울대 화양감리교회, 원주 가톨릭학생회 관련자 강제징집 |
| 1981.10.26 | 문무대에 입소한 고려대, 외대 학생의 학원 병영화 반대 시위 |
| 1981.11.28 | 연세대 학내 집회 훈방자 강제징집(정성희 포함) |
| 1981.12.1 | 국방부「소요 관련 대학생에 대한 특별조치 방침」을 전군에 지시 |
| 1982.1.~2 | 문무대 농성 사건 관련자 159명 강제징집 |
| 1982.1.2 | 서울대 제약학과 77학번 이진래 카투사에서 의문사 |
| 1982.5 | 강원대 성조기 사건 관련자 강제징집 |
| 1982.5.17 | 「좌경의식화 불순분자 대상 대공활동 지침」 수립 및 예하 부대에 지시 |
| 1982.7.23 | 연세대 정성희, 5사단에서 사망 |
| 1982.9.6 | 대공처에 심사과 설치, 녹화공작 입안·실행 |
| 1982.10.12 | 원풍모방 노동자기도회 사건 관련자 강제징집 |
| 1982.11.6 | 학생의 날 종로 연합 시위자 강제징집(이윤성 포함) |
| 1982.11.17 | 특수학변자 심사 및 순화 계획 수립, 심사장교 선발 결정 |
| 1983.2.4 | 보안사, 녹화공작 시행지침 마련, 서울대 메아리회 등 침투 공작 목표 선정 |
| 1983.3.10 | 보안사, 대좌경의식화 근원 발굴 강화 지시 및 근원 발굴 강화계획 보고 |
| 1983.3.14 | 보안사, 특수학변자 심사 업무 활성화 지시 |
| 1983.3.18 | 고려대 학회연합 모임 관련자 강제징집(김두황 포함) |
| 1983.3.23 | 보안사, 대좌경의식화 근원 발굴 강화계획 보고 |
| 1983.3.30~4 | 시위 주도 예상 일제검속으로 대거 강제징집 |

| 1983.4.8 | 대검찰청공안부 학원사범 처리 기준 수립 및 하달 |
| --- | --- |
| 1983.4.13 | 경북대 정통파 사건 관련자 강제징집 |
| 1983.5.4 | 성균관대생 이윤성, 5사단에서 사망 |
| 1983.5.12 | 보안사, 학원계 불순 근원 발굴 최근 군입대 특변자 순화 활용 계획 |
| 1983.5.19 | 고려대 학내 집회 연행자 강제징집 |
| 1983.6.4 | 건국대 학내 집회 관련자 강제징집 |
| 1983.6.18 | 고려대생 김두황, 22사단에서 사망 |
| 1983.7.2 | 한양대생 한영현, 7사단에서 사망 |
| 1983.7.11 | 보안사, 하계방학 중 대학생 불순집회 색출 계획 보고 |
| 1983.8 | 총 12명의 2기 심사장교 선발 |
| 1983.8.1 | 서울대 전방 입소 반대 농성자 15명 강제징집 |
| 1983.8 | 여름방학 중 대규모 검속으로 강제징집 |
| 1983.8.14 | 동국대생 수학교육과 81학번 최온순 사망 |
| 1983.11.23 | 연세대 사학과 78학번 유동연, 55사단 171연대에서 사망 |
| 1983.12.11 | 서울대생 한희철 의문사 |
| 1983.12.21 | 학원자율화 조치 발표. 제적학생 1363명에 대한 복교 허용 |
| 1984.2.7 | 보안사, 제적 복학 조치에 따른 제적 특변자 활용 중간보고 |
| 1984.2.20 | 기독교회관에서 한국기독학생총연맹이 강제징집과 의문사에 대한 보고서 발표 |
| 1984.2.29 | 학원 상주 사복경찰 철수 |
| 1984.3 | 제121회 임시국회에서 강제징집, 녹화공작, 군 의문사 문제 제기 |
| 1984.3.18 | 홍제동성당에서 한희철 추모미사 |
| 1984.4.17 | 고려대 김두황 추모식. 2000여 명 참석. 추모식 후 거리시위 및 철야농성 |
| 1984.5.3 | 성균관대 이윤성 추모식 |
| 1984.5.14 | 인하대학교 82학번 이창돈, 제17사단 포병연대 306대대 근무 중 사망 |
| 1984.6 | 한국기독학생회총연맹 등 8개 단체가 모여 강제징집문제대책위원회를 설립 |
| 1984.6 | 권이혁 문교부장권 지도휴학제 폐지를 대학 일임한다고 국회에서 답변 |

| | |
|---|---|
| 1984.7.24 | 3차 심사장교 선발 계획에 따라 13명 선발 |
| 1984.9.22 | 심사과 폐지 |
| 1984.11.13 | 학원 소요 관련 제적 학생 등에 대해 법령절차에 준해 처리하라는 개정지침 하달 |
| 1984.11.2 | 연세대 심리학과 81학번 임용준 군내에서 의문사 |
| 1984.12.19 | 보안사, 2년 3개월 만에 녹화공작 담당 부서 심사과 폐지 |
| 1985.1.17 | 보안사 정보처, 특변자 심사 순화 관리 개선방안 마련 |
| 1985.2.1 | 보안사 정보처, 85선도업무 활동지침 |
| 1985.4.17 | 고려대 민주광장에 김두황을 포함 강제징집으로 숨진 6명의 진혼비 세워짐 |
| 1985.10.12 | 민추위 홍보위원 서울대생 우종원, 경부선 철로 변에서 변사체로 발견 |
| 1986.1.15 | 보안사 정보처, 86선도업무 활동지침 |
| 1986.6.21 | 서울대생 김성수 부산 송도 앞바다에서 변사체로 발견 |
| 1986.12.8 | 보안사 정보처, 87선도업무 활동지침 |
| 1987.2.20 | 서울대생 김용권, 미8군 2공병여단 44공병대대 D중대 근무중 영내에서 의문사 |
| 1987.3.3 | 부산공전 전기과 86학번 이승삼, 가톨릭학생회 활동하다 입대 근무 중 의문사 |
| 1987.6.15 | 전남대교육학과 85학번 이이동, 학생운동 중 입대. 군수사령부에서 근무 중 의문사 |
| 1987.9.8 | 서울대생 최우혁, 20사단에서 의문사 |
| 1988.10.17 | 의문사유가족협의회 결성 |
| 1990.10.4 | 윤석양 일병 양심선언 |
| 1992.3.15 | 민족민주열사·희생자 추모(기념)단체연대회의 출범 |
| 1998.4 | '민족민주열사·희생자 명예회복과 의문의 죽음 진상규명을 위한 캠페인' 시작 |
| 1998.11.4 | 1999년 12월까지 422일 동안 명예회복법과 의문사 진상규명 특별법 제정을 요구하는 국회 앞 천막농성 |
| 2000.10.17 | 의문사진상규명특별법에 따라 대통령 직속 의문사위 출범 |

| 2004.11.2 | 국정원 과거사건 진실규명을 통한 발전위원회(국정원진실위) 출범 |
| --- | --- |
| 2005.9.5 | 국방부과거사위, '강제징집·녹화사업'을 제1호 사건으로 선정하고 조사 진행 |
| 2005.12.1 | 진실·화해를 위한 과거사정리위원회 1기 출범 |
| 2007.10.10 | 국정원 진실위, 조사 결과보고서「과거와 대화, 미래의 성찰」을 발표 |
| 2016.2.10 | 최우혁의 아버지 최봉규 님, 아들이 안장된 마석 모란공원에 함께 묻힘 |
| 2018.3.13 | '군 사망사고 진상규명에 관한 특별법'이 제정되어 군사망사고진상규명조사위원회가 출범 |
| 2021.5.27. | 진실화해위, '대학생 강제징집 및 프락치 강요 공작 사건' 조사 개시 |
| 2021.10.25 | 군사망사고진상규명조사위원회는 김용권의 사망이 보안부대의 구타, 고문, 회유, 프락치 활동 강요가 주된 원인임을 인정 |
| 2021.12.15 | 서울중앙지법은 이윤성 유족의 피해를 인정하고 배상금 지급을 결정 |
| 2022.11.22 | 진실화해위 제45차 위원회에서 조종주 등 187명에 대해 1차 진실규명 결정 |
| 2023.10.31 | 진실화해위 제65차 위원회에서 변○관 등 101명에 대해 2차 진실규명 결정 |
| 2024.5.22 | 서울중앙지법 민사합의 36부(재판장 황순현)는 강제징집 피해자 승소 확정 판결 |
| 2024.7.9 | 진실화해위 제82차 위원회에서 신○한 등 74명에 대해 3차 진실규명 결정 |
| 2024.9.24 | 진실화해위 김용권 의문사 사건에 대해 보안사가 프락치 활동을 강요하고 가혹 행위를 일삼아 사망에 이르게 했음을 인정하며 국가에 사과를 권고 |
| 2024.12.3 | 진실화해위, 김두황의 의문사가 "강제징집되어 녹화공작으로 사망에 이른 중대한 인권침해"라고 결론 내리고 유족에게 공식 사과를 권고 |
| 2024.12.5 | 진실화해위, 한희철이 "공권력, 즉 보안사에 의해 죽음에 이르렀다"라고 진실규명 결정 |

| | |
|---|---|
| 2025.1.21 | 진실화해위 제96차 위원회에서 김○근등 63명에 대해 4차 진실규명 결정 |
| 2025.4.15 | 진실화해위 이윤성 강제징집 및 프락치 강요 등 위법한 공권력 행사를 인정 |
| 2025.4.23 | 진실화해위 제108차 위원회에서 차기율 등 37명에 대해 5차 진실규명 결정 |

## 2. '좌경의식화 불순분자 대상 대공활동 지침'이란

녹화공작의 최초 지침인 '좌경의식화 불순분자 대상 대공활동 지침'(1982.5.17.)을 살펴보면, '북괴 지하조직 침투 근거 포착 및 색출, 불순 활동 음모 사전 탐지 및 분쇄, 불순 조직 와해 및 대중 오염 확산 방지'를 목적으로 종교, 학원, 노조 분야에서 문제 대상을 선정하여 '적극적 대의식화 공작 활동'을 전개할 것을 방침으로 삼고 있다. 이 공작 활동을 위해 '군 관련 자원 활용' 방안으로 '군 내 ASP 요원 활용'을 제시하고 있는데, 이는 강제징집된 대학생 사병을 소환 조사 및 협조자화하여 대학가의 이념, 서클 등을 근원 발굴하고 침투 공작에 활용한다는 것이었다.
이렇게 강제징집자 사병을 활용하여 '불순 활동, 음모 및 특이사항 포착' 등 성과를 거둘 시에는 '대공 성과에 준하여 포상'한다는 지침까지 마련되었다. 이 대의식화 공작은 보안유지 목적상 '녹화사업'으로 명명되었다.

## 3. 1984년 강제징집 및 프락치 강요 공작 의문사에 대한 사회운동의 대응[88]

| | |
|---|---|
| 1984.2.13 | 성균관대 복교대책위, 복교 문제에 대한 공청회 개최. 강제징집 자료집 발간<br>**강제징집 즉각 중지 및 이윤성 진상규명 주장('종교인에게 드리는 호소문')** |
| 2.20 | 한국기독교청년협의회 등 교회 청년 단체들 복교 문제에 대한 공개토론회 무산. 철야농성<br>**강제징집 사망자들에 대한 사인규명 및 추모식 거행하기로 결의** |
| 3.6~15 | 각 학교 학도호국단 또는 복학대책위원회, 복교 및 학원민주화를 위한 공개토론회·공청회 개최<br>지도휴학 강제징집 철폐 논의(서울대 6일, 연·고대 9일 성대 15일 등) |
| 3.8 | '제적생과 해직 근로자를 위한 기도회'(기독교회관)에서 **한국기독교교회협의회 인권위원회가 「인권소식」을 통해 6명의 사망자 명단을 발표** |
| 3.18 | 한희철 추모 미사(홍제동 성당)에서 **종교·청년 5개 단체, 강제징집 및 6인 사인규명에 대한 공동조사보고서 발표. 진상규명 등 4개 결의안 채택. 결의문 가두 홍보** |
| 3.30 | 서울대, 한희철 추도식 및 교내시위. 4000여 명 참석. **강제징집·지도휴학 철폐 요구** |
| 4.3 | 성균관대, 이윤성 추도식. 1000여 명 참석, 영정 앞세우고 가두 진출 시도. **학원자율화 조치 이후 처음으로 가두진출을 계획한 시위. 강제징집·지도 휴학 철폐 요구** |
| 4.12 | 인권기도회(기독교회관)에서 8개 종교·청년단체 공동성명('더 이상 이 땅에 억울한 죽음이 있어서는 안 됩니다') 채택. **강제징집·지도휴학 철폐와 진상규명 요구, 국민들의 지원 호소** |
| 4.17 | 고려대 김두황 추모식. 2000여 명 참석. 추모식 후 거리시위 및 철야농성. **84년 첫 거리시위. 광주항쟁 진상규명, 일당독재 반대, 강제징집 철폐 등 주장** |

| 4.20 | 연세대 정성희 추도식. 학원민주화추진위원회 간부 20명 단식 농성 학원민주화에 대한 학교당국의 적극적 태도 요구 |
| 5.3 | 성균관대, 이윤성 기일 제사 및 시위. '**인권탄압 중지**' **등 요구** |
| 5.4 | 6개 대학 학원자율화추진위원회, **6명에 대한 합동위령제**(고려대). 5000여 명 참석, **84년 상반기 최대 규모 연합집회**. 위령제 후 가두 진출 시도, 경찰과 투석전. **1500여 명 철야농성**, '**강제징집 철폐**' '**직권휴학 폐지**' '**인권탄압 중지**' '**(대학)언론탄압 중지**' 등 요구. 농성 후 내외신 기자회견 |
| 9.17 | 서울대 복학생협의회 발족. 김상진, 김태훈, 한희철, 황정하 열사 추도식 |
| 1985.4.17 | 전국학생총연합 결성식(고려대)에서 **강제징집 희생자 추모비 제막**. 3000여 명 참석 후 교문 시위 |

## 4. '강제징집 및 프락치 강요 공작 사건'에 대한 진실화해위의 성격 규정

이 사건은 헌법과 법률을 위반하였고, 위법한 공권력에 의해 중대한 인권침해를 일으켰다.
제5공화국 헌법 제9조는 "모든 국민은 인간으로서의 존엄과 가치를 가지며 행복을 추구할 권리를 가진다. 국가는 개인이 가지는 불가침의 기본적 인권을 확인하고 이를 보장하는 의무를 진다"고 규정하였고, 제11조 제1항은 "모든 국민은 신체의 자유를 가진다. 누구든지 법률에 의하지 아니하고는 체포, 구금, 압수수색, 심문, 처벌과 보안처분을 받지 아니하며, 형의 선고에 의하지 아니하고는 강제 노역을 당하지 아니한다."고 규정하였다. 제18조는 "모든 국민은 양심의 자유를 가진다"고 규정하였다. 특히 국방의 의무와 관련하여 제37조 2항은 "누구든지 병역 의무의 이행으로 불이익한 처벌을 받지 아니한다"고 규정하였다. 보안사는 복무 중인 현역 군인을 영장 없이 연행하여 수일에서 한 달까지 구금한 상태에서 조사하면서 가혹 행위와 폭행 또는 협박을 가하고 순화라는 명목으로 신청인들에게 원하지 않는 책을 읽게 하고, 독후감 또는 소감문을 쓰게 하여 순화가 되었으니 훈방하여 활용하겠다는 계획의 보고서를 작성하고, 대상자를 상대로 과거 학교는 물론 야학, 노동계, 종교계 등 사회 전반에 걸친 첩보를 수집하게 하였다. 이러한 행위는 '국군 보안부대령' 제1조에서 정한 "군사 보안 및 군 방첩에 관한 사항, '군법 회의법' 제45조 제2호에 규정된 범죄의 수사에 관한 사항과 군 및 군과 관련이 있는 첩보의 수집·처리에 관한 사항을 관장하기 위하여 국방부에 국군 보안사 부대를 둔다"는 규정에 어긋난다. 특히 인신 구속의 사무를 관장하는 보안부대 소속원들의 위와 같은 행위는 '형법' 제123조 '공무원의 타인의 권리 행사 방해' 및 같은 법 제124조 '인신 구속에 관한 직무를 행하는 자의 불법 체포·불법 감금', 같은 법 제125조 '폭행, 가혹 행위'에 해당하는 중대한 범죄이다. 결국 과거 박정희, 전두환 정권은 국방의 의무를 이용하여 정부에 대해 비판적인 대학생들을 사회와 격리시키는 조치를 취하였고, 전두환 정권은 사회와 격리된 대학생들을 상대로 사상 전향 및 프락치 활동을 강요하는 등 헌법과 법률을 위반하였다. 대상자들은 이와 같은 국가의 위법한 공권력에 의한 중대한 인권침해를 당하였다.

— 진실화해위 2기 2023년 하반기 조사보고서 14권, 141~142쪽에서 축약 인용

# 주석

1 정성희의 아버지 정낙헌의 문제 제기에 따라 육군 사망사고 재조사위원회는 1999년 다시 조사를 해 사망 시각을 7월 22일 23시 30분으로 판단했다. 한편 2002년 의문사위에서는 정성희의 사망 시각을 7월 23일 0시 10분으로 판단했다. 연세대 동문과 강녹진이 함께 꾸린 정성희의 죽음에 관한 조사 모임에서는 23:10~23:30분으로 판단했다. 여기선 강녹진의 조사 결과를 따라서 기술했다.
2 분대장 박경묵은 헌병대 수사에서 최초 현장 목격자로 확인되었다.
3 2001년 9월 21일 2대대장이었던 최정식이 의문사위에 나와서 한 진술이다.
4 당시 서대문서 조사반장 김기남은 2001년 5월 9일 의문사위의 조사에서 연행자가 200명이라고 진술했다.
5 이 열다섯 명은 3사단 5명, 6사단 5명, 5사단 5명씩 배치되었고 1학년 7명, 2학년 6명, 3학년 1명, 4학년 1명이었다. 1학년은 정성희, 김형보, 박순정 등이다.
6 김홍대는 의문사위원회 진술에서 본인이 2대대 주재관이었는지는 기억나지 않으나 주재관의 일상 업무가 감찰임을 밝혔다.
7 205보안부대로 연행되어 대공계장 박진숙 상사로부터 주로 심문받았다.
8 김형보는 형을 선고받은 후 27연대에서 36연대로 전출되었다(국가보안법 사범은 GOP에 접근할 수 없기 때문이다). 남은 기간 군대 생활을 한 후 1984년 6월 14일 전역했다. 한편 6월 16일에는 정성희와 유인물 배포 훈련을 받았던 송생엽이 강제징집당했다
9 2007년 12월 6일 국방부 과거사위가 발표한 『국방부 과거사진상규명위원회 종합

보고서』 제2권에서 담긴 군무원 최○○의 진술은 정성희가 연행된 정황을 담고 있다.

"사령부 지시에 따라 1982년 5월 중순쯤부터 공작과 후암동(혹은 남영동이라고도 했음) 분실에서 저하고 대위 김○○(7월쯤 고○○대위로 교체), 군무원 박○○ 등 3명이 돌아가면서 업무를 진행했는데, 기존의 공작과 업무와는 약간 다른 업무였다. 대학 재학 중 서클 활동을 했던 사병들을 대상으로, 보통 1건당 5일 동안 심사·순화 업무를 진행하고 보고서를 만들어 보고하는 업무였다. 정확히 몇 명을 심사·순화하였는지 모르나 1주일에 1명 정도를 진행했다. 후암동 업무 진행이 잘되고 성과가 있다고 판단해서, 심사과가 설치되고 녹화사업이 진행되었던 것으로 기억한다."

10  정성희의 첫 정기 휴가 기간에 대해선 두 가지 판단이 있다. 6월 3~15일, 또 하나는 9~21일이다. 의문사위는 6월 9~21일을 정기 휴가 기간으로 판단했다. 여기선 의문사위의 판단을 따랐다.

11  의문사위에 출석해서 양수용은 또 다른 증언도 했다 "입학해서 성희 형이 연행되어 가는 여학생을 구하려다 본인이 잡혀갔다는 얘기를 들은 터라 형에 대한 인상이 강하게 심겨 있었죠. 그런 성희 형이 고3 때부터 입대 전까지 썼던 일기를 보여줬어요. 그러면서 열심히 해라, 나도 군 생활을 마치고 나면 너희들과 얼굴을 보며 열심히 공부하겠다고 말해 감명받아 눈물까지 흘렸어요."

12  전두환정권은 1983년 12월 21일 학원자율화 조치를 발표하고 5·17 이후 1983년 말까지 제적된 학생 1363명에 대해 학교 재량으로 복교를 허용했다. 12월 22일에는 수감 중인 학생 131명을 포함해 양심수 172명을 석방, 142명을 복권했다. 1984년 2월 29일에는 교내에 상주하던 사복경찰이 철수한다.

13  국방부과거사위는 2005년 8월 29일 '강제징집·녹화사업'을 제1호 사건으로 선정하고 조사를 진행해 당시 국방차관이던 박찬긍, 최경조 등을 조사했다.

14  중앙전공사상심사위원회는 정성희의 사망 원인이 신변을 비관한 자살이라는 헌병대의 최초 수사 결과를 부정하고 민주화운동 관련 사망이라고 인정하면서도 일상 근무 중에 발생한 순직이라고 모순된 규정을 했다.

15  이윤성이 자살한 수단은 혁대와 군화 끈이다. 그런데 2002년 발표된 의문사위 조사보고서에서는 '혁대'가 아닌 '요대'란 표현을 썼다. 사고 당일 105 야전병원

으로 간 둘째 매형 안용태는 현장에서 혁대라고 들었고 그들이 내민 1차 조서에도 혁대라고 쓰여 있었다고 밝혔다. 그런데 헌병대가 발표한 수사보고서에서는 최종적으로 요대란 표현을 쓴 것 같고 의문사위는 이를 채택한 것으로 보인다.

16 수사 결과보고서 원문을 구하지 못해 의문사위의 결과보고서에서 이를 재인용한다. 뜻을 정확히 하기 위해 단어와 문장을 조금 바꿔 옮겼다. 의문사위는 2000년 12월 28일 이윤성 유족의 진정을 받아들여 2001년 1월 13일 조사를 개시했다.

17 당시 병역법에 따르면 현역 입영자가 '부선망의 독자 또는 부모가 60세 이상인 독자'에 해당하는 경우 현역 복무기간을 6월로 단축할 수 있다.

18 1981년 12월 국방부의 「소요 관련 대학생 특별조치 방침」에 따라 강제로 학적이 변동되어 징집된 사병을 뜻하는 용어다. '강제징집자', 'ASP', '특변자'는 같은 의미다. 육군본부가 1981년 12월 5일 자로 만든 관리 지침을 보면 "특변자는 복무기록에 별도 표시하여 지휘관이 직접 관리"하라고 되어 있다. 1984년 육군본부는 이 표시를 삭제하라고 지시한다. 전역시 병적기록표를 본인이 지참하면서 별도 관리 사실이 노출된다는 우려 때문이다.

19 군사안보지원사령부가 제출한 자료를 보면 보안사 준위의 이름은 지워져 실명을 알 수 없다.

20 이들 6명은 205부대 운영과장과 대공계장, 5사단 헌병대장, 조사과장, 법무참모 대위, 검찰관 중위 등이다.

21 2024년 1월 13일에 방영된 SBS <그것이 알고 싶다> 1381회 이윤성 편에서 매형 박정관이 증언한 내용이다.

22 이윤성 사망사건 이후 보안사령부에서 205부대에 강도 높은 감찰을 했다. 이 감찰 관련 문서는 사망 경위를 확인하는 데 중요한 문서이나 방첩사는 관련 보고서가 없다고 주장한다.

23 이윤성 사건을 조사한 진실화해위 이지원 조사관은 당시 205보안부대에서 녹화사업을 당한 5명을 참고인으로 불렀는데, 허리띠 없는 군복으로 갈아 입었는지, 군화를 벗었는지에 대해 진술이 엇갈렸다고 한다. 이지원 조사관은 예하 보안부대에서 지침을 제대로 숙지하지 않은 탓에 제각각이었을 것이라고 판단한다.

24 박동열을 수사한 대공계장과 이윤성을 수사한 대공계장은 동일인물이다. 박동열은 의문사위에서 그를 박진숙이라고 특정했다.

25 견책은 징계 중 가장 가벼운 것으로 구두경고를 말한다. 김홍대는 그 후 자리를 옮겼고 기무사에서 정년퇴직한 것으로 보인다. 장기환, 김동식, 박진숙 등 이윤성 사망과 관련된 핵심 관계자 그 누구도 징계를 받지 않은 것으로 확인된다.

26 박진숙은 SBS <그것이 알고 싶다>에서 이렇게 증언했다. 한편 매형 안용태는 사고 당일 조서에 '월북 혐의'가 담겨 있어 강력히 항의했더니 담당 수사관이 고쳐서 다시 작성하겠다고 했고, 잠시 후 수정한 조서를 가져왔다고 한다.

27 『특변자 사고 관계철』에는 이윤성에 대한 「동향 조사서」를 비롯해, 「조사 중간 보고」, 「내사 결과 보고」, 「피의자 자살 보고」, 「불온유인물 소지자 조사 중 자살 사건 조사 결과 보고」 등 다수의 자료가 있었다.

28 아방타방은 당시 성균관대 정외과 80학번 김영수가 작성했다. 그는 의문사위에 나와 작성과 유포 경위에 대해 이렇게 밝혔다. "제일교회 세미나팀에서 김두황, 최동(성균관대 국문과) 등과 함께 공부를 했다. 나는 1981년 11월부터 2월까지 성대 마크가 찍힌 리포트 용지에 제일교회에서 다룬 정세 분석 내용을 '아방타방'이라는 이름으로 정리해 내 자취방에 보관했다. 1982년 11월 초 종로 연합 거리 시위에서 내가 붙잡히자 나의 후배가 내 자취방을 정리해주다 발견한 '아방타방'을 복사해 돌리면서 유포가 시작되었다."

29 여기서 나오는 성북서 형사 김영규, 이강수, 곽○○의 행태는 홍기원이 쓴 『김두황 평전』(어나더북스, 2023)에서 인용했다. 성북서 형사는 2002년 의문사위에 출석해서 경찰관 재직 시 학생운동가를 폭행한 적이 없다며 홍기원을 포함해 고려대 출신 증언자의 진술을 부인했다.

30 지도휴학제는 1980년 2월 29일 대통령 최규하의 복권·복학 조치와 함께 폐지됐으나, 전두환이 광주민주화운동을 진압하고 국보위를 설치하여 사실상 권력을 장악한 후 1980년 7월 15일 부활했다. 1981년 1학기 동안에만 운동권 학생 1727명을 선별 지도했고, 112명을 제적시켰으며, 86명을 강제 휴학시킨 후 59명을 징집 조치했다.

31 1928년생인 한상훈은 6·25 당시 태백산지구 전투사령부에서 헌병 일등상사로 근무했고 8사단 16연대에서 현지 소위로 임관했다. 금성 부근 전투(속칭 돌고지 전투)에서 활약한 공로로 화랑무공훈장을 받았다.

32 한상훈은 임성수가 전역했을 때 영등포에서 그를 만난다. 이때 고문을 받았다는 증언을 들었고, 유서에 보안사 관련 문구가 빠진 것을 확인한 것으로 보인다.

33  유족이 의문을 품은 또 하나의 중요한 사실은 검시관이 시신 상태에 대해 "가슴에 난 삼각형 모양의 세 발의 총상과 달리 등 뒤에는 3발의 총상이 일(一)자형으로 나 있었다"라고 모순된 보고서를 쓴 점이다. 앞뒤 총상 모양이 달라 과연 제대로 검시가 되었는지 의심이 가게 하는 정황이다.

34  제11대 국회 제121회 임시국회 본회의 대정부 질의에서 김병오는 "6명이 입영 후 죽었다는데 사실인가? 데모하다 입영하면 녹화사업을 한다는데 사실인가? 하며 국방부장관에게 물었다.

35  한희철의 누나 한영희는 2021년 8월 국가기록원을 통해 당시 보안사가 작성한 한희철에 관한 '존안자료'를 어렵게 입수했다. 한희철을 사찰하며 작성한 이 문서에는 그가 왜 죽음에 이르렀는지 누가 죽음에 관여했는지 알 수 있는 중요한 단서가 있다. 특히 대공처 5과장 서의남이 1984년 3월 29일 작성한 「한희철 부 한상훈 설득 결과보고서」에는 보안사의 은폐 시도와 가족 회유가 담겨 있다. 이 글을 쓰는 바탕에도 존안자료가 있다.

36  침대 높이에 대해 제6군단 헌병대 수사관은 처음에 1.2m라고 했고 그 다음에는 1.5m라고 정정했다. 박명선이 이 부분을 문제 제기하자 미군 측은 최종적으로 1.385m로 확인해줬다. 《서울신문》에는 2.6m라고 보도했는데 이것이 의혹을 더 키웠다.

37  208부대의 추 상사는 박명선 형부의 7촌 조카이다. 박명선에게 사돈이 되는 셈이다. 박명선이 대구로 시집 간 언니의 살림을 맡은 시절이 있는데 이때 추 상사가 경북고등학교에 다니며 이웃에 살아 잦은 내왕이 있었다. 김용권이 카투사 공병부대 근무를 힘들어하자 박명선은 당시 보안사의 보안교육대에서 근무하던 추 상사에게 김용권의 보직 변경을 상의한 적이 있던 터라 김용권은 추 상사의 존재를 알고 있었다.

38  1987년 2월 27일 진행된 부검은 제6군단 보통군법회의 검찰관 중위 우종대의 지휘 아래 제6군단 헌병대 준위 이영치, 박명선이 선임한 김상철·조상현 변호사, 미 대사관 2등 서기관 할비쿠, 미 8군 범죄수사대 준위 스트위스, 육군과학수사연구소 법의학과장 양우익 대위 그리고 김용권의 백부 김만두와 6촌 형 김용환이 참석했다. 121병원 법의학 군의관 와이코프 소령이 진행했다.

39  '고 박종철군 범국민추도회준비위원회' 산하에 꾸려졌기 때문에 '소위원회'라고 했다.

40　1987년 3월 17일 자 제6군단 헌병대의 조사 결과에 따르면 김용권은 대구통합병원에서 원복한 이후에도 "병원에 후송을 괜히 다녀왔다", "밤에 잠을 잘 못 잔다", "자살하고 싶다" 등의 말을 했다고 한다. 정말 대구병원에서 병세가 호전되어 퇴원한 것인지는 의문이 남는다.

41　진실화해위는 2021년 5월 27일 1차 조사개시 후, 군사안보지원사령부가 국가기록원으로 넘긴 보안사의 녹화·선도 업무 관련 개인별 존안자료 2417건과 선도 대상자 명단을 입수해 중복을 제거한 후 2921명이라는 숫자를 도출했다.

42　'소요 관련 대학생 특별조치 방침'에 따라 끌려간 대학생은 육군의 경우 대부분 GP(Guard Post: 비무장 지대의 감시초소), GOP(General Out POST: 철책선 경계부대), FEBA(Forword Edge of Battle AREA: 전투지역전단)등에 배치되었다.

43　이 방침이 대규모로 적용된 것이 1981년의 '고려대의 문무대 사건'이다. 문무대에 함께 입소한 고려대생과 외대생은 문무대의 징벌성 훈련에 항의하며 시위를 한다. 학생 대표와 문무대의 장이 사태를 수습해 훈련은 재개되었는데 퇴소 후 109명에게 보복성 징계가 내려져 휴학 조치를 당하고 강제징집되었다.(김두황 편 참조)

44　『국정원과거사진실규명을 통한 발전위원회』(국정원 간행, 69쪽)에서 인용.

45　서울대 양○○은 계엄포고 위반으로 무기정학 징계를 받고 지도교수 권유로 권고휴학 처리가 되고 강제징집되었다. 그는 1981년 4월 17일 징병검사에서 '무종'을 받았다. 당시 병역법 제20조 제1항 및 제5항에 따르면 무종을 받은 사람은 징병 처분을 연기해 매년 재검사를 받고 3차 검사까지 징병 적부를 판단하지 못할 경우 징병종결처분을 해야 한다. 그러나 그는 4일 뒤인 4월 21일 103보충대에 입소한다. 완전히 병역법 위반이다.

46　황병윤은 1980년 1학년 1학기에 자연스레 일어난 시위를 경험한다. 대구대에서 일어난 첫 시위라고 할 정도로 놀라운 사건이었다. 그는 2학기에 동산성결교회에서 야학 활동을 시작해 교장 책임까지 맡게 된다. 황병윤은 1982년 3학년 2학기 들어 황무지 같은 대구대학생운동을 개척하려고 학교로 돌아간다. 그의 노력으로 대구대에서 학생운동의 효시가 되는 조직 '디딤반'이 만들어졌다.

47　당시 계엄포고는 대법원에서 2021년 위헌결정이 나왔다.

48　전두환은 1980년 8월 27일 제11대 대통령 취임 후 계엄 포고령 위반으로 구속

한 학생을 공소취하, 공소기각으로 석방한 후 9월 4일 집단으로 군대에 집어넣었다. 진실화해위가 입수한 보안사의 1980년 8월 20일 자 첩보 보고에는 "금학기 학원 사태로 제명된 학생이 전국 395명이고, 이들이 극한투쟁을 획책할 우려가 있고, 교외에서 재학생을 배후 조종할 소지가 있으니" 제명 학생 중 군 미필자는 개학 전에 일제히 군대에 입대시키는 게 필요하다고 쓰여 있다.

49 『빛의 혁명』(민병두 지음, 38쪽)에서 인용.

50 이용성은 1학년 때 서유석이 사회를 본 5월 축제에서 퀴즈를 맞혀 노래 부를 기회를 가졌다. 그는 무대에 올라 양희은의 <상록수>를 불렀는데 노래가 신호인 듯 스크럼이 짜지고 시위가 벌어졌다. 이용성은 졸지에 1학년부터 데모 주동으로 찍혔다. 이용성의 증언에 따르면 그 보직교수는 나중에 성균관대 총장까지 올랐다.

51 이때 성균관대 한국철학과 81학번 방은호도 3월 30일 새벽에 찾아온 강동경찰서 형사에게 끌려간다. 일주일간 구금되어 활동 내용을 진술하고 4월 8일 103보충대에 입소했다.

52 1979년 10월 17일 전남대에서는 상담지도관실에 항의하기 위해 불을 지르는 투쟁까지 감행했다. 이로 인해 10명이 구속되었다.

53 이 내용은 진실화해위 제5차 결정서 66쪽 내용이다. 여기에 또 다른 예가 소개되어 있다. 1983년 7월 30일 서울대 학생처는 "문교부 교육정책실 제3조정관실로부터 전방부대 입소 교육 중 노래 제창 등을 한 학생 15명에 대해 군 입대 조치할 것을 요청받았다."

54 중앙정보부는 1971년 11월 13일, 위수령 이후 서울대생 내란 음모 사건을 발표한다. 학생운동과 관련하여 수배 중이던 서울대생 이신범(서울대 《자유의 종》 발행인), 조영래(사법연수원생), 장기표(법과대학생), 심재권(민주수호학생투쟁위원회위원장), 김근태(상과대학생)가 국가 전복을 모의, 국가보안법 제1조(반국가단체 구성) 위반, 내란 예비 음모 혐의로 구속되었다는 내용이다.

55 1971년 교련 반대 시위와 위수령 관련 제적생 중 강제징집자들이 모여 71동지회를 만들었다. 이들은 경찰서에서부터 입대를 강요받았고 경찰에 이끌려 수도통합병원에서 시늉만 낸 징병검사를 받고 그 자리에서 징집영장을 받았다

56 긴급조치는 유신헌법 제53조에 근거, 총 9차례 선포되었다. 1975년 5월 13일 긴

급조치의 결정판인 제9호가 발동되어 유신헌법을 부정, 반대하는 것을 포함한 일체의 집회 및 시위, 학생의 정치 관여가 전면 금지되었다.

57　학생군사교육시행령은 몇 번 개정이 되어 복무 혜택 기간이 바뀌었다. 71년~74년 최대 3개월, 75년~80년 최대 6개월, 81년 이후는 최대 3개월이다. 81년 개정 전 조항에는 학칙이 정하는 징계 처분에 의하여 퇴학되거나 제적된 자는 복무기간 단축에서 예외 처리한다고 되어 있다.

58　《동아일보》 1974년 11월 1일 자에 "재입영 통지받은 4복학생 즉각 취소, 제대확정"이란 기사가 실렸다.

59　'육군 보안부대령'은 제1조 '설치와 임무'에서 "육군의 보안 및 방첩에 관한 사항과 다른 법령의 규정에 따라 그 소관에 속하는 범죄 수사에 관한 사항을 관장하기 위하여 육군의 보안 부대를 둔다"라고 되어 있다. 민간인 수사는 법에 어긋난다.

60　진실화해위 5차 결정서 8쪽.

61　지침은 "북괴 지하조직 침투 근거 포착 및 색출, 불순 활동 음모 사전탐지 및 분쇄, 불순 조직 와해 및 대중오염 방지"를 목적으로 하고 있다. 이를 위해 "종교, 학원, 노조 분야에서 문제 대상을 선정, 대의식화 공작활동을 한다"는 것이다

62　심사과의 인원 편성은 지도분석계 2명, 종교계 11명, 학원계 7명, 노조계 6명이고 과장 및 행정요원은 사령부에 활용요원은 제2공작분실인 진양상가에 두었다.

63　주창남이 2001년 8월 24일 의문사위에 참고인으로서 한 진술이다.

64　진실화해위 제2차 진실규명결정서 139쪽.

65　교도소 내 좌익수형수는 빨치산, 내전 당시 포로가 된 인민군, 북한 공작원을 말한다. 이들에 대한 전향 공작은 일상적으로 시행되었는데 1973년 이후 가장 극악했다. 좌익수형수들이 4·19혁명 후 20년 전후의 유기징역으로 감형되면서 출소 시점이 임박했는데 박정희정권으로서는 이들이 사회에 나갔을 때 관리 부담이 크리라 느꼈다. 또 1972년 7·4남북공동성명 이후 남북관계가 해빙되면서 이들 존재가 쟁점이 될 가능성이 있어 이래저래 현안이 되었다.

66　그는 연세대 출신으로 2기 심사장교다.

67　진실화해위 결정서에는 113,786쪽이라고 나와 있다.(5차 결정서 3쪽)

68  전력자원 카드는 1970년대 학원 분야 요주의 임무를 관리하기 위해 보안부대에서 작성한 개인별 카드로 국군 방첩사령부에 마이크로필름 형태로 존안되어 있다. 색인 목록에는 각 대학별 '문제학생', '시위주도 학생' 등으로 기재되어 있고, 개인별 카드에는 이름, 생년월일, 학교, 가족관계 등의 인적 사항은 물론 입대일, 자대 전입일, 제대일 등의 병역 사항도 기재되어 있다. 군 복무 중 보안부대 조사 과정에서 확인된 사항이나 언동이 기재되어 있는 경우도 다수 발견되며, 거주지 약도와 더불어 제대 이후 취업한 회사와 부서명까지 기재되어 있는 경우도 있다. (진실화해위 5차 결정서 11쪽)

69  『권력과 사상통제』(김동춘, 2024)

70  『빨갱이의 탄생』(김득중, 2009) 300쪽.

71  충무로 진양분실로 추정된다.

72  여기서 인용한 김재수, 김석호, 김현근의 고문 사례는 모두 진실화해위 2기에서 진술한 내용이다.

73  강녹진군의문사특위는 강제징집 이후의 의문사에 대해 연구 조사 활동을 하고 있다. 이들이 파악한 명단은 김두황(고려대 80학번), 김용권(서울대 83학번), 남현진(한국외국어대 86학번), 박성은(1989년 광주농업고 졸업), 유동연(연세대 78학번), 이승삼(부산공전 86학번), 이윤성(성균관대 81학번), 이이동(전남대 85학번), 이진래(서울대 77학번), 이창돈(인하대학교 82학번), 임용준(연세대 81학번), 정성희(연세대 81학번), 최은순(동국대 81학번), 최우혁(서울대 84학번), 한영현(한양대 81학번), 한희철(서울대 79학번), 현승효(경북대 71학번), 노철승(광주상고 졸업) 등 18명이다.

74  대학별로 고대제적학생복교대책위, 서울대제적학생복교대책위, 동국대학교복교대책위, 서강대제적생복학위, 성대학도호국단진상조사위 등이 강제징집에 대한 실태보고서를 냈다.

75  강제징집문제대책위원회는 "강제징집-지도휴학이라는 비교육적 제도의 시정, 강제징집 학생에 대한 위로, 희생자의 추모 및 가족의 위로"를 취지로 설립했다. 이는 1986년 8월 12일 민주화운동유가족협의회 창립의 밑거름이 되었다.

76  자세한 내용은 1부 '최우혁 편'을 참조.

77  1988년에는 지도사업이란 이름으로 선도업무가 실시되었고 진실화해위는 적어

도 1989년까지 선도업무가 실시된 것으로 판단했다.

78 의문사위는 방경원(당시 병무청장), 박준병, 최경조, 서의남 등 핵심 관계자를 조사했다.

79 군사안보지원사령부는 기무사의 후신이다. 윤석열 정부 들어서 2022년 11월 1일 방첩사로 부활했다. 진실화해위 조사5과 조사2팀은 조사개시 후 개인별 존안자료를 국가기록원으로부터 전량 입수하여 PDF로 만들고 2023년까지 데이터베이스화를 완료했다.

80 이윤성의 진실규명 결정서 32쪽.

81 그는 대공처장으로 있으면서 1984년 5월 제19회 '5·16 민족상'을 받았는데, 수많은 간첩을 조작해낸 결과다. 당시 보안사에선 "간첩은 잡는 게 아니라 만드는 것이다"가 지침이었다고 한다. 그가 대공처장 시절 만든 가짜 간첩은 주로 재일교포 유학생이나 납북 어부였다. 김병진에 따르면, 최경조가 심사회에 제출할 자기 업적을 수사과에서 작성하라고 명령했다고 한다. 무려 60명의 간첩을 잡았다며 책자가 만들어졌는데 재일동포 허철중과 박박, 서성수의 사건도 담겨 있다. 이들은 대법원에서 징역 7년부터 무기징역까지 중형을 선고받았으나 2010년대에 진행된 재심에서 모두 무죄를 받았다. 납북 귀환 어부인 이상철·김용태도 재심공판에서 모두 무죄가 선고되었다. 그의 수상은 모조리 거짓과 고문으로 얻은 허깨비이고 업적 목록은 거꾸로 범죄 목록표인 셈이다.

82 진실화해위 5차 결정서 90쪽.

83 의문사위의 서의남 조사 과정은 인권운동사랑방에서 발간하는 《인권하루소식》 제2166호에서 인용했다.

84 이 내용은 아래 링크에서 볼 수 있다.
https://www.youtube.com/live/8Sr88Atv4hc?si=dxHmKcxIlnFubK9

85 경비계엄을 포함해 총 17회 발령되었다.

86 위수령은 1965년 8월 26일 한일협정 반대시위가 격화되었을 때, 1971년 10월 15일 박정희정권 반대시위가 격렬해졌을 때, 그리고 1979년 10월 20일 마산에서까지 총 3번이 발동되었다.

87 한홍구 교수가 2013년 3월 8일 한겨레에 기고한 기사 「전투도 안 했는데 1만 명

넘는 군인이 죽다」에서 인용.

88 「민주주의 이행기 과거청산운동의 동학」, 성공회대학교 시민사회복지대학원, 김유진 석사논문 44쪽

# 파괴된 청춘

2025년 9월 30일 초판 1쇄 발행

**글** 민병래 • **공동기획** 강녹진
**편집** 이기선, 김희중 • **디자인** Firstrow
**펴낸곳** 원더박스 • **펴낸이** 류지호
**주소** (03173) 서울시 종로구 새문안로3길 30, 대우빌딩 911호
**전화** 02-720-1202 • **팩시밀리** 0303-3448-1202
**출판등록** 제2024-000122호(2012. 6. 27.)

ISBN 979-11-92953-61-8 (03300)

- 잘못된 책은 구입하신 서점에서 바꾸어 드립니다.
- 독자 여러분의 의견과 참여를 기다립니다.
  블로그 blog.naver.com/wonderbox13 • 이메일 wonderbox13@naver.com